BUSINESS 101 PUB
From Insight to Action

여섯 번째 타이틀

"길을 잃은 게 아니라 무리보다 먼저 떠난 것이다."
"Not Lost. Just gone before the pack"

ADVANCED PORTFOLIO MANAGEMENT
A QUANT'S GUIDE FOR FUNDAMENTAL INVESTORS

Copyright © 2021 by Giuseppe A. Paleologo. All rights reserved

Korean Translation Copyright © 2025 by BUSINESS 101 Publishing
This edition is published under the license agreement with
John Wiley & Sons Inc. arranged through EYA Co. Ltd

이 책의 한국어판 저작권은 에릭양 에이전시를 통해 John Wiley & Sons Inc 출판사와 독점 계약을 맺은 BUSINESS 101 출판사가 소유합니다. 저작권법에 의해 한국에서 보호를 받는 저작물이므로 무단 전재 및 복제를 금합니다.

퀀트 투자의 기초
ADVANCED PORTFOLIO MANAGEMENT

펀더멘털 투자자를 위한 퀀트 가이드

지우세페 팔레올로고 지음   존 최 옮김

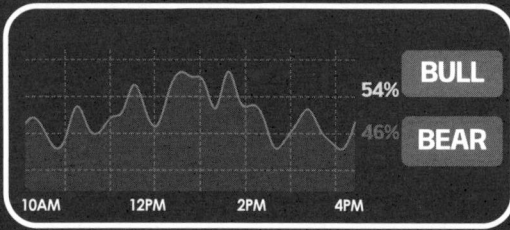
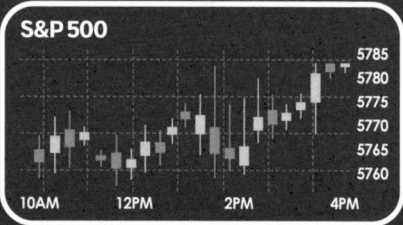

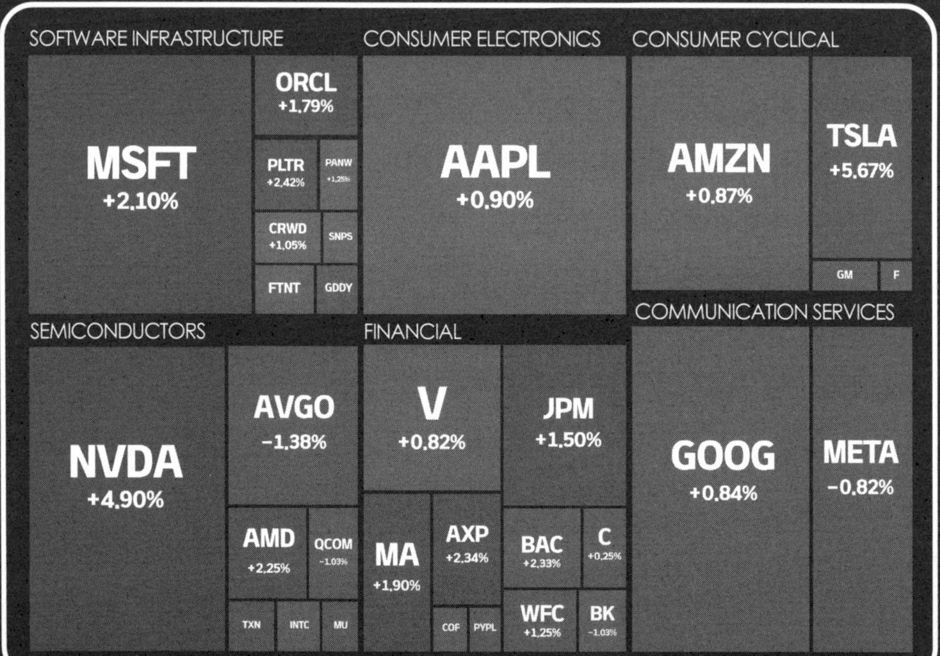

BUSINESS 101

TABLE OF CONTENTS

00 머리말　　　　　　　　　　　　　　　　　　8
Preface

01 누가 어떻게 왜 이 책을 읽어야 하는가?　　13
For Whom? Why? And How?

    1.1 이 책에서 배울 수 있는 내용　　　　　　14
    1.2 별표 ★의 의미와 이 책을 읽는 방법　　　16

02 투자 아이디어를 수익으로 연결하기　　　17
The Problem : From Ideas to Profit

    2.1 당신의 강점에 투자하고 나머지는 헤지하는 방법　　20
    2.2 포지션 규모 결정 방법　　　　　　　　22
    2.3 과거에서 배우는 방법　　　　　　　　　22
    2.4 효율적인 트레이딩 방법　　　　　　　　23
    2.5 팩터 리스크를 제한하는 방법　　　　　　24
    2.6 최대 손실을 통제하는 방법　　　　　　　24
    2.7 레버리지 결정 방법　　　　　　　　　　25
    2.8 새로운 데이터 소스를 분석하는 방법　　　25

03 리스크와 성과에 대한 분석　　　　　　　27
A Tour of Risk and Performance

    3.1 들어가며　　　　　　　　　　　　　　28
    3.2 알파와 베타　　　　　　　　　　　　　31
    3.3 알파는 어디에서 오는가?　　　　　　　　34
    3.4 위험을 사전에 추정하기　　　　　　　　38

3.4.1 리스크란 무엇인가?	38
3.4.2 리스크와 성과 측정	43
3.5 리스크 분해를 위한 첫 번째 단계	52
3.6 간단한 헤징	54
3.7 관심사의 분리	57
3.8 핵심 정리	60

04 멀티 팩터 모델의 기초 61
An Introduction to Multi-Factor Models

4.1 단일 팩터에서 다중 팩터로	62
4.2 ★ 자주 묻는 질문 - 리스크 모델	70
4.3 ★ 리스크 모델의 구조	79
4.4 핵심 정리	83

05 팩터 이해하기 84
Understanding Factors

5.1 경제 환경	88
5.1.1 국가	88
5.1.2 산업	90
5.1.3 베타	93
5.1.4 변동성	98
5.2 거래 환경	101
5.2.1 공매도 잔량	102
5.2.2 액티브 매니저 보유 현황	106
5.2.3 모멘텀	111
5.3 기업 - 밸류에이션 팩터	119
5.3.1 가치	120
5.4 핵심 정리	128

06 알파 사이징을 위한 효과적인 경험 법칙 적용 129
Use Effective Heuristics for Alpha Sizing

- 6.1 샤프비율　132
- 6.2 기대수익률 추정　136
- 6.3 위험 기반 비중 결정　140
- 6.4 ★ 포지션 크기 결정 규칙에 대한 실증 분석　144
- 6.5 아이디어를 포지션으로 전환하기　154
- 6.6 시계열 리스크를 활용한 포트폴리오 비중 조절 전략　157
- 6.7 ★ 성과에 대해 자주 묻는 질문　164
- 6.8 핵심 정리　166

07 팩터 리스크 관리 168
Manage Factor Risk

- 7.1 전술적 팩터 리스크 관리　169
  - 7.1.1 꼭 필요하면 최적화하라　178
- 7.2 전략적인 팩터 리스크 관리　182
  - 7.2.1 팩터 리스크의 상한선 설정　182
  - 7.2.2 시장 익스포저 한도 설정　188
  - 7.2.3 단일 종목 투자 비중 한도 설정　192
  - 7.2.4 단일 팩터 익스포저 한도 설정　198
- 7.3 체계적 헤징과 포트폴리오 관리　202
- 7.4 핵심 정리　207

08 나의 투자 성과 이해하기 209
Understand Your Performance

- 8.1 팩터　210
  - 8.1.1 성과 분석　210
- 8.2 개별 종목 수익률　214
  - 8.2.1 종목 선정, 비중 조정, 타이밍　215

	8.2.2 성과와 분산 투자의 관계	228
	8.3 이벤트를 효율적으로 거래하기	232
	8.4 ★ 대체 데이터를 활용하라	238
	8.5 ★ 성과에 대해 자주 묻는 질문	245
	8.4 핵심 정리	247

09 손실 관리하기 249
Manage Your Losses

9.1 손절매가 작동하는 법	250
9.2 왜 손절매 규칙이 필요한가?	253
9.3 손절매의 비용과 이점	258
9.4 핵심 정리	265

10 ★ 지속 가능한 운용을 위한 레버리지 비율 설정 266
Set Your Leverage Ratio for a Sustainable Business

10.1 레버리지 결정 프레임워크	268
10.2 핵심 정리	276

11 ★★ 부록 277
Appendix

11.1 핵심 리스크 모델 공식	277
11.2 분산 투자	281
11.3 평균-분산 최적화 공식	283
11.4 비례 감소 규칙 공식	288
11.5 커스텀 팩터 생성	290
11.6 최적화 공식	297
11.7 전술적 포트폴리오 최적화	299
11.8 헤지 공식	302
11.9 이벤트 기반 최적 매매 전략	309

※ 부록은 퀀트 실무 또는 고급 포트폴리오 전략 설계에 관심 있는 독자를 위한 심화 내용입니다.

머리말
Preface

본 도서는 뉴욕대학교 교수이자 리스크 매니저로 활동 중인 주세페 팔레올로고(Giuseppe Paleologo)가 집필한 『Advanced Portfolio Management』의 한국어판입니다.

최근 몇 년간 국내에서도 퀀트 투자에 대한 관심이 높아지면서 다양한 양질의 서적이 출간되었습니다. 시중의 많은 책은 개인 투자자가 쉽게 이해할 수 있도록 재무 비율을 활용한 팩터 구성과 백테스팅 방법 등을 직관적으로 설명하고 있습니다. 그러나 금융 데이터를 수익률 기여와 리스크 관점에서 어떻게 구조화할 수 있는지, 또는 리스크 관점에서 데이터를 어떻게 해석하고 활용해야 하는지에 대한 설명은 여전히 부족한 상황입니다. 한편, 깊이 있는 퀀트 투자 관련 서적은 대부분 논문 수준의 이론이나 실무 중심 사례로 구성되어 있어 일반 투자자가 접근하기에는 진입장벽이 높다는 한계가 있습니다.

제가 금융 MBA 석사 과정을 밟을 때, 재무 관리를 강의하던 한 교수님이 하신 말씀이 기억납니다.

"Engineers try to solve problems together, whereas finance people tend to work alone." (엔지니어는 문제를 같이 해결하려 하지만 금융 업계 사람들은 문제를 혼자 해결하는 경향이 있다)

이 말이 다소 편견처럼 들릴 수도 있습니다. 하지만 시간이 지나 이 말을 떠올려보니, 단순한 성향 차이를 넘어 금융 업계의 구조적 특성을 반영한 인사이트라는 생각이 듭니다. 엔지니어링이나 기술 분야에서는 오픈소스와 공동 개발 문화가 일반화되어 있으며, 협업을 통해 문제 해결 능력을 키우는 것이 장려됩니다. 이는 문제 해결 과정에서 지식의 공유가 곧 성과로 이어지는 구조이기 때문입니다. 반면 금융 업계에서는 정보 비대칭이 경쟁력의 핵심으로 작용합니다. 특히 기관 투자자들은 자신이 보유한 정보와 지식을 외부에 쉽게 공유하지 않는 경향이 강합니다. 이러한 구조는 결국 일반 투자자와 기관 투자자 간의 정보 격차를 심화시키고, 금융 시장 내에서 지식의 비대칭성과 폐쇄성을 고착화하는 요인으로 작용하고 있습니다.

한국에서 BUSINESS 101을 설립할 당시 제가 세운 중요한 목표 중 하나는 바로 이 장벽을 허물고 일반 투자자들이 수준 높은 금융 지식에 쉽게 접근할 수 있도록 돕는 것이었습니다. 『주식이 오르고 내리는 이유』는 그 여정을 시작하는 첫걸음이었으며, 『퀀트 투자의 기초』는 그 궁금증에 보다 충실히 답하기 위한 또 하나의 시도였습니다. 한국어판은 저자인 팔레올로고 교수와 직접 소통하여 원서에서 발견된 계산 오류를 바로잡고, 독자 중심의 구성으로 새롭게 다듬어 완성했습니다. BUSINESS 101의 독자 여러분이 이 책을 원서보다 쉽게 이해하실 수 있도록 많은 고민과 노력을 기울였습니다.

본문을 읽기 전에 다음 페이지에서 간단히 소개된 주요 개념과 용어를 미리 익혀 두시면, 이 책에서 다루는 핵심 주제들, 예를 들어 시장 수익률과 개별 종목 수익률의 차이, 팩터가 포트폴리오에 미치는 영향, 리스크 기반의 포지션 사이징 전략 등을 훨씬 더 쉽게 이해하실 수 있습니다. 또한, 책 마지막에 위치한 별표 두 개(★★)로 표시된 부록은 책의 주요 내용을 수식 중심으로 정리한 부분입니다. 이 부록은 읽지 않으셔도 본문의 흐름을 이해하는 데는 문제가 없지만, 금융 업계에 종사하거나 데이터를 활용한 투자 전략 구현(예: 엑셀, 파이썬 등)에 관심이 있는 분들께는 실제 모델링에 도움이 되는 실용적인 자료가 될 것입니다.

BUSINESS 101이 출간한 여섯 번째 도서인 이 책이 퀀트 투자에 대한 이해를 한층 더 깊게 해주는 계기가 되기를 바랍니다.

2025년 5월 12일

BUSINESS 101 대표

John Choi

책을 읽기 전에 알아두면 좋은 내용들

- **PnL (Profit and Loss)** 수익과 손실, 즉 손익을 의미하는 약어입니다. 특정 전략이나 포트폴리오의 성과를 금액으로 나타낼 때 PnL이라는 용어를 사용합니다.

- **분산 (Variance)** 엄밀히 말하면 변동성의 제곱을 뜻하지만, '위험(risk)'이라는 표현으로도 자주 불립니다. 포트폴리오 이론에서는 리스크를 측정할 때 분산(variance)과 표준편차(volatility)를 모두 사용하지만, 실제 투자에서는 보통 변동성이 더 직관적인 위험 지표로 활용됩니다. 따라서 이론과 실무 모두에서 '리스크 = 분산' 또는 '리스크 = 변동성'이라는 표현이 맥락에 따라 자주 혼용됩니다.

- **듀레이션 (Duration)** 채권 투자에서 사용되는 개념으로, 현금흐름이 시간적으로 얼마나 분산되어 있는지를 나타내는 투자 지표입니다. 쉽게 말해, 투자 원금을 회수하는 데 걸리는 평균적인 시간을 의미합니다.

- **가우시안 (Gaussian)** 정규분포(Normal distribution)를 뜻하는 수학 용어입니다.

- **알파(α)** 초과수익률을 의미합니다. 시장이나 벤치마크, 또는 모델로 설명되는 기대 수익을 초과한 실제 수익률입니다.

- **개별 수익 (Idiosyncratic return)** 시장에 의해 설명되지 않는 수익을 의미합니다. 금융 이론에서 이 수익에 알파(α)와 오차항(ε)이 모두 포함될 수 있는데, 두 요소 모두 팩터로 설명되지 않는 수익이기 때문입니다. 그러나 리스크 모델링 관점에서 알파(α)를 성과 분석 목적으로 별도로 분리하고, 개별 수익은 일반적으로 오차항(ε)만을 의미합니다. 특히 리스크 모델링에서는 ε의 분산만을 개별 리스크로 간주하기 때문에, 알파(α)는 포함되지 않는 것이 일반적입니다.

- **익스포저 (Exposure)** 특정 자산, 팩터, 섹터 등에 어느 정도 투자되어 있는지를

수치로 나타낸 것입니다.

- **팩터 (Factor)** 수익률에 영향을 주는 공통 요인입니다. 투자자들은 '팩터'라고 불리는 특정 투자 기준(예: 가치, 성장, 모멘텀, 퀄리티 등)에 따라 주식을 분류합니다.

- **추적 오차 (Tracking Error)** 기준 포트폴리오와 실제 포트폴리오 간 수익률 차이의 변동성을 말합니다. 예를 들어 여러분이 투자하는 S&P 500 미국 시장 지수 ETF가 벤치마크인 S&P 500지수를 잘 추종하면 추적 오차가 적은 것입니다.

- **팩터 로테이션 (Factor Rotation)** 팩터 로테이션이란 일정 기간에 한 팩터가 우세하다가, 다른 시기에는 또 다른 팩터가 더 좋은 성과를 내는 현상을 말합니다. 예를 들어 한동안 가치주(저평가 종목)가 강세였다가, 이후에는 모멘텀주(최근 급등한 종목)가 시장을 주도하는 식입니다.

- **안전 마진 (Margin of Safety)** 퀀트 투자나 리스크 모델링에서의 '안전 마진'이란 수학 모델에서 허용 가능한 변수의 오차 범위를 말합니다. 내가 필요한 레버리지가 3배인데, 모델의 최대 허용 레버리지가 5배라면, 레버리지 설정에 안전 마진이 존재하며, 전략이 다소 빗나가더라도 허용 오차 범위 내에서 운용이 지속 가능하다는 것을 의미합니다.

- **볼록 최적화 또는 컨벡스 최적화 (Convex Optimization)** 여러 가지 선택지 중에서 가장 좋은 결과를 가장 빠르고 확실하게 찾아주는 계산 방법입니다. 마치 하나의 그릇처럼 생긴 그래프 위에서 공을 굴리면 항상 가장 낮은 지점에 도달하듯이, 컨벡스 최적화를 처음부터 잘 설정만 하면 중간에 길을 잃지 않고 언제나 최선의 해답을 찾아줍니다. 그래서 포트폴리오 구성이나 리스크 관리처럼 정확한 계산이 중요한 분야에서 널리 사용됩니다.

1장
누가 어떻게 왜 이 책을 읽어야 하는가?
For Whom? Why? And How?

이 책은 현업에서 활동 중인 주식 펀더멘털 애널리스트, 포트폴리오 매니저, 또는 이 분야를 준비하는 예비 전문가들을 위해 쓰였습니다. 저는 이 책을 통해 독자인 여러분과 직접 소통하고자 합니다. 이 책의 대상은 업계와 자신이 맡은 기업을 깊이 탐구하며, 기업 간 밸류에이션에서 발생하는 가격 오류나 불합리한 차이를 파고드는 투자자들입니다. 또한 자신의 일에 열중하며 더 나은 성과를 위해 끊임없이 고민하는 분들이기도 합니다. 혹시 이 글을 읽고 '이거 완전히 내 이야기잖아!'라고 생각하신다면, 맞습니다. 아마도 당신일 것입니다. 토론토에서 화학공학을 전공한 후 여름방학 동안 주류 판매점에서 아르바이트를 시작해 80억 달러 규모의 헤지펀드를 설립한 사람, 미팅 시간을 계속 늘리며 끊임없이 질문을 던지던 사려 깊은 노르웨이 연기금 매니저, 나의 첫 헤지펀드 면접에서 인터뷰를 담당했던 성공적인 에너지 전문 포트폴리오 매니저, 혹은 펜실베이니아의 명문 주립대를 막 졸업하고 금융팀의 신입 어소시에이트로 이제 막 커리어를 시작한 당신일 수도 있습니다. 이처럼 독자 여러분의 경력과 배경은 각기 다를 것입니다. 다루는 산업이나 기업이 다르면 사고방식도 제각각일 수밖에 없습니다. 하지만 한 가지 분명한 공통점이 있습니다. 바로 '가치 있는 투자 아이디어'를 가지고 있으면서도, 그 좋은 아이디어만으로는 충분하지 않다는 점을 알고 있다는 것입니다. 정말 중요한 것은 그 아이디어를 어떻게 수익으로 연결할 것인가 하는 문제입니다. 그 해답은 바로 포트폴리오 구성과 리스크 관리에 있습니다. '시장의 변동성을 견디며 장기적으로 일관된 수익을 낼 수 있는 포트폴리오를 어떻게 구성할 것인가?' 이 질문에 대한 해법을 찾는 것이 핵심 과제입니다. 이 책은 이 문제에 대한 완전한 해답을 제시하지는 않지만, 여러분을 더 깊은 투자 인사이트로 이끄는 출발점이자 실용적인 가이드가 되어줄 것입니다.

또한, 이 책은 퀀트 리서처(quantitative researchers)에게도 유용합니다. 이들은 최근 펀더멘털 투자 분석팀에서 점점 더 핵심적인 역할을 맡고 있으며, 포트폴리오 매니저와 퀀트 리서처 간의 경계가 점차 모호해지고 있습니다. 이러한 변화에 발맞춰, 이 책의 부록에서는 퀀트 리서처들이 실전에서 활용할 수 있도록 본문에서 소개한 고급 분석 도구들을 프로그래밍을 통해 구현하는 방법도 함께 설명하고자 합니다.

1.1 이 책에서 배울 수 있는 내용 (What You Will Find Here)

이 책은 몇 가지 핵심 주제를 소개한 후, 세부적인 내용을 추가하며 주제들을 반복적으로 다룹니다. 이 책을 통해 여러분은 다음과 같은 내용을 배우게 될 것입니다.

- 수익률의 동인이 개별 주식에서 비롯된 것인지, 시장 투자 환경에서 기인한 것인지 구분하는 방법
- 포지션 규모를 결정하는 방법
- 자신의 성과를 분석하고 이해하는 방법
- 리스크를 측정하고 분석하는 방법
- 원하지 않는 리스크를 헤지하는 방법
- 분산투자를 효과적으로 활용하는 방법
- 손실을 관리하는 방법
- 레버리지를 설정하고 활용하는 방법

이 책은 이론, 실증, 그리고 실무 사례를 바탕으로 신뢰할 수 있는 투자 지침과 모범 사례를 제공합니다. 이 책의 핵심 내용은 팩터 모델링 프레임워크에 초점이 맞춰져 있지만, 팩터 기반 리스크 모델을 사용하지 않는 독자들도 풍부한 인사이트를 얻을 수 있습니다. 실제로 많은 포트폴리오 매니저는 팩터 리스크 분석을 매 순간 참고하지 않더라도 성공적으로 포트폴리오를 운용하고 있습니다. 이는 포트폴리오 매니저들이 시장에서 얻은 인사이트를 실무적인 '경험 법칙(heuristics)'으로 정제하고 체화했기 때문입니다. 이 책은 다양한 경험 법칙이 구체적으로 어떻게 작동하며, 어떤 상황에서 효과를 발휘하는지에 대해 자세히 설명합니다.

1.2 별표(★)와 이 책을 읽는 방법 (Asterisks; Or, How to Read This Book)

이 책을 이해하는 데 필요한 수학적 배경은 최소한입니다. 기초적인 통계학 과정을 이수한 경험이 있다면 이 책의 전반적인 내용을 충분히 따라갈 수 있습니다. 물론 독자마다 이 책을 읽는 목적은 다를 수 있으며, 어떤 분들은 핵심적인 내용만 빠르게 파악하고 싶어 하실 수도 있습니다. 시간은 누구에게나 소중하기 때문에 때로는 결론이 중요하게 여겨지고, 그 결론에 이르는 과정은 덜 중요하게 느껴질 수 있습니다. 이러한 독서 성향을 고려하여 추천하는 독서 방식은 다음과 같습니다. 요약 중심이나 결론 위주의 독서를 선호하시는 분들은 책 전반에서 '★' 표시가 없는 부분만 읽기를 권합니다. 반면, 결론보다 과정, 즉 논리 전개와 세부 사항을 중시하시는 독자라면 '★' 표시된 모든 항목을 읽되, '★★' 표시된 심화 내용은 생략하시는 것이 효율적입니다. 이렇게 읽으면 단순히 '어떻게' 해야 하는지를 넘어 '왜' 그렇게 해야 하는지까지 배울 수 있습니다. '★★'가 표시된 부분에서는 실증 분석과 이론적 배경이 더 깊이 다뤄지지만, 책의 다른 핵심 내용과는 직접적으로 연결되지 않습니다. 마지막으로, 퀀트 리서처와 리스크 매니저를 위해 '★★' 표시가 된 부록이 있습니다. 이 부록은 마치 기타 앰프의 볼륨을 11까지 올린 것처럼 강렬하며, 포트폴리오 구축의 비밀 노트라고 불러도 손색이 없습니다. 이 내용을 따라올 수 있는 독자라면 반드시 정독해 보시길 권합니다.

2장
투자 아이디어를 수익으로 연결하기
The Problem : From Ideas to Profit

　지금 이 순간 금융업에 발을 들인 여러분은 커다란 전환기의 중심에 서 있습니다. 1995년으로 시간을 되돌려 포트폴리오 매니저의 책상을 들여다본다면, 놀랍게도 오늘날과 거의 동일한 도구, 프로세스, 데이터를 사용하는 모습을 발견할 수 있을 것입니다. 예를 들어, 엑셀로 기업 실적을 모델링하고 Bloomberg 터미널을 활용하며, 분기마다 경영진과 미팅을 가지는 방식은 여전히 일반적인 실무 관행으로 이어져 왔습니다. 그러나 이제 상황이 달라지고 있습니다. 단순한 경쟁과 모방을 넘어 금융 산업을 근본적으로 변화시키는 두 가지 거대한 흐름이 동시에 일어나고 있습니다.

　첫 번째는 새로운 데이터 소스의 등장입니다. 여기서 '새로운'이란 저장 기술과 컴퓨팅 성능의 발전 덕분에 과거에는 수집조차 어려웠던 비정형 데이터와 거래 데이터를 이제는 저장하고 처리할 수 있게 되었음을 의미합니다. 또한, 네트워킹과 클라우드 컴퓨팅 기술이 눈부시게 발전하면서 이러한 데이터를 수집·분석·활용하고 관리하는 비용이 과거보다 훨씬 낮아졌습니다.

둘째는 분석의 중심축이 수학에서 기술로 이동하고 있다는 점입니다. 최적화, 팩터 모델, 지도·비지도 학습을 활용한 머신 러닝 기법은 과거에는 전문가만 다룰 수 있었고 불완전한 소프트웨어에 의존해야 했습니다. 그러나 이제는 강력하면서도 직관적으로 활용할 수 있으며, 이러한 기술들 중 상당수는 오픈소스로 무료 제공되기도 합니다. 이러한 변화로 인해 Bloomberg와 엑셀만으로는 부족하며, 오랫동안 금융업계를 떠받쳐온 기존 도구들은 더 이상 완벽한 해결책이 될 수 없습니다.

이처럼 빠르게 변화하는 환경 속에서 펀더멘털 분석 팀들은 '데이터 과학자'를 적극적으로 채용하고 있습니다. 그러나 이 직함을 단순한 기술직으로만 이해해서는 안 됩니다. 데이터 과학자는 투자 프로세스에 정량적 정확성과 기술 전문성을 더하는 핵심 인력입니다. 이들의 주요 역할은 새로운 데이터 소스를 탐색하고 테스트하며, 포트폴리오 매니저가 세운 가설을 검증하고 모델 최적화를 통해 전략을 개선하는 것입니다. 그러나 투자 전략의 설계와 실행, 데이터 과학자의 업무 조율을 포함한 모든 핵심 의사결정은 결국 포트폴리오 매니저의 책임입니다. 포트폴리오 매니저는 알파 추출, 리스크 관리, 전략 실행, 그리고 데이터에 대한 깊은 이해를 바탕으로 이 모든 요소를 유기적으로 통합해야 합니다. 전략의 성공 여부는 결국 포트폴리오 매니저의 통찰력과 역량에 달려 있습니다. 뛰어난 포트폴리오 매니저는 곧 탁월한 리스크 관리자이며, 실제로 그렇습니다.

저는 고차원의 수학 지식이나 광범위한 사전 배경이 없어도 체계적인 포트폴리오 구성 개념을 충분히 이해하고 설명할 수 있다고 믿습니다. 이러한 믿음에 따라, 이 책은 기초부터 시작해 모든 독자가 쉽게 접근할 수 있도록 구성했습니다. 독자 여러분이 이미 알고 있는 내용을 점검하는 데 그치지 않고, 새로운 인사이트를 얻으시길 기대합니다. 이처럼 중요한 주제를 다룬 책들이 더 많이 출간되어야 한다는 점에는 많은 분들이 공감하실 것입니다. 그러나 제가 셀사이드와 바이사이드에서 퀀트 리서처와 컨설턴트로 일하는 동안, 실무에 실제로 도움이 되는 책을 자신 있게 추천하지 못했던 점은 늘 아쉬움으로 남았습니다. 이는 마치 르네상스 시대 이탈리아 미술이 도제 교육을 통해 발전한 것처럼, 금융 업계도 이론보다는 실무 중심의 경험적 학습이 주를 이루기 때문일 것입니다.

금융 실무자들은 직접 시장에 부딪히며 시행착오를 통해 지식을 축적합니다. 이들은 자신과 비슷한 리스크를 감수하는 사람들과 경험을 공유하며 배우고, 일반적인 관리자보다 실제로 포트폴리오를 운용해 본 사람의 말을 더 신뢰하는 경향이 있습니다. 또 하나의 중요한 특징은 자신만의 경쟁력을 유지하기 위해 지식을 외부에 쉽게 공개하지 않으려는 문화입니다. 이러한 이유로 포트폴리오 구성에 실질적으로 도움이 되는 좋은 책이 좀처럼 등장하기 어려운 환경이 조성되었습니다. 금융 분야는 다른 학문에 비해 실무와 학계 간의 간극이 비교적 좁은 편이지만, 여전히 차이가 존재합니다. 특히 '포트폴리오 관리'라는 주제는 현재까지도 일부 학술 논문에서만 제한적으로 다뤄지고 있습니다. 이러한 이유로 이 분야에는 '완성된 이론'이 존재하지 않으며, 다양한 문제에 대해 부분적인 해결책을 제시하는 여러 기술만이 있을 뿐입니다. 이론은 유행처럼 등장했다가 사라지지만 실제 문제를 해결해 주는 솔루션은 오랜 시간이 지나도 여전히 유효하게 적용됩니다.

포트폴리오 관리를 탐구하다 보면 최적화, 포지션 사이징, 대체 데이터의 탐색적 분석, 팩터 타이밍과 관련된 다양한 논문을 접하게 됩니다. 이 과정에서 반드시 기억해야 할 원칙이 있습니다. 이 원칙은 재현 가능한 연구(reproducible research)의 중요성을 다룬 논문에서 인용된 것입니다.

> "포트폴리오 관리에 대한 논문은 학문 그 자체가 아니라 학문을 홍보하는 것에 불과하다."
>
> — Buckheit & Donoho (1995)

> "이론을 검증할 때는 반드시 시뮬레이션 기반 실험을 찾아보고, 해당 시뮬레이션이 어떤 가정을 바탕으로 하는지 비판적으로 검토해야 한다. 또한, 과거 데이터를 활용한 실증적 검증을 살펴보되, 이러한 검증이 이론을 뒷받침할 때보다 그 한계를 드러낼 때 더욱 가치가 있다는 점을 기억해야 한다."
>
> — López de Prado (2020)

그렇다면 문제는 무엇일까요?

2.1 당신의 강점에 투자하고 나머지는 헤지하는 방법
(How to Invest Your Edge and Hedge the Rest)

투자 과정에서 가장 단순하면서도 근본적인 도전은 자신의 지식이 어디까지 유효한지, 즉 지식의 한계를 파악하는 것입니다. 특정 기업의 가치에 대한 가설을 세우는 것은 암묵적으로 해당 업계의 다른 기업들에 대한 가설도 함께 세우는 것과 같습니다. 가치 평가는 항상 상대적일 수밖에 없으며, 이때 핵심은 '무엇을 기준으로 상대적인가?'라는 점입니다. 이 과정의 본질적인 목표는 개별 기업이 아닌 시장 전체 수익의 공통된 요인을 파악하는 데 있습니다. 즉, 특정 기업의 재무 상태를 심층 분석해 예측할 수 있는 개별 수익이 아니라, 더 넓은 범위에서 발생하는 수익 패턴이 어떤 공통 요인으로 설명되는지 이해하고, 그 요인을 기준으로 성과를 해석하는 것입니다. 이러한 접근법은 최소한 두 가지 중요한 장점을 제공합니다.

- 첫째, 알파(α) 리서치 프로세스가 더욱 정교해집니다. 시장이라는 더 큰 환경을 먼저 이해하면 특정 기업에 대한 투자 판단에서 의도하지 않은 리스크를 사전에 파악할 수 있습니다. 개별 종목뿐만 아니라 그 종목이 속한 시장의 맥락까지 고려하면 더욱 분명하고 일관된 투자 결정을 내릴 수 있습니다.

- 둘째, 리스크 관리 능력이 향상됩니다. 시장 환경을 제대로 이해하면 투자자는 의도하지 않은 불필요한 리스크를 제거하고, 감수하기로 결정한 리스크만 남길 수 있습니다. 또한, 미처 파악하지 못한 잠재적 위험 요인에 대해서도 사전에 헤지(hedge)를 실행할 수 있어 리스크 관리의 정교함이 더욱 높아집니다.[1]

---

[1] 컴퓨터 과학자이자 프로그래밍 언어 Erlang의 창시자인 Joe Armstrong은 관심 대상과 그 환경이 서로 분리되지 않는 문제를 효과적인 비유로 설명했습니다. "당신이 원한 것은 바나나였지만, 받은 것은 바나나를 쥐고 있는 고릴라였고, 고릴라가 속한 정글 전체였다."

결국, 이 모든 분석의 핵심은 '우리가 진정으로 잘 알고 있는 영역(Edge)'을 식별하고 그 영역에 집중해서 투자하는 한편, 우리가 잘 알지 못하거나 통제할 수 없는 영역은 체계적으로 제거하거나 헤지하는 것입니다. 이 주제는 책 전반에 걸쳐 다뤄지며 3장부터 5장까지의 핵심 내용입니다.

2.2 포지션 규모 결정 방법 (How to Size Your Positions)

개별 종목에 대한 기대 수익을 성공적으로 추정했다면, 다음 과제는 그 아이디어를 실제 투자로 연결하는 것입니다. 일반적으로 확신이 클수록 포지션 규모를 확대해야 한다고 생각하기 쉽습니다. 하지만 현실은 그렇게 단순하지 않습니다. 확신만으로 포지션 규모를 결정할 수 있을까요? 개별 종목의 리스크는 얼마나 고려해야 할까요? 또한, 포트폴리오 내 다른 종목들은 어떤 영향을 미칠까요?

이처럼 단순한 직관을 넘어 다양한 변수들이 포지션 결정에 영향을 미칩니다. 이 주제는 6장에서 더욱 자세히 다룰 것입니다.

2.3 과거에서 배우는 방법 (How to Learn from Your History)

플라톤에 따르면 소크라테스는 자신의 사형을 집행한 배심원들에게 이렇게 말했다고 합니다.

"반성하지 않는 삶은 살 가치가 없다."

물론, 많은 사람들이 깊이 성찰하지 않아도 충분히 의미 있는 삶을 살아갑니다. 하지만 포트폴리오 매니저의 경우는 다릅니다. 전략을 지속적으로 점검하지 않고는 오래 살아남기 어렵습니다. 투자 업계에서 살아남으려면 주기적으로 자신의 투자 결정을 되돌아보고 그 과정에서 배우는 습관을 길러야 합니다. 훌륭한 포트폴리오 매니저의 삶은 끊임없는 자기 의심과 적응의 연속입니다.

이 주제는 8장에서 자세히 다룹니다.

2.4 효율적인 트레이딩 방법 (How to Trade Efficiently)

거래 비용은 투자 전략의 성과를 좌우하는 핵심 요소입니다. 그러나 포트폴리오 매니저들은 종종 이러한 비용이 수익의 상당 부분을 잠식할 수 있다는 사실을 간과합니다. 그 결과, 불필요하게 공격적인 매매를 하거나, 거래 기간 동안 포지션 규모를 과도하게 조정하며 지나치게 빈번한 거래를 반복하는 실수를 범할 수 있습니다.

실적 발표, 신제품 출시, 신약 승인, 매수·매도 의견 변경(증권사 리포트) 등은 펀더멘털 분석을 중시하는 포트폴리오 매니저들에게 중요한 수익 기회를 제공합니다. 그렇다면 거래 비용을 고려한 순수익을 극대화하려면 이러한 이벤트를 어떻게 활용해야 할까요? 또한, 실적 발표와 같은 이벤트 매매에서는 리스크 관리를 어떻게 해야 할까요? 예를 들어, 너무 일찍 포지션을 구축하면 실적 발표 전까지 불필요한 시장 리스크에 노출될 수 있습니다.

이와 관련한 자세한 논의는 8.2.1절과 8.3절에서 다룹니다.

2.5 팩터 리스크를 제한하는 방법 (How to Limit Factor Risk)

펀더멘털 분석의 결과는 끊임없이 변할 수 있지만, 리스크 관리 규칙만큼은 쉽게 바뀌어선 안 됩니다. 이러한 규칙은 예측 가능해야 하며, 일관되게 실행될 수 있어야 하고 실제로 효과를 발휘해야 합니다. 또한 자본 규모나 전체 포트폴리오 리스크뿐만 아니라, 전략을 세울 때 놓치기 쉬운 부분들까지 폭넓게 포괄해야 합니다. 예를 들어 하나의 종목에 대해 보유할 수 있는 최대 비중을 설정하는 것 역시 매우 중요한 리스크 관리 수단입니다. 궁극적인 목표는 포트폴리오 매니저가 자신의 투자 아이디어를 충분히 반영하면서도 리스크를 안정적으로 통제할 수 있도록 하는 것입니다.

이에 대한 내용은 7.2절에서 다룹니다.

2.6 최대 손실을 통제하는 방법 (How to Control Maximum Losses)

포트폴리오 매니저의 핵심 임무 중 하나는 자본을 보호하는 것입니다. 대부분의 상황에서 가장 중요한 원칙은 생존이며, 기업이나 투자 전략의 지속 가능성을 위협할 정도의 손실은 반드시 피해야 합니다. 포트폴리오 매니저는 명시적 또는 암묵적인 손실 제한 규칙(stop-loss policy)을 활용하여 손실을 최소화하려고 합니다. 그렇다면 이러한 규칙을 어떻게 설정해야 할까요? 또한, 손실 제한 기준이 투자 성과에 미치는 영향은 무엇일까요?

이 주제는 9장에서 다룹니다.

2.7 레버리지 결정 방법 (How to Determine Your Leverage)

모든 포트폴리오 매니저가 레버리지 문제를 직접 고민하는 것은 아닙니다. 대부분의 운용사에서는 레버리지 사용 여부를 기업 차원에서 결정하기 때문입니다. 그러나 독립적으로 헤지펀드를 설립하려는 투자자라면 펀드의 지속 가능성을 유지하면서도 투자자들에게 매력적이고 신중한 레버리지를 설정하는 것이 가장 중요한 결정 중 하나입니다.

이 내용은 10장에서 다룹니다.

2.8 새로운 데이터 소스를 분석하는 방법
(How to Analyze New Sources of Data)

새로운 데이터 소스는 이제 전통적인 금융 정보의 범위를 넘어서 거의 매일같이 쏟아지고 있습니다. 포트폴리오 매니저는 빠르게 확장되는 데이터 환경 속에서 어떤 정보를 선택하고 어떻게 분석할지에 대한 중요한 과제에 직면해 있습니다. 앞으로는 데이터를 효과적으로 가공하고, 그 안에서 의미 있는 신호를 찾아내는 능력이 투자 성과를 좌우하는 핵심 경쟁력이 될 것입니다. 투자자가 활용할 수 있는 수단으로는 통계학, 머신러닝, 인공지능 등 다양한 방법론이 존재하지만, 현실적으로 이 모든 기법을 일일이 실험해보는 것은 불가능합니다. 문제는 수많은 데이터 중에서 무엇을 선택하고 어떻게 학습할 것인가에 있습니다. 결국 기존 투자 프로세스를 보완하면서도 일관성을 유지할 수 있는 최적의 분석 방식을 찾는 것이 핵심 과제입니다.

이 내용은 8.4절에서 다룹니다.

3장
리스크와 성과에 대한 분석
A Tour of Risk and Performance

📝 무엇을 배우게 될까요?

이 장에서는 팩터 모델의 기초를 쉽게 설명합니다. 익숙한 개념에서 시작하여 리스크 측정, 성과 분석, 헤징이 어떻게 이루어지는지 살펴봅니다.

📝 왜 필요할까요?

이 장에서 소개하는 개념은 책의 전반에 걸쳐 반복적으로 등장합니다. 간단한 경험 법칙부터 고급 최적화 기법에 이르기까지 모든 개념이 서로 연결되기 때문입니다.

📝 언제 필요할까요?

언제나 유용합니다. 이 원리를 이해하고 자연스럽게 몸에 익히면 실전에서 효과적으로 활용할 수 있습니다. 어쩌면 가까운 사람들과의 모임에서 리스크 분석이 삶에 어떻게 도움이 되었는지 이야기하며 대화를 즐겁게 이끌 수도 있을 것입니다.

3.1 들어가며 (Introduction)

1884년 7월 3일, Customer's Afternoon Letter (당시 Dow Jones & Co. 소유)는 최초의 주가 지수를 발표했습니다. 이 지수는 9개의 운송회사와 2개의 제조업체의 단순 평균 가격으로 구성되었습니다. 이후 1886년, 최초의 다우존스 산업평균지수(Dow Jones Industrial Average)가 등장했으며, 1889년에는 이 신문이 월스트리트 저널(The Wall Street Journal)로 발전하면서 점차 다양한 지수가 생겨났습니다.

지수는 투자 성과를 비교할 수 있는 벤치마크 역할을 합니다. 또한 시장 전체 또는 특정 산업의 전반적인 흐름을 요약하는 지표로도 활용됩니다. 일반적인 벤치마킹 과정은 다음과 같습니다.

- 특정 주식을 보유하고 있다면 먼저 시장 전체의 수익률(지수 수익률)을 확인해야 합니다.
- 그다음, 해당 주식이 시장 대비 초과 성과(outperformance)를 냈는지, 아니면 부진(underperformance)했는지를 비교합니다.

지수를 시장의 요약본으로 볼 때, 우리는 직관적으로 지수가 해당 시장에서 대부분의 주가 변동을 설명한다고 받아들입니다. 실제로 지수를 활용하면 주식 수익률과 변동성을 체계적으로 설명할 수 있습니다. 팩터 모델은 이러한 개념을 수학적으로 엄밀히 정리하고 확장하여 리스크 평가, 성과 분석, 포트폴리오 최적화 등 다양한 방법론을 제시합니다.

팩터 모델의 가장 기본적인 확장 방식 중 하나는 주식과 벤치마크 간의 관계를 보다 유연하게 설명하는 것입니다. 예를 들어, 금융 업종의 경기 민감주인 싱크로니 파이낸셜(SYF)의 주가는 시장과 함께 움직이는 경향이 강한 반면, 월마트(WMT)처럼 시가총액이 크고 안정적인 경기 방어주는 시장과 비교적 독립적으로 움직이는 경향이 있습니다. 이러한 차이는 그림 3.1에서 확인할 수 있습니다.

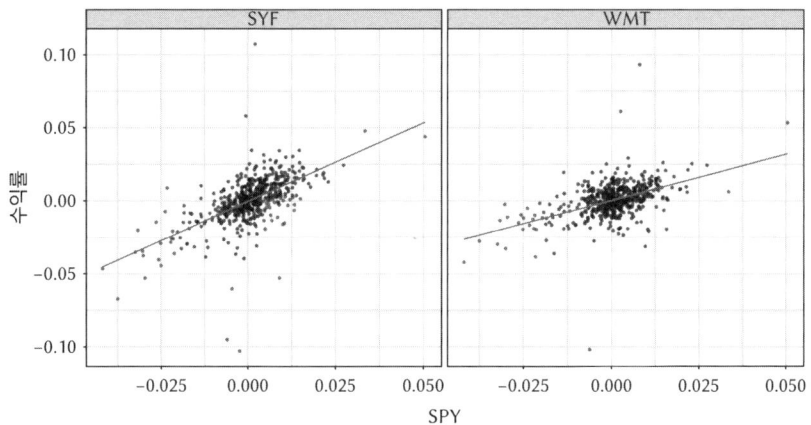

그림 3.1 2018년과 2019년의 SPY의 일별 수익률 대비 Synchrony's (SYF) and Wal-Mart's (WMT)의 일별 수익률 회귀분석

우리는 SYF와 WMT의 일별 수익률을 S&P 500 ETF (SPY)의 일별 수익률과 비교하여 회귀분석을 수행합니다. 이때 회귀계수인 베타(β)는 시장 민감도를 나타내며, 베타 값이 클수록 해당 주식이 시장과 함께 움직이는 정도가 커집니다. 예를 들어, 시장 수익률이 1% 상승할 때 특정 주식의 β가 1.5라면, 다른 조건이 동일하다는 가정하에 해당 주식의 기대 수익률은 1.5% 증가하게 됩니다. 그림 3.1은 2018년 1월 2일부터 2019년 12월 31일까지의 SYF 일별 수익률을 S&P 500 선물 수익률에 대해 회귀

분석한 결과를 보여줍니다. 만약 우리가 베타 값을 정확하게 추정할 수 있다고 가정하면(즉, 추정 오차가 무시할 수 있을 정도로 작다면), 주식의 수익률은 다음과 같은 형태로 단순화할 수 있습니다.

주식 수익률 = 시장 수익률 + 개별 종목의 고유 수익률

이러한 분석을 통해 여러 가지 중요한 정보를 얻을 수 있습니다. 벤치마킹 관점에서는 개별 주식의 전체 수익률 중 시장 요인이 차지하는 비중을 파악할 수 있으며 수익률 관점에서는 강세장에서 SYF가 시장보다 초과수익률을 기록하는 반면, WMT는 상대적으로 저조한 성과를 보이는 것처럼 나타날 수 있습니다. 그러나 시장 요인을 제거해 보면 SYF의 초과 수익은 단순히 시장에 대한 레버리지 베팅의 결과일 가능성이 높으며, 실제로는 시장보다 낮은 성과를 냈을 수도 있습니다. 반면, WMT는 시장 대비 저조한 성과를 보였다고 여겨질 수 있지만, 시장 영향을 배제하면 오히려 더 높은 순수익을 기록했을 가능성이 있습니다. 이처럼 시장의 영향을 배제하면 주식 수익률의 해석이 완전히 달라질 수 있으며, 주식과 시장 간의 선형적 관계는 개별 종목 간 상호 연관성을 형성하는 데 중요한 역할을 합니다. 대부분의 주식은 시장 베타(β)가 양수이며, β 값의 범위는 매우 다양하고 일부 주식은 β가 2 이상으로 높게 나타납니다. 이러한 시장 민감도는 기대수익률뿐만 아니라 리스크에도 큰 영향을 미칩니다. 이후 장에서는 베타와 시장 민감도에 대해 상세히 다룰 예정입니다.

이제 본격적인 설명에 들어가기 전에 '알파(α)'라는 중요한 개념을 소개하겠습니다. 실무에서 α는 투자자의 성과를 설명하는 핵심 요소입니다. 반면 β는 경우에 따라 포트폴리오 매니저의 자리를 위협할 수 있는 요소이기도 합니다. 그래서 많은 포트폴리오 매니저들이 α를 몸에 문신할 정도로 중요하게 여기지만 β를 문신한 사람은 찾아보기 어렵습니다. 심지어 리스크 매니저들조차도 그렇습니다.

3.2 알파와 베타 *(Alpha and Beta)*

SYF의 회귀분석 모델을 다시 살펴보겠습니다. 선형 회귀의 완전한 수식에는 절편(intercept)과 오차 항(residual)이 포함됩니다. 이를 명확하게 표현하면 다음과 같은 형태가 됩니다.

$$r = \alpha + \beta \times m + \epsilon \qquad (3.1)$$
$$\text{(수익률)} = \text{(절편)} + \text{(베타)} \times \text{(시장)} + \text{(잡음)}$$

이 수식의 구조는 그림 3.2에서 시각적으로 확인할 수 있습니다. 여기서 $\beta \times m$ 항은 주식 수익률 중 시장의 영향을 받는 부분, 즉 시장 요인을 의미하며, 흔히 **체계적 수익률 (systematic return)**이라고 부릅니다.

수식의 첫 번째 항인 α는 회귀식의 절편으로, 고정된 상수를 나타냅니다. 즉, 시장 수익률이 0일 때 해당 주식의 일별 기대수익률은 α와 같습니다.

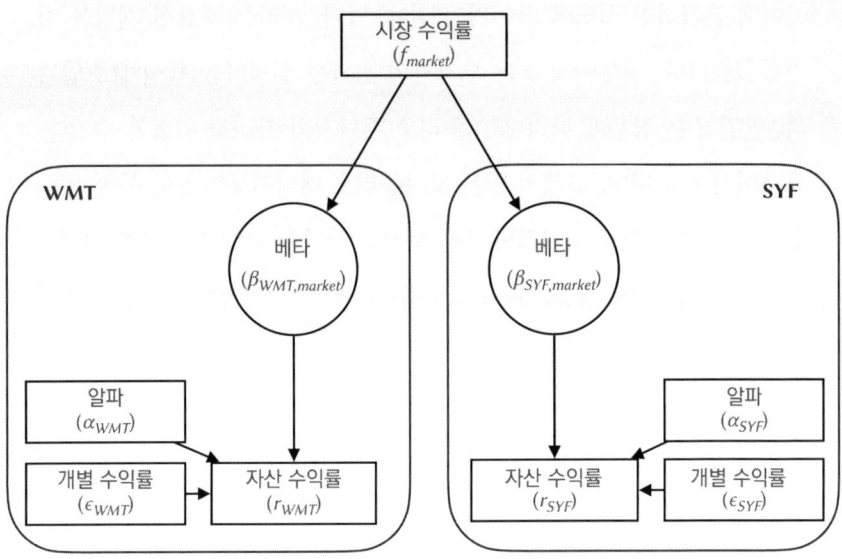

그림 3.2 시장 수익률, 개별 수익률, 자산 수익률 간의 관계를 나타낸 흐름도. 베타를 사용해 시장 수익률이 조정되며 알파와 개별 수익률에 더해져 자산의 총 수익률을 구성

하지만 현실에서는 이러한 기대수익률을 직접 관측할 수 없습니다. 실제 수익률에는 예측할 수 우연적인 요소인 ϵ 이 항상 섞여 있기 때문입니다. 따라서 실제 수익률이 0 이라 하더라도, 실제 실현된 수익률은 $\alpha +$ ϵ (알파 + 오차항)이 됩니다. 여기서 오차항 ϵ 은 운이나 예기치 못한 사건 등 수익률에 영향을 미치는 노이즈(noise)이며 **개별 수익률(idiosyncratic return)** 이라고도 부릅니다. ϵ 은 비체계적 수익률(unsystematic return), 고유 수익률(specific return), 잔차수익률(residual return)이라고도 불립니다.

중요한 점은 시장과 주식 간의 공통적인 움직임은 베타(β)와 시장 수익률(m)로 설명되며, 기업 고유의 특성은 알파(α)와 오차항(ϵ)으로 설명된다는 것입니다. 이러한 구조는 모든 주식이 하나의 공통된 체계적 요인의 영향을 받는다고 가정하는 공식 3.1의 **단일팩터모델**(single-factor model)로 알려져 있습니다.

$\alpha + \epsilon$ 항은 오직 기업 고유의 요인에만 의존하므로, 다수의 종목을 포트폴리오에 포함하면 노이즈인 ϵ 항은 서로 상쇄되어 사라지게 됩니다. 이것이 바로 분산투자의 핵심 원리이며 이 책의 여러 장에서 반복적으로 다룰 중요한 개념입니다. 즉, α는 개별 수익률의 기댓값이며 오차항 ϵ은 α를 가리는 잡음이라 할 수 있습니다.

그렇다면 주식 수익률의 기대값을 구하면 무엇이 남을까요?

- 알파(α)와 베타(β)는 상수입니다.
- 오차항(ϵ)은 기댓값이 0 이므로 사라집니다.
- 시장 수익률(m)은 기댓값이 0 이 아니므로 최종적인 기대수익률을 결정하는 핵심 요인이 됩니다.

$$\text{기대수익률} = \text{알파} + \text{베타} \times \text{기대 시장 수익률}$$
$$(\text{expected return}) = (\text{alpha}) + (\text{beta}) \times (\text{expected market return})$$

대부분의 시장 참여자는 시장 수익률을 정확히 예측하는 것은 매우 어렵다는 사실에 동의합니다. 특히 펀더멘털 분석(Fundamental Analysis)을 수행하는 애널리스트의 역할에는 일반적으로 시장 수익률 예측이 포함되지 않습니다. 이러한 거시적 시장 방향에 대한 전망은 보통 거시경제 투자자(Macroeconomic Investor)의 역할입니다. 펀더멘털 투자자는 개별 기업의 가치와 실적에 초점을 맞추기 때문에 전체 시장에 대해 차별화된 전망을 제시하는 경우는 드뭅니다. 투자 전문가들의 역할은 아래와 같이 구분할 수 있습니다.

- **펀더멘털 투자자(Fundamental Investor)** 알파(α)를 최대한 정확하게 추정하는 것이 핵심 역할입니다.

- **퀀트 리스크 매니저(Quantitative Risk Manager)** 베타(β)값을 추정하고 적절한 벤치마크(m)를 식별하며 개별 수익률(ϵ)을 분석하는 역할을 합니다.

- **거시경제 투자자(Macroeconomic Investor)** 기대 시장 수익률(m)을 예측하는 것이 주요 역할입니다. 특히, 기대 시장 수익률이 시간에 따라 변화할 경우 이를 분석하고 대응합니다.

궁극적으로, 포트폴리오 매니저는 잘못 평가된 주가 정보를 활용해 포트폴리오를 구성하고 식 3.1을 활용하여 투자 성과를 극대화하는 역할을 수행합니다.

3.3 알파(α)는 어디에서 오는가? *(Where Does Alpha Come From?)*

앞 절에서는 SYF와 WMT 사례를 보았습니다. 이제 SYF의 2018년 수익률 데이터를 바탕으로 알파(α) 추정치에 대한 분석을 좀 더 구체적으로 살펴보겠습니다.

범위	추정치	95% 신뢰 구간
알파(%)	−24	(−88, +8)
베타	1.02	(0.84, 1.20)

표 3.1 2018년 S&P 수익률 대비 SYF 주식의 수익률 회귀분석을 위한 범위 추정치, 알파는 연간 수익률로 표현

연도	알파 (%)	베타
2016	6	1.45
2017	−24	1.79
2018	−40	1.02
2019	16	1.15
2020	−19	1.69

표 3.2 2015~2019년 기간 S&P 수익률 대비 SYF 주식의 수익률 회귀분석을 위한 범위 추정치, 알파는 연간 수익률로 표현

표 3.1은 알파(α)와 베타(β)의 추정값과 함께 각 추정치의 95% 신뢰 구간을 보여줍니다. 여기서 중요한 점은 $α$의 추정값은 상당한 오차 범위를 가지고 있는 반면, $β$는 비교적 안정적이고 일관된 값을 나타냅니다. 이러한 특징은 표 3.2에서도 명확하게 드러납니다. $α$의 추정 변동성은 매우 크며 시간이 지남에 따라 그 값이 크게 달라질 수 있지만, $β$는 대부분의 시점에서 안정적인 추세를 유지하는 경향이 있습니다. 이러한 특징은 많은 주식에서 공통적으로 나타나는 현상입니다. 보통 $α$의 신뢰 구간은 넓어 예측이 까다로운 반면, $β$는 상대적으로 예측이 용이하다는 점을 시사

합니다.

  이처럼 α는 직접 관측하기 어려울 뿐만 아니라 단순한 시계열 데이터만으로는 정밀하게 추정하기 어렵습니다. 따라서 미래의 α 값을 예측하려면 펀더멘털 애널리스트(Fundamental Analyst)의 역할이 중요합니다. 특히 다양한 데이터 출처에서 생성된 α의 예측 정보를 어떻게 결합하고, 구조화되지 않은 방대한 비정형 데이터를 얼마나 효과적으로 분석하느냐가 펀더멘털 투자의 핵심 경쟁력이며, 장기적으로 지속 가능한 투자 우위를 결정짓는 요인이 될 것입니다. 이어서 α의 생성 과정에 활용되는 주요 데이터 출처와 분석 방법을 소개합니다.

- **가치 평가 분석(Valuation Analysis)** 기업의 비즈니스 모델을 심층적으로 분석하여 차별화된 투자 관점을 형성하는 것을 목표로 합니다. 기본적으로 활용되는 주요 재무 데이터는 현금흐름표(Cash Flow Statement), 대차대조표(Balance Sheet), 손익계산서(Income Statement), 주주자본변동표(Statement of Shareholders' Equity) 등입니다. 또한, 거시경제 데이터를 활용해 기업의 생산 함수 변화와 제품·서비스에 대한 수요 전망까지 반영합니다. 가치 평가 분석은 단기 및 장기 전망 모두에 영향을 미치며, 단기 요인으로는 실적 발표와 애널리스트의 투자의견 조정 등이 있고, 장기 요인으로는 기업의 지속 가능한 성장 가능성이나 산업 내 경쟁력 등이 포함됩니다.[2]

- **대체 데이터(Alternative Data)** 최근에는 신용카드 결제 내역이나 위성 이미지와 같은 비전통적 데이터도 분석에 적극적으로 활용되고 있습니다. 대체 데이터는 기존의 재무제표나 공시 자료로는 파

---

2 [T. Koller & Wessels, 2015]

악하기 어려운 단기적인 수요, 공급, 비용 구조의 변화나 잠재적 리스크를 확인하는 데 효과적인 보완 수단으로 사용됩니다.[3]

- **심리 분석(Sentiment Analysis)** 소비자의 경제 전망에 대한 기대치(심리)를 반영하는 데이터 분석 기법입니다. 주요 거시경제 지표로는 컨퍼런스 보드(Conference Board)의 소비자 신뢰지수(Consumer Confidence Index), 미시간대학교 소비자 설문조사(University of Michigan's Survey of Consumers), 구매관리자지수(PMI, Purchasing Managers' Index) 등이 있습니다. 기업 수준에서는 뉴스 기사와 소셜 미디어 등 비정형 데이터를 활용한 분석을 통해 시장 심리를 포착하기도 합니다.[4]

- **기업 접근성(Corporate Access)** 기업 경영진과의 정기적인 인터뷰나 컨퍼런스 콜 또한 중요한 정보원이 됩니다. 이러한 정보는 일반적으로 공개되지만 펀더멘털 애널리스트는 과거의 가이던스와 현재를 비교하고 다양한 기업 데이터를 통합 분석함으로써 더 깊이 있는 통찰을 얻을 수 있습니다.

- **유동성 이벤트(Liquidity Events)** 지수 편입/편출, 2차 공모(Secondary Offering), 락업 해제(Lock-up expiration) 등과 같은 유동성 관련 이벤트는 특정 시점에서 주식의 수급을 급격히 변화시켜 주가에 영향을 줄 수 있습니다. 이러한 이벤트는 주식의 수요와 공급을 변화시켜 가격에 영향을 줄 수 있습니다. 펀더멘털 투자자는 이러한 이벤트에 대해 정보상의 우위를 점하기는 어렵지만 시장의 수급 변화에 유연하게 대응하는 투자 전략을 조정하는 것이 중요합니다.

---

3 [Denev & Amin, 2020 (금융 데이터 분석 교재)], [Kolanovic & Krishnamachari, 2017 (J.P. Morgan의 데이터 소스 분석 자료)]

4 [Loughran & McDonald, 2016]

- **군집 현상(Crowding)** 애널리스트는 개별 기업에 대한 분석뿐만 아니라 시장 참여자 전체의 투자 방향성과 심리도 중요한 분석 대상으로 삼아야 합니다. 특히 컨센서스(Consensus)를 분석하면 자신의 투자 아이디어가 얼마나 독창적인지, 해당 종목에 대한 시장의 관심이 얼마나 집중되어 있는지 파악할 수 있습니다. 또한, 특정 종목이 과도하게 매수된 상태인지, 단기간 급등 후 투자 심리가 냉각되며 급락할 위험이 있는지도 판단하는 데 도움이 됩니다.

이 내용은 5.2장에서 더 자세히 다룰 예정입니다. 컨센서스 지표는 애널리스트가 자신의 아이디어가 시장에서 얼마나 차별성을 가지는지 평가하며, 과열된 종목에 포지션을 취할 때 리스크를 분석하고 전략을 조정하는 데 핵심적인 도구로 활용됩니다.

3.4 위험을 사전에 추정하기 (Estimate Risk in Advance)

'주식 수익률 = 시장 수익률 + 개별 수익률' 이라는 단순한 분해는 단순히 수익률 분석에 그치는 것이 아니라, 위험을 분해하는 데도 유용합니다. 수익률은 정의하기 쉽지만 '위험'이라는 개념은 훨씬 더 복잡하고 모호하게 느껴질 수 있습니다. 따라서 본격적인 논의에 앞서 이 용어가 지닐 수 있는 다양한 의미를 먼저 짚고 넘어가는 것이 중요합니다.

3.4.1 리스크란 무엇인가? (What is Risk?)

'Risk'라는 단어는 이탈리아어 동사 'risicare'에서 유래되었으며 오래

된 속담 "chi non risica non rosica (위험을 감수하지 않으면 먹지 못한다)"에서 그 의미를 엿볼 수 있습니다. 리스크와 보상의 균형은 특별한 전문 지식이 없어도 누구나 직관적으로 이해할 수 있는 개념입니다. 그러나 문제는 리스크를 어떻게 정의할 것인가에 있습니다. 예를 들어 퀀트 분석에 익숙하지 않은 '딥밸류 투자자(Deep Value)'는 리스크를 '자본의 영구적 손실(permanent loss of capital)' 가능성으로 생각할 수 있습니다. 하지만 여기서 '영구적 손실'이 정확히 무엇을 뜻하는지는 매우 모호합니다. 회사가 파산하는 것을 의미할까요? 투자자들이 펀드에서 자금을 회수하는 것을 의미할까요? 아니면 손실이 너무 커서 펀드가 투자 활동을 지속할 수 없는 상황을 의미할까요?

만약 손실이 펀드의 자금 조달 능력을 심각하게 훼손할 정도로 크다면 포트폴리오의 일부를 어쩔 수 없이 강제 청산해야 할 수도 있습니다. 최악의 경우에는 전체 자산을 프라임 브로커에게 넘겨야 하는 상황이 발생할 수 있습니다. 이러한 사태는 결과적으로 자본의 '영구적 손실'을 초래할 수 있습니다. 손실을 어떤 기준 시점에서 평가하느냐도 중요한 문제입니다. 장기적으로는 결국 누구도 시장에 영원히 남아 있을 수 없습니다. 하지만 이러한 비관적인 시각에도 일말의 진실이 담겨 있습니다. 리스크란 우리의 투자 능력을 훼손할 정도로 큰 손실이 발생할 확률과 깊이 관련이 있다는 점입니다. 여러분도 이 정의에 동의한다면, 이제 가장 중요한 질문이 남습니다. '큰 손실이 발생할 확률은 어떻게 정량화할 수 있을까요?'

먼저 손실이 어떻게 분포하는지 파악해야 합니다. 그런 다음, 우리가 허용할 수 있는 손실 한도를 정하고 해당 한도를 초과할 확률을 계산해야 합니다. 이 두 가지 과정 중 더 어려운 것은 손실 분포를 모델링하는 첫 번째 단계입니다. 특히 금융 시장이 극심한 변동을 보이는 스트레스 상황에서는 자산 수익률의 특성을 정확히 설명할 수 있는 모델이 반드시 필요합니다. 이 문제는 단지 펀더멘털 투자자만의 고민이 아닙니다. 은행이나 보험회사 같은 대형 금융 기관들 역시 동일한 과제를 안고 있습니다. 이들 기관에 있어 대규모 손실은 단순한 수익성 악화에 그치지 않습니다. 운영 능력에 직접적인 타격을 줄 수 있으며, 기업의 평판에도 치명적인 손상을 입힐 수 있습니다. 더욱이 이들 기관의 자산 포트폴리오는 주식에 국한되지 않고 채권, 부동산, 파생상품 등 다양한 자산과 부채로 구성되어 있어 리스크 관리가 한층 더 복잡해집니다.

그러나 주식(equity)에만 초점을 맞추면 리스크 모델링은 간단해집니다. 그 이유는 두 가지입니다. 첫째, 주식은 기업의 소유권을 분할 소유하는 형태의 계약으로 구조가 비교적 단순한 현금성 유가증권이기 때문입니다. 둘째, 적절한 모델을 활용하면 팩터(Factor) 및 개별(Idiosyncratic) 수익률이 비교적 예측 가능하다는 점입니다. 즉, 수익률 분포가 특정 통계적 특성을 충족할 수 있습니다.

1. 표준편차(Standard Deviation)는 유한한 값으로 정의됩니다. 이론적으로는 무한한 변동성을 가질 수 있지만, 현실적으로 그렇지는 않습니다.
2. 표준편차는 추정이 가능합니다. 데이터가 지나치게 노이즈(noisy)하여 추정이 불가능한 경우가 아니라면 변동성을 측정할 수 있습

니다.

3. 왜도(Skewness)나 첨도(Kurtosis)와 같은 고차 통계치는 측정이 어렵기 때문에, 리스크 측정에서는 표준편차(변동성)가 가장 중요한 지표로 사용됩니다.

이러한 통계적 특성은 대체로 타당하지만, 언제나 직관적으로 명확하게 이해되지는 않습니다. 예를 들어, 표준편차는 거의 항상 유한하지만, 이를 정확히 예측하는 일은 그리 간단하지 않습니다. 더욱이, 왜도나 첨도와 같은 복잡한 고차 통계치는 실제로 예측이 거의 불가능한 경우도 많습니다. 그러나 투자 관점에서 수익률의 통계적 특성을 이해하는 것은 매우 중요합니다. 이에 따라 이 책은 수익률의 통계적 특성에 대해 별도의 장을 할애하여 자세히 설명하고 있습니다.

이번 장에서는 평균과 표준편차, 이 두 가지 핵심 개념에 대해 집중적으로 살펴봅니다. **평균(Mean)**은 수익률이 전반적으로 어떤 수준에서 형성되는지를 보여주는 중심값이며, **표준편차(Standard Deviation)**는 평균을 중심으로 수익률이 얼마나 변동하는지를 측정합니다. 금융에서 주식 수익률의 표준편차를 흔히 **변동성(Volatility)**이라고 부릅니다. 예를 들어 월마트(WMT)의 일일 변동성이 1%라는 것은 월마트의 일일 수익률이 평균값을 중심으로 표준편차 1% 범위에서 변동하고 있음을 의미합니다. 평균과 변동성을 알게 되면 손실 규모를 어느 정도 추정할 수 있습니다. 이 책의 10장에서는 이러한 통계치를 실제 투자에 어떻게 활용할 수 있는지를 자세히 설명할 예정입니다.

일반적으로 우리는 수익률이 **정규분포 (normal distribution)** 를 따른다고 가정합니다. 물론 이러한 가정은 현실을 단순화한 낙관적인 전제에 불과합니다. 그러나 변동성 추정치의 변화가 특정 확률 수준에서 발생할 수 있는 손실의 변화와 어느 정도 일치한다는 점에서 여전히 유용한 출발점이 됩니다. 예를 들어 기대수익률에서 표준편차가 -1 이상인 손실이 발생할 확률은 약 16%이며, 1년(252 거래일) 동안 이러한 손실이 발생할 수 있는 날은 약 40일입니다. 또한, 표준편차가 -2 이상인 손실이 발생할 확률은 2.3%입니다. 표 3.3에서는 이러한 수치를 예시로 보여줍니다.

표 3.3 '1 시그마' 이벤트에서 '3 시그마'까지 정규 분포에 따른 희귀 이벤트의 발생 확률

표준편차	확률 (%)	이벤트/1년	이벤트/5년
−1.0	15.87	40	200
−2.0	2.28	6	29
−2.5	0.62	2	8
−3.0	0.13	0	2

이처럼 주식이나 포트폴리오의 변동성은 리스크를 측정하고 자산 간 비교를 가능하게 하는 기준 척도로 작용합니다. 물론 실제 시장에서는 개별 주식의 일일 수익률이 반드시 정규분포 형태로 나타나는 것은 아닙니다. 경우에 따라 정규분포는 물론 로그정규분포(Log-Normal Distribution)와도 일치하지 않는 양상을 보이기도 합니다. 이러한 한계가 있지만 과거 데이터를 활용하면 변동성을 완벽하지는 않더라도 충분히 합리적인 수준에서 예측이 가능하며, 이를 토대로 극단적인 손실의 규모 역시 대략적으로 추정할 수 있습니다.

모델링에서 중요한 것은 완벽한 설명이 아니라 다른 대안보다 더 나은

결과를 제공하는지 여부입니다. 현재까지 주식 수익률을 설명하는 데 있어 팩터 모델보다 뛰어난 대안은 존재하지 않습니다. 또한, 리스크 모델은 다양한 시장 환경에서 효과적으로 작동하며 여러 역할을 수행합니다. 물론 모든 모델에는 한계가 있기 마련입니다. 특정 모델이 부족하다고 판단되는 부분이 있다면, 그 점에 대해 미리 여러분께 주의를 드리겠습니다.

3.4.2 리스크와 성과 측정 (Measuring Risk and Performance)

리스크 모델의 가장 기본적인 용도는 위험 관리(Risk Management)입니다. 리스크 모델을 활용하여 해결하고자 하는 주요 문제는 다음과 같습니다.

- 현재 포트폴리오의 리스크(변동성)는 얼마인가?
- 리스크는 어디에서 비롯되는가?
- 포트폴리오가 변경되면 리스크는 어떻게 변화하는가?
- 포트폴리오의 구성이 변경되면 리스크는 어떻게 변화하는가?

이 질문들에 답하기 위해 단계적으로 접근할 것입니다. 먼저 개별 주식의 리스크를 살펴보겠습니다. 리스크 모델은 아래 표 3.4와 같이 싱크로니파이낸셜(SYF) 주식에 대한 주요 리스크 정보를 제공합니다.

표 3.4 2019년 SYF의 리스크 변수

항목	가치(%)
베타	1.2
일일 시장 변동성(%)	0.8
일일 개별 변동성(%)	1.3
순투자금액	$10M

'SYF 주식을 1,000만 달러 보유했을 때, 일일 변동성은 얼마일까요?'

이 질문에 답하기 위해 SYF 와 모든 주식의 일반적인 수익률 공식을 다시 살펴보겠습니다.

$$r = \alpha + \beta \times m + \epsilon$$

(수익률) = (절편) + (베타) × (시장) + (잡음)

우리는 SYF 주식의 수익률 변동성인 vol(r)을 계산하고자 합니다. 여기서 α (알파) 항은 상수이므로 변동성에 영향을 주지 않지만, $\beta \times m$ (시장 팩터)과 ϵ (개별 리스크 팩터)은 확률 변수(Random Variables)이므로 변동성을 결정합니다. 그렇다면 두 개의 확률 변수의 합의 변동성은 어떻게 계산할 수 있을까요?

변동성(표준편차)의 제곱 값(분산)을 사용하면 계산이 간단해집니다. 확률 통계의 기본 원리에 따르면, 서로 독립적인 두 확률 변수 합의 분산은 각각 변수의 분산의 합과 같습니다. 이는 피타고라스 정리와 유사한 개념으로, 두 독립적인 변동성은 직각삼각형의 두 변(legs)과 대응하며, 합의 변동성은 빗변(hypotenuse)의 길이에 대응합니다. 그림 3.3 은 이를 시각적으로 잘 보여줍니다. 이제 이 공식을 SYF 주식에 적용해 보면 시장 팩터의 변동성은 아래와 같습니다.

$$\$10M \times 1.2 \times 0.8\% = \$96,000$$

개별 리스크(변동성)은 아래와 같습니다.

$$\$10M \times 1.3\% = \$130,000$$

둘의 분산(각 값을 제곱)을 더한 SYF 주식 수익률의 분산은 $96,000^2 + 130,000^2 = 26116M$으로 최종 변동성은 26116M의 제곱근, 16만 1,604달러($161,604) 입니다.

이러한 계산은 다소 반복적이고 지루하게 느껴질 수 있지만, 실제 업무에서는 매우 유용하게 활용됩니다.

그림 3.3 두 독립적인 확률 변수의 합의 분산은 두 확률 변수의 분산의 합과 같습니다. 표준 편차는 직각 삼각형의 변으로 해석할 수 있습니다.

예를 들어 SYF와 S&P500 지수의 과거 수익률 데이터를 Bloomberg나 기타 웹사이트에서 확보한 뒤, 각 자산의 변동성을 추정하고 엑셀에서 간단한 회귀분석을 수행하면 SYF의 베타 값을 구할 수 있습니다. 이후, 이전 페이지에서 설명한 계산 방법을 적용하여 개별 변동성(Idiosyncratic Volatility)을 산출할 수 있습니다. 물론 Bloomberg의 (BETA〈GO〉)나 야후 파이낸스(Yahoo Finance)의 최근 3년치 데이터를 기준으로 계산된 후행 베타를 활용할 수 있습니다. 그러나 3년치 베타가 아닌 다른 기간을 기준으로 베타를 계산하고 싶거나, 특정 날짜를 분석에서 제외하고 싶다면 어떻게 해야 할까요? 예를 들어 SYF 주가가 단발적인 급등 이벤트로 인해 일시적으로 비정상적으로 높은 수익률을 기록한 적이 있었다고 가정해 봅시다. 만약 특정 날짜의 주가 움직임이 미래 변동성을 대표하지 않는다고 판단된다면, 해당 데이터를 제외한 후 변동성을 다시 계산하는 것이 유용할 수 있습니다. 이처럼 기본 원리를 이해하면 데이터의 출처와 관계없이 자신이 원하는 방식으로 데이터를 활용할 수 있는 능력을 갖출 수 있습니다.

이제 단일 주식의 리스크를 시장 요인과 개별 요인으로 분류하는 방법을 이해했으니, 이 개념을 포트폴리오 전체로 확장해 보겠습니다. 아래 표 3.5는 리스크 모델과 포트폴리오의 주요 변수를 정리한 것입니다.

표 3.5 SYF, WMT, S&P500의 리스크 변수와 종목별 보유 금액

항목	SYF	WMT	SPY
베타	1.2	0.7	1
일일 시장 변동성(%)			1.4
일일 개별 변동성(%)	1.2	0.5	0
순투자금액(NMV)	$10M	$5M	-$15.5M

포트폴리오의 일일 손익 (P&L)은 개별 보유 주식별로 '보유 금액 × 주식 수익률'을 모두 더한 값으로 정의됩니다.

$$\mathrm{PnL}_{port} = \mathrm{NMV}_{SYF} \times r_{SYF} + \mathrm{NMV}_{WMT} \times r_{WMT} + \mathrm{NMV}_{SPY} \times r_{SPY}$$

위 공식을 식 3.1에 대입하고 항들을 다시 정리하면 다음과 같이 시장 요인과 개별 요인으로 분리할 수 있습니다.

$$\mathrm{PnL}_{port} = (\mathrm{NMV}_{SYF} \times \beta_{SYF} + \mathrm{NMV}_{WMT} \times \beta_{WMT} + \mathrm{NMV}_{SPY} \times \beta_{SPY})m$$

(시장 기여분)

$$+ (\mathrm{NMV}_{SYF} \times \epsilon_{SYF} + \mathrm{NMV}_{WMT} \times \epsilon_{WMT} + \mathrm{NMV}_{SPY} \times \epsilon_{SPY})$$

(개별 기여분) (3.2)

이처럼 포트폴리오의 성과는 시장 기여분(Market contribution)과 개별 기여분(Idiosyncratic contribution)으로 나눌 수 있습니다. 이 방법은 성과 기여 분석의 간단한 예시입니다.

포트폴리오의 베타 (β)는 다음과 같이 계산됩니다.

$$1.2 \times \$10M + 0.7 \times \$5M + 1 \times \$10M = \$25.5M$$

여기서 중요한 점은 포트폴리오의 베타가 개별 보유 자산들의 베타의 합과 같다는 것입니다. 이렇게 계산된 포트폴리오 전체의 베타는 달러 단위로 표현되며, 이를 포트폴리오의 달러 베타(Dollar Beta)라고 합니다. 이 달러 베타에 시장 수익률(m)을 곱하면 포트폴리오의 '손익(P&L)'에서 시장이 기여하는 부분을 계산할 수 있습니다. 포트폴리오의 시장 요인에서 발생한 일일 변동성은 다음과 같습니다.

$$(\text{포트폴리오의 시장 변동성}) = (\text{포트폴리오 달러 베타}) \times (\text{시장 변동성})$$

$$= \$25.5M \times 1.4\% = \$357K$$

포트폴리오의 베타를 표현하는 또 다른 방법으로는 백분율 베타(Percentage Beta)를 사용하는 것입니다. 백분율 베타는 달러 베타를 포트폴리오의 순투자금액(Net Market Value)으로 나눈 값으로, 포트폴리오 내 순매수 자산 1달러당 시장 노출 수준을 나타냅니다.[5] 본 예제에서 백분율 베타는 $\$25.5M / \$25M \simeq 1.0$으로 계산됩니다.[6]

다음으로 포트폴리오의 개별 기여분(Idiosyncratic contribution)을 계산해 보겠습니다. 포트폴리오의 개별 손익 변동성(Idiosyncratic P&L Volatility)은

---

5 이 정의는 자산의 순투자금액(NMV)이 0이 아닌 자산에만 의미가 있으며, 일반적으로 순투자금액이 0보다 큰 자산, 즉 순매수(net-long) 포트폴리오에 해당됩니다.
6 달러 베타는 시장의 일일 변동성(volatility)을 반영하여, 시장 움직임에 따라 포트폴리오 손익이 얼마나 변할지를 나타내는 것이고, 백분율 베타는 포트폴리오가 시장에 얼마나 노출되어 있는지(레버리지 포함)를 보여주는 것입니다.

세 개의 항(주식)의 합으로 구성됩니다. 두 확률 변수의 경우와 마찬가지로, 합의 분산(Variance of Sum)은 각 개별 분산의 합과 같다는 원리를 적용하면 다음과 같은 공식을 사용할 수 있습니다.

$$\text{포트폴리오의 개별 분산} = (NMV_{SYF} \times vol_{SYF})^2$$
$$+ (NMV_{WMT} \times vol_{WMT})^2$$
$$+ (NMV_{SPY} \times vol_{SPY})^2$$

그리고 포트폴리오의 개별 변동성은 다음과 같습니다.

$$\text{포트폴리오의 개별 변동성} = \sqrt{(10 \times 0.012)^2 + (5 \times 0.005)^2} = \$122.6K$$

마지막으로 위에서 구한 두 값을 이용해 포트폴리오의 총 변동성(Total Volatility)을 계산하겠습니다. 시장 수익률(market return)과 개별 수익률(idiosyncratic return)은 서로 독립적이므로, 포트폴리오 전체 분산은 시장 변동성의 분산과 개별 변동성의 분산을 합한 값으로 구할 수 있습니다.

$$\text{포트폴리오 총 변동성} = \sqrt{357K^2 + 122K^2} = \$377K$$

이 계산 절차는 절차 3.1에서 설명하고 있습니다. 다른 간단한 예시를 살펴봅시다.

> **절차 3.1 포트폴리오 변동성 계산 방법**
>
> 1. 개별 보유 자산들의 달러 베타(Dollar Beta)는 각 자산의 보유 금액(NMV)에 해당 자산의 베타를 곱하여 계산한다.
> 2. 이렇게 계산된 개별 달러 베타 값을 모두 합산하면 포트폴리오의 총 달러 베타(Dollar Portfolio Beta)가 산출된다. 이 값은 포트폴리오 전체가 시장에 대해 가지는 총 민감도(시장 노출)를 나타낸다.
> 3. 포트폴리오의 시장 리스크(전체 변동성 중 시장이 기여하는 부분)는 다음 공식으로 계산된다: (포트폴리오 달러 베타) × (시장 변동성)
> 4. 포트폴리오의 개별 달러 변동성(Dollar Idiosyncratic Volatility)은 각 자산의 개별 변동성(Idiosyncratic Volatility)을 달러 단위로 환산한 후 이를 합산하여 구한다.
> 5. 마지막으로, 위에서 계산한 시장 달러 변동성과 개별 달러 변동성을 각각 제곱한 값을 더한 뒤, 그 합의 제곱근을 취하면 포트폴리오의 총 변동성을 계산할 수 있다.

간단한 예로 각각 1억 달러($100M)의 시장 가치를 가진 네 개의 롱-온리(long-only) 포트폴리오가 있습니다. 첫 번째 포트폴리오는 한 개의 주식으로 구성되어 있고, 두 번째 포트폴리오는 10개의 주식으로, 세 번째 포트폴리오는 100개의 주식으로, 네 번째 포트폴리오는 1,000개의 주식으로 구성되어 있습니다.

표 3.6 주식 수가 증가하는 포트폴리오 예시, 각 주식은 단위 베타가 있으며 주식의 일일 개별 변동성과 일일 시장 변동성은 모두 1% 임.

#주식수	개별변동성($)	시장변동성($)	개별분산(%tot)
1	1M	1M	50
10	316K	1M	9.09
100	100K	1M	0.99
1000	31.6K	1M	0.10

각 주식의 베타(β) 값은 1 이며, 일일 개별 변동성(daily idio. volatility)과 시장 변동성(Market Volatility) 모두 1% 로 가정합니다. 이 값들은 계산을 단순화하기 위한 가상의 수치로, 실제 포트폴리오와도 유사한 편입니다. 각 포트폴리오의 시장 리스크(β)와 개별 리스크(Idiosyncratic Risk)가 전체 변동성에 얼마나 기여하는지 계산하는 방법은 표 3.6에서 확인할 수 있습니다.[7]

이제 이 예제를 활용하여 SPY(S&P 500 ETF)의 개별 변동성이 사실상 0%로 간주되는 이유를 명확하게 이해할 수 있습니다. SPY는 500개 종목으로 구성된 롱-온리(long-only) 포트폴리오로, 각 주식의 베타(β)는 모두 양수입니다. 이러한 분산 구조에서는 개별 리스크의 기여도가 극히 작아 실무에서는 거의 0으로 간주합니다.

---

[7] 여러 종목으로 구성된 롱-온리 분산 포트폴리오의 고유 변동성이 낮은 이유를 알고 싶다면 리스크 FAQ(4.2절)의 끝에서 두 번째 질문을 읽어보시기 바랍니다.

3.5 리스크 분해를 위한 첫 번째 단계 (First Steps in Risk Decompositions)

이 간단한 분해는 변동성의 본질을 이해하는 데 중요한 개념을 담고 있습니다. 변동성은 시장 전체의 움직임에서 올 수도 있고, 개별 자산의 고유 특성에서 올 수도 있습니다. 여러분의 투자 강점은 무엇인가요? 시장 방향성에 베팅하는 것인가요? 아니면 개별 주식의 방향성에 베팅하는데 있나요?

롱 포지션의 가장 큰 장점 중 하나는 시장 위험을 감수하는 만큼 기대 수익도 양(+)의 값을 가진다는 점입니다. 1926년(지수 시작 연도)부터 2018년까지의 S&P 500의 인플레이션 조정 연평균 수익률은 약 7% 였습니다. 이러한 과거 데이터를 감안하면 시장에 대해 양(+)의 베타를 유지하는 전략은 장기적으로 유리할 수 있습니다. 실제로 글로벌 자산 운용의 상당 부분이 지수를 추종하는 패시브 전략에 기반하고 있습니다. 이러한 점을 고려하면 포트폴리오 대부분은 다음과 같은 공통된 특성을 갖게 됩니다.

- 보통 양의 백분율 베타(Positive Percentage Beta)를 가지며, 그 값은 대체로 1에 가깝습니다.
- 포트폴리오에서는 개별 손익(Idiosyncratic P&L)에 대해 일정 수준 허용된 변동성 예산(Volatility Budget)을 트래킹 에러(Tracking Error)라고 부르기도 합니다. 이 값은 시장 변동성과 무관하게 발생할 수 있는 초과 변동성의 허용 범위를 나타냅니다.

예를 들어 표 3.5의 포트폴리오는 순투자금액(NMV)의 7.8%에 해당하는 약 190만 달러($1.9M) 정도의 트래킹 달러 변동성(Tracking Dollar Volatility)을 가집니다. 이 7.8%는 트래킹 에러(Tracking Error)라고 하며, 일반적인 투자 펀드에 비해 비교적 높은 수준입니다.[8] 트래킹 에러는 보통 다음과 같이 범위로 나뉩니다. 0%에 가까우면 시장을 그대로 추종하는 완전한 패시브 펀드이고, 6~7% 정도는 수백 개의 종목으로 구성된 포트폴리오에서도 충분히 달성 가능한 수준입니다.

그러나 포트폴리오에서 베타(β), 즉, 시장 노출을 그대로 유지하는 것에는 한 가지 단점이 있습니다. 바로 투자자들에게 그 정당성을 설득하기가 점점 어려워지고 있다는 점입니다. 오늘날 투자자들은 자신이 투자한 펀드의 수익률을 알파-베타(Alpha-Beta) 분해 기법을 활용해 쉽게 분석할 수 있으며, 시장을 추종하는 전략(Beta Exposure)을 저비용으로 대체할 수 있는 수단들이 이미 많이 존재합니다. 예를 들어 투자자들은 E-mini S&P 500 선물(E-mini S&P Futures), SPY(S&P 500 ETF), 또는 Vanguard Total Stock Market Index Fund와 같은 패시브 인덱스 펀드를 통해 시장에 투자할 수 있습니다.

지금까지 다룬 알파-베타 분해 방법은 수익률을 이해하는 데 매우 유용한 도구입니다. 그러나 포트폴리오의 베타 부분은 저비용 ETF에 투자하여 쉽게 구현할 수 있기 때문에, 투자자가 굳이 높은 비용을 들여 액티브 펀드에 투자할 필요는 없습니다. 따라서 포트폴리오에서 상당한 수준의 베타 노출을 유지하려면 이를 정당화할 수 있는 논리와 타당성이 필

---

8 연간 추적 변동성은 대략 $0.122M \times \sqrt{252} \simeq \$1.9M$. 입니다. 연율화 계산은 나중에 4.2절에서 설명합니다. 처음 읽을 때는 계산의 세부 사항을 무시하셔도 됩니다.

요합니다. 이 주제에 대한 구체적인 논의는 8장에서 다룰 예정입니다. 지금은 아래 두 가지 사실만 명확히 기억해두면 충분합니다.

1. 베타와 알파를 결합하려는 논리보다 이 둘을 분리하려는 논리가 더 설득력 있습니다.
2. 포트폴리오에서 시장 요인을 제거하는 일은 생각보다 간단합니다. 다음 절에서 이 과정에 대해 자세히 살펴보겠습니다.

3.6 간단한 헤징 (Simple Hedging)

다시 표 3.5의 예제를 살펴보겠습니다. 이 포트폴리오는 상당한 수준의 시장 리스크를 보유하고 있으며, SYF와 WMT에서 각각 670만달러($6.7M) 규모의 개별 리스크도 존재합니다. 또한, 우리는 향후 분기 동안 SYF와 WMT가 시장 대비 초과 수익을 낼 것이라고 강하게 확신하고 있지만 같은 기간 동안 시장 전체의 방향성은 거의 예측할 수 없는 상황입니다. 다시 말해, 우리는 종목 선정에서는 경쟁력을 갖추고 있지만, 시장 방향성을 예측하는 능력은 부족하다는 뜻입니다. 이러한 상황에서 우리가 SPY를 보유하고 있지 않더라도, 만약 시장이 급락할 경우 SYF와 WMT에 대한 유망한 투자 아이디어조차 성과를 내기 어려울 수 있습니다. 만약 포트폴리오가 절대 수익 (Absolute Return)을 목표로 한다면, 시장 노출을 그대로 방치하는 것은 바람직하지 않을 수 있습니다.

이 문제는 SPY(시장 전체를 대표하는 ETF)를 공매도하여 해결할 수 있습니다. 즉, 주식을 보유한 투자자로부터 주식을 빌린 뒤 시장 가격에 매도하고, 이후 더 낮은 가격에 다시 매수하여 원래 보유자에게 반환하는 방식입니다. 물론 공매도 전략은 일정한 비용과 리스크가 수반된다는 점도 함께 고려해야 합니다.

1. **주식 차입 비용 (Borrow Rate)** 주식을 빌릴 때 차입 금리(Borrow Rate)를 지급해야 하며, 해당 주식을 찾기 어렵거나 공급이 제한된다면 차입 비용이 증가할 수 있습니다.

2. **공매도 주식 조기상환 위험 (Recall Risk)** 주식의 원래 보유자가 해당 주식을 팔고자 할 경우, 공매도 투자자는 예상보다 빨리 주식을 다시 매입해 포지션을 청산해야 하는 리스크를 감수해야 합니다.[9]

이와 같이 우리는 SPY를 공매도하여 포트폴리오의 베타 노출을 줄일 수 있습니다. 현재 포트폴리오에서 개별 주식의 달러 베타(Dollar Beta)는 다음과 같습니다.

- SYF: 1,200만 달러 ($12M)
- WMT: 350만 달러 ($3.5M)
- 총 달러 베타: 2,550만 달러 ($25.5M)

---

[9] 이 경우 프라임 브로커는 보통 포지션을 강제로 청산하기 전에 새로 대여할 수 있는 주식을 찾으려고 시도합니다.

SPY의 베타(β)는 1이므로 기존에 보유하고 있던 SPY 포지션($10M)을 전부 매도한 뒤, 추가로 SPY를 1,550만 달러($15.5M)어치 공매도하면 포트폴리오의 총 베타는 0이 됩니다. 이에 따라 달러 베타에 비례하는 포트폴리오의 변동성의 시장 기여분도 0이 됩니다. 그렇다면 포트폴리오의 개별 리스크는 어떻게 될까요? SPY는 사실상 고유 변동성이 0인 자산이기 때문에 SPY를 공매도하더라도 포트폴리오의 개별 리스크에는 아무런 영향을 주지 않습니다. 이렇게 시장 노출을 제거한 (헤징된) 포트폴리오의 요약 통계는 표 3.7에 나와 있으며, 공매도 과정은 절차 3.2에 정리되어 있습니다.

표 3.7 시장 헤지 포트폴리오의 각 자산별 보유 비중과 SYF, WMT, S&P500의 리스크 변수

항목	SYF	WMT	SPY
베타	1.2	0.7	1
일일 시장 변동성(%)			1.4
일일 개별 변동성(%)	1.2	0.5	0
순시장가치	$10M	$5M	-$15.5M

 절차 3.2 포트폴리오의 시장 헤지(Market Hedge) **계산 방법**

1. 헤지되지 않은 포트폴리오의 개별 보유 자산에 대한 달러 베타(Dollar Beta)를 계산한다.

> 2. 개별 베타의 합을 계산하여 포트폴리오의 총 달러 베타(Dollar Portfolio Beta)를 구한다.
>
> 3. 포트폴리오의 총 베타의 반대 방향으로 동일한 규모의 시장 헤지(Net Market Value, NMV)를 설정한다.

이 방법은 가장 단순한 형태의 시장 헤지 전략이지만, 실제로는 총투자금액(Gross Market Value)[10]이 수십억 달러 규모인 포트폴리오에서도 널리 활용되는 기본적이고 실용적인 전략입니다. 이러한 포트폴리오는 일반적으로 롱-숏(Long-Short) 전략을 사용하지만, 시장 변동성과 포지션 구성의 변화로 인해 시간이 지남에 따라 의도치 않은 베타 노출(Beta Exposure)이 다시 발생할 수 있습니다. 이때 발생하는 베타 노출은 주식선물(Equity Futures)과 같은 유동성이 높은 금융상품을 활용해 하루에도 여러 차례 계산되고 헤지됩니다. 6장에서 이 개념을 더 다양한 형태로 확장하여 설명할 예정입니다.

3.7 관심사의 분리 (Separation of Concerns)

지금까지 살펴본 바와 같이 단순한 팩터 모델이 성과 기여 분석(Performance Attribution), 리스크 분해(Risk Decomposition), 그리고 헤징(Hedging)이라는 이 세 가지 작업을 수행할 수 있다는 것을 알게 되었습

---

10 역자주: 주식의 총투자금액(GMV)은 포트폴리오 내 모든 자산의 시장 가치를 매수와 공매도 포지션을 구분하지 않고 절대값 기준으로 합산한 값입니다. 반면, 순투자금액(Net Market Value)은 매수 포지션의 시장 가치에서 공매도 포지션의 시장 가치를 차감한 값입니다.

니다. 이 세 가지 작업은 서로 독립적인 것처럼 보일 수 있지만, 실제로는 긴밀하게 연결되어 있습니다. 예를 들어 리스크 분해를 통해 포트폴리오가 상당한 시장 리스크를 가지고 있다는 사실을 알게 되었다면, 포트폴리오의 손익 중 상당 부분이 시장 요인에서 비롯되었을 가능성이 크다는 의미입니다. 따라서, 시장 리스크를 제거(hedging)하면 시장 요인에서 발생한 손익 역시 제거될 수 있습니다.

이처럼 다양한 분석 작업이 가능해지는 배경에는 하나의 공통된 설계 원칙이 있습니다. 바로 **관심사의 분리 (Separation of Concerns)** 라는 개념입니다. 이 원칙은 프로그래밍 언어 연구의 선구자인 에드거 디익스트라(Edgar Dijkstra)가 제시한 것으로 복잡한 문제를 더 단순한 구성 요소로 나누고, 각 요소를 독립적으로 분석하고 제어할 수 있도록 하는 것을 목표로 합니다.[11] 자동차를 생산하는 일, 비디오 게임 코드를 작성하는 일, 포트폴리오를 운용하는 일은 겉보기에 전혀 다른 분야처럼 보이지만, 공통된 과제를 안고 있습니다. 바로 여러 문제를 동시에 해결해야 한다는 점입니다. 만약 우리가 모든 문제를 한꺼번에 해결하려고 한다면 포드 핀토(Ford Pinto)[12]처럼 설계 미스가 치명적 결함으로 이어질 수 있고, 듀크 뉴켐 포에버(Duke Nukem Forever)[13]처럼 개발 지연 끝에 실패한 게임이 될 수도 있습니다. 자산 운용에서도 마찬가지로, 리스크 요인을 제대로 분리하지 못하면 의도치 않은 리스크 노출로 인해 포트폴리오가 단기간 내에 청산당하는 위험에 처할 수도 있습니다.

11 [Edgar Dijkstra, 1982]
12 잘 만들어졌다는 차가 저속 충돌에도 화염에 휩싸이는 추악한 모습을 보였습니다.
13 1997년에 발표되어 유명해진 이 게임은 2011년에 출시되었습니다. 그리고 끔찍한 게임이었죠.

복잡성을 효과적으로 관리하려면 시스템을 더 작고 단순한 단위로 나눈 뒤, 각 문제를 독립적으로 해결하고 필요할 때 유연하게 조합할 수 있는 구조를 갖추는 것이 중요합니다. 이를 가능하게 하는 대표적인 개념이 바로 모듈화(Modularization), 캡슐화(Encapsulation), 그리고 조합(Composition)입니다. 팩터 모델은 이러한 개념을 금융 분석에 적용한 대표적인 도구입니다. 팩터 모델을 활용하면 팩터 수익률(Factor Returns)과 기업 고유의 개별 수익률(Idiosyncratic Returns)을 분리할 수 있습니다. 이 과정을 통해 투자자는 의도한 리스크와 성과를 의도하지 않은 리스크와 성과로부터 구분할 수 있으며, 각 종목의 수익원이 어디에서 비롯되는지를 보다 명확하게 파악하여 포지션 규모를 결정할 수 있습니다. 또한, 식별된 원치 않는 리스크는 헤징을 통해 효과적으로 제거하거나 관리할 수 있습니다.

다음 장에서는 팩터(Factors)의 구조와 해석 방법에 대해 구체적으로 다룹니다. 여기서 우리는 단순히 '불필요한 리스크'를 제거하는 것을 넘어, 투자 환경의 구조와 작동 원리를 이해하는 데까지 나아갈 것입니다. 이러한 투자 환경은 다시 국가 리스크(Country Risk), 산업 리스크(Industry Risk), 스타일 리스크(Style Risk) 등으로 세분화되며, 이 역시 다음 장에서 상세히 다룰 예정입니다.

3.8 핵심 정리 (Takeaway Messages)

리스크 모델은 크게 네 가지 핵심 목표를 수행한다.

1. **리스크 측정 (Risk Measurement)** 포트폴리오의 변동성을 추정하고, 그 결과를 바탕으로 일정 수준 이상의 손실이 발생할 확률을 계산한다.

2. **리스크 분해 (Risk Decomposition)** 총 리스크를 시장 전반의 움직임에 의해 영향을 받는 체계적 리스크 (Systematic Risk)과 개별 종목 고유의 비체계적 리스크 (Unsystematic Risk)로 나눌 수 있다.

3. **성과 기여 분석 (Performance Attribution)** 포트폴리오의 성과는 체계적 수익과 비체계적 수익 요인의 영향을 모두 받으며, 포트폴리오의 전체 수익은 이 두 가지 요인의 조합으로 설명될 수 있다.

4. **헤징 (Hedging)** 식별된 체계적 리스크는 헤징을 통해 제거할 수 있다. 이 과정에서 개별 종목 수익률은 그대로 유지된다. 즉, 원하지 않는 시장 리스크만 제거하면서도 의도한 투자 아이디어는 온전히 유지할 수 있다.

4장
멀티 팩터 모델의 기초
An Introduction to Multi-Factor Models

📝 무엇을 배우게 될까요?

4장에서는 멀티 팩터 리스크 모델(Multi-Factor Risk Models)이 무엇인지, 이 모델이 어떤 유형으로 나뉘는지, 그리고 어떻게 추정되는지를 다룹니다. 이 장의 핵심은 각 팩터(Factor)와 기업 개별 수익률(Company specific returns)을 명확히 구분하는 방법을 이해하는 데 있습니다.

📝 왜 필요할까요?

이 모델은 전체 시스템의 뼈대와 같은 역할을 합니다. 평소에는 그 존재를 의식하지 못할 수 있지만, 전체 리스크 관리 체계를 지탱하는 핵심 구조로서 없어서는 안 될 필수 요소입니다.

📝 언제 필요할까요?

항상 필요합니다. 우리는 매일 이 모델이 생성한 투자 지표나 분석 결과물을 활용하고 있지만, 정작 그것을 인식하지 못할 때가 많습니다. 팩터 포트폴리오(Factor Portfolios)나 횡단면 회귀분석(Cross-Sectional Regressions) 같은 복잡한 개념은 실무에서 직접 다룰 일이 드물기 때문입니다. 이론을 일부러 다시 들춰보지 않는 이상 이런 개념들에 대해 고민할 필요는 없을 것입니다.

4.1 단일 팩터에서 다중 팩터로 (From One Factor to Many)

앞서 우리는 알파(α)가 단순한 회귀분석만으로는 충분히 설명되지 않는다는 사실을 살펴보았습니다. 그렇다면 베타(β)는 어떨까요? 시장 베타(Market Beta) 하나로 모든 베타를 설명할 수 있을까요? 사실, 그것은 단지 출발점에 불과합니다. 1960년대 중반, 린트너(Lintner), 모신(Mossin), 그리고 샤프(Sharpe)는 각각 독립적으로 단일베타팩터모델(Single-Beta Factor Model)을 제안했으며, 샤프는 이 모델에 오늘날 널리 알려진 자본자산가격결정모형(CAPM, Capital Asset Pricing Model)이라는 이름을 붙였습니다. CAPM은 곧바로 실증 검증의 대상이 되었고, 초기 연구에서 그 유효성이 일정 부분 입증되었습니다.[14] 그리고 1970년대 중반, 젊은 학자들의 세 편의 독립적인 연구가 발표되면서 금융 이론은 한 층 더 진일보하게 됩니다. 그중 첫 번째는 당시 예일대 조교수였던 스티븐 로스(Stephen Ross)의 연구로, CAPM을 확장하는 새로운 접근법을 제시했습니다. 로스는 자산 수익률이 소수의 공통 요인, 즉 전체 자산의 수보다 훨씬 적은 수의 팩터에 의해 설명될 수 있다고 가정했습니다. 로스의 모델은 CAPM의 기본적인 틀을 유지하면서도, 적용 범위와 해석의 폭을 크게 확장했다는 점에서 중요한 차별점이 있습니다. 이러한 차이는 그림 4.1을 그림 3.2와 비교해 보면 쉽게 파악할 수 있습니다.

$$r = \alpha + \beta^1 \times f_1 + \ldots + \beta^m \times f_m + \epsilon \tag{4.1}$$

---

14 [Black et al., 1972; Fama and MacBeth, 1973]

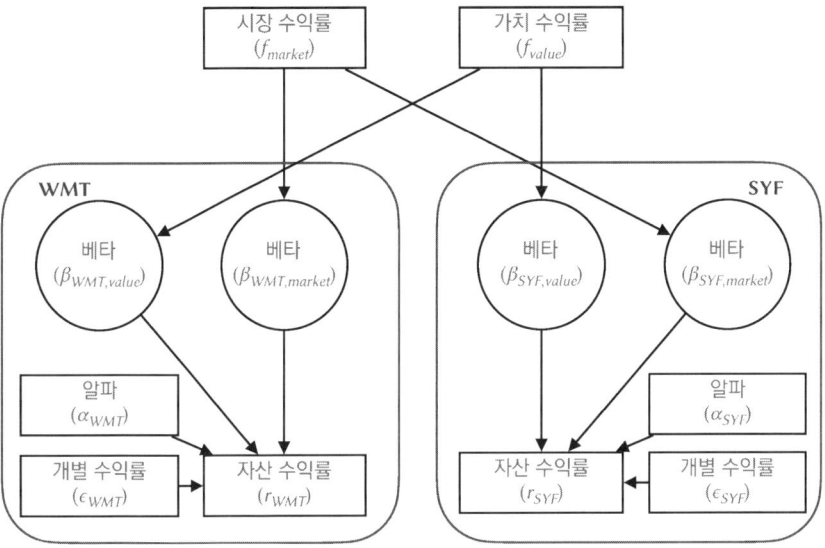

그림 4.1 그림 3.2와 유사하지만 두 가지 팩터가 다릅니다.

식 4.1 에 등장하는 베타 (β) 는 개별 주식이 특정 팩터에 얼마나 민감한 지를 나타내며, 일반적으로 **로딩 (loadings)** 이라고 불립니다. 1976년, 당시 UC 버클리 대학교의 조교수였던 베리 로젠버그 (Barr Rosenberg) 와 비네이 마라테 (Vinay Marathe) 는 이 로딩값을 주식의 특성으로 해석하자는 흥미로운 제안을 했습니다.[15] 예를 들어 각 기업의 '현금흐름 대비 주가 비율 (cash flow to price)' 과 같은 재무비율을 팩터 로딩값으로 활용할 수 있으며, 이러한 조건에서는 해당 팩터 수익률이 양 (+) 일 때 이 비율이 높은 기업이 그렇지 않은 기업보다 더 높은 기대수익률을 보이는 경향이 있습니다. 이는 시장 팩터 수익률이 양일 때, 베타가 높은 주식이 더 높은 수

---

15 [Rosenberg and Marathe, 1976]

익률을 보이는 것과 유사한 해석입니다.

하지만 여기에는 CAPM과 중요한 차이점이 존재합니다. CAPM에서는 시장 팩터(Market Factor)를 직접 관측할 수 있는 반면, 수익성 팩터(Profitability Factor)는 거시경제 시계열 데이터(Macroeconomic Time Series)처럼 주어진 것도 아니고, 특정 포트폴리오로 정의되는 것도 아니기 때문에 직접 관측할 수 없습니다. 그렇다고 해서 방법이 없는 것은 아닙니다. 수익성 팩터와 유사한 수익률을 지닌 모방 포트폴리오를 구성하면, 수익성 팩터 자체를 관측할 수 없어도 그에 가까운 수익률을 간접적으로 구현할 수 있습니다. 이 방법은 단순하지만 투자 전략에서 매우 강력한 도구이며, 펀더멘털 분석에도 충분히 응용될 수 있습니다. 이에 대해서는 이후 본문에서 더 자세히 살펴보겠습니다.

멀티 팩터 모델을 완성하는 마지막 퍼즐 조각은 시카고에서 나왔습니다. 당시 스위스 출신으로 노스웨스턴 대학교에 막 부임한 조교수였던 롤프 반츠(Rolf Banz)는 자신의 박사 논문 일부를 발표하며 새로운 관점을 제시했습니다.[16] 그의 연구는 소형주가 대형주보다 지속적으로 높은 기대수익률을 보인다는 실증적 증거를 제시하며, 자산의 기대수익률이 단일 시장 베타(Market Beta)만으로는 충분히 설명되지 않는다는 사실을 보여주었습니다. 즉, 수익률을 결정짓는 요인이 시장 베타 외에 시가총액이라는 또 하나의 특성에서 비롯될 수 있다는 것입니다. 이러한 발견은 기존의 단일팩터모델(Single-Factor Model)을 넘어 시장 팩터(Market-Based Factor)와 시가총액 팩터(Market-Cap-Based Factor)라는 최소 두 가지 요인을 함께 고려해야 한다는 점을 시사합니다. 이에 따라 개별 주식의 수익

---
16 [Banz, 1981]

률을 설명하는 식은 다음과 같이 확장될 수 있습니다.

$$r = \alpha + \beta^M r^M + \beta^{BMS} r^{BMS} + \epsilon$$

위 공식에서 'M'은 시장을 뜻하며 'BMS'는 대형주 수익률에서 소형주 수익률을 뺀 값(Big Minus Small)을 나타냅니다. 반츠와 로스의 연구는 금융 학계와 업계 모두에서 큰 반향을 일으켰으며, 논문의 인용 횟수를 합치면 평균적인 축구 경기장의 좌석 수를 훨씬 뛰어넘을 정도였습니다.[17]

반면, 배리 로젠버그(Barr Rosenberg)의 논문은 상대적으로 적게 인용되었는데, 이는 로젠버그가 학계를 떠나 Barra(현재 MSCI), Barclays Global Investors(현재 BlackRock의 일부), 그리고 AXA Rosenberg 등 여러 성공적인 회사를 설립하며 금융 업계의 실무 혁신에 주력했기 때문입니다. 참고로 로스와 반츠 역시 학계를 벗어나 금융 업계에서 성공적인 커리어를 쌓았습니다.

로젠버그가 상업화한 팩터 모델은 개념적인 혁신뿐만 아니라 당시의 기술적 장벽도 효과적으로 극복했습니다. 1980년대 초 미국 증시에 상장된 기업은 약 5,000여 곳이었는데, 이 모든 주식 간의 공분산 행렬(Covariance Matrix)을 계산하려면 (5000×5000)/2, 약 1,250만 개의 개별 값을 추정해야 했습니다.[18] 이 데이터를 압축해도 약 50MB에 달했으며, 당시 인터넷 속도가 초당 몇 KB 수준에 불과했던 점을 감안하면 데이터를

---

17 흥미롭게도 기존 이론에 대한 반론이 제기되었습니다. 오늘날에는 초기의 이른바 '사이즈 효과(size effect)'가 실제로 존재하는 효과로 간주되지 않는 추세입니다. 이에 관한 연구는 [Alquist et al., 2018]에서 확인할 수 있습니다.
18 행렬은 대칭이므로 행렬의 오른쪽 상단 절반만 필요합니다.

한 달에 한 번 전송하는 것조차 현실적으로 쉽지 않았습니다. 만약 데이터를 고객사에 전달하려면 피자 상자만 한 크기의 자기 테이프나 수십 장의 플로피 디스크를 보내야 했을 정도였습니다. 그러나 팩터의 개수를 50개 정도로 축소한 실용적인 모델을 사용하면 데이터 크기를 50분의 1 수준으로 줄일 수 있었습니다. 이러한 기술적 혁신 덕분에 팩터 모델의 상업적 활용이 본격적으로 가능해졌습니다.

1981년 이후, 주식 수익률을 설명하는 팩터의 수는 급격히 증가했으며 국채와 회사채 등 다른 자산군에도 팩터 기반 접근법이 성공적으로 적용되었습니다. 그렇다면 새로운 팩터는 어떻게 발견되는 것이며, 베타는 어디에서 유래하는 것일까요?

팩터를 찾는 방법은 크게 세 가지로 나눌 수 있으며, 우리는 그중 두 가지 방법을 이미 다룬 바 있습니다.

1. **시계열(Time-Series) 접근법** 우리는 거시경제 지표, 인플레이션, 금리, 경제 성장률, 고용 데이터, 경기 순환 지표 등 다양한 시계열 데이터(Time-Series Data)에 둘러싸여 있습니다. 소비자 신뢰지수(Consumer Confidence)와 같은 경제 심리지표(Economic Sentiment Data)부터 시작해, 세부적으로는 동일 매장 매출(Same-Store Sales), 구매관리자지수(PMI), 국내외 경제 활동 지표 등이 이에 포함됩니다. 특히 원유와 같은 주요 원자재 가격은 경제 전반에 상당한 영향을 미치므로 중요한 팩터 후보로 고려됩니다. 시계열 접근법은 이러한 데이터를 팩터로 설정한 후, 각 팩터에 대해 개별 주식이 얼마나 민감하게 반응하는지를 나타내는 베타(β)를 추정합니다.

구체적으로는 주식 수익률을 시계열 데이터(팩터 수익률)와 회귀분석(Time-Series Regression)하여 베타 값을 도출합니다. 여기서 팩터 수익률은 이미 알려진 값이며, 베타는 자산 수익률과 팩터 수익률 간의 관계에서 추정됩니다.

2. **펀더멘털(Fundamental) 접근법** 이 방법은 배리 로젠버그(Barr Rosenberg)가 최초로 제안한 방식으로 각 주식이 지닌 고유한 특성에 초점을 맞추어 기업의 성격과 수익률을 설명합니다. 우선 팩터 모델에서 중요한 역할을 하는 핵심 특성을 식별한 뒤, 모든 주식, 모든 특성, 그리고 모든 기간에 걸쳐 해당 데이터 수집하고 채워 넣습니다. 펀더멘털 접근법에서는 베타가 가장 기본적인 정보이며, 주어진 베타와 자산 수익률을 활용해 팩터 수익률을 추정하는 것이 이 접근법의 핵심 원리입니다.

3. **통계적(Statistical) 접근법** 통계적 접근법은 자산 수익률의 시계열 데이터만을 활용하여 베타와 팩터 수익률을 모두 추정하는 방법입니다. 일반적으로 베타나 팩터 수익률 중 하나를 미리 알아야 나머지를 구할 수 있다고 생각하기 쉽지만, 이 방법은 그렇지 않습니다. 자산 수익률의 변동성을 가장 잘 설명할 수 있도록 베타와 팩터 수익률을 동시에 조정하여 별도의 추가 정보 없이도 팩터 모델을 구축할 수 있게 해줍니다.

각 접근법은 고유한 장점과 단점을 가지고 있어 어느 한 가지 방식이 다른 모든 접근 방식을 완벽히 대체하기는 어렵습니다. 실제로 리스크 모델은 두 가지 이상의 접근 방식을 혼합하여 활용하는 경우가 많습니다. 펀더멘털 접근법의 가장 큰 장점은 포트폴리오 매니저가 직관적으로 이해하기 쉽다는 점입니다. 예를 들어, 기업이 속한 산업은 산업 수익률(Industry Return)처럼 시간에 따라 변하는 팩터로 표현되기보다는, 단순히 '예/아니오(yes/no)'로 구분하는 경우가 많습니다. 또한 새로운 특성을 추가하여 모델을 확장할 수 있으며, 실무에서도 우수한 성과를 보여줍니다. 이러한 장점 덕분에 펀더멘털 모델은 펀더멘털 기반 포트폴리오 매니저들 사이에서 가장 널리 사용되는 모델이 되었습니다.

한편, 데이터가 시계열 형태라면 시계열 모델(Time-Series Model)이 필수적이며 각 종목의 시계열 베타(Time-Series Betas)를 추정하여 모델을 구성합니다. 다만, 시계열 모델은 해석 가능성(Interpretability)이 떨어지고 실제 투자 성과에서도 제한적이기 때문에 실무보다는 주로 학계에서 다루어집니다. 그러나 일부 펀더멘털 모델은 보완적인 수단으로 시계열 베타를 함께 활용하기도 합니다.

마지막으로, 통계적 접근법은 필요한 데이터가 가장 적으며, 특히 변동성 예측 성능이 다른 모델과 견줄 만큼 우수합니다. 하지만 첫 번째 팩터(혹은 두 번째 팩터)를 제외하면 해석이 어렵다는 근본적인 한계가 있습니다. 주식 수익률 모델에서는 첫 번째 팩터를 시장 팩터로 볼 수 있지만, 나머지 팩터들은 뚜렷한 경제적 의미를 부여하기 어렵습니다. 통계적 모델은 이러한 한계에도 불구하고 펀더멘털 매니저들이 보조 도구로 활용하는 경우가 많습니다. 예를 들어, 기존 모델(주로 펀더멘털 기반)에서 간과한 체계적 리스크가 존재하는지 확인하거나 투자 판단을 보완하기 위한 참고 자료로 통계적 모델을 사용하기도 합니다.

이 세 가지 접근법의 장단점은 표 4.1에 잘 정리되어 있습니다. 이제 본 장의 나머지 부분에서는 펀더멘털 모델을 중점적으로 다루고자 합니다. 그 이유는 펀더멘털 모델이 여러분에게 가장 실질적으로 중요하기 때문입니다. 또한, 펀더멘털 모델의 추정 방법, 성과, 발전 과정 등 여러 측면 중에서도 가장 중요한 두 가지 요소를 집중적으로 살펴보겠습니다.

표 4.1 리스크 모델링의 서로 다른 접근법 비교

모델	데이터 요구량	성과	해석력
시계열	중간	낮음	중간-높음
펀더멘털	높음	높음	높음
통계적	낮음	높음	낮음

- 먼저, 가장 중요한 팩터(Factors)의 목록을 소개하고 각 팩터의 의미와 그것이 왜 여러분의 투자 의사 결정에서 중요한지 설명하겠습니다. 각 팩터에 대해서는 이미 수많은 학술 논문이 존재하며, 다양한 해석, 변형 모델, 실증 연구가 진행되어 왔습니다. 그러나 여기서는 핵심 개념만 간략히 다룰 것입니다. 또한, 더 깊이 있는 논의가 필요한 독자를 위해 참고할 만한 몇 권의 도서를 소개하겠습니다.

- 다음으로, 모델 추정(Model Estimation)의 내부 구조를 살펴보는 것도 유용하다고 생각합니다. 펀더멘털 투자자로서 여러분이 직접 리스크 모델을 추정할 일은 아마 없을 것입니다. 이는 마치 우리가 반 고흐의 그림을 직접 그리거나, 복잡한 엔진을 직접 설계할 일은 없지만, 그 원리와 설계 과정을 이해하면 작품과 기술에 대한 감

상과 이해가 더 깊어지는 것과 비슷합니다. 이미 알고 계시겠지만, 팩터 모델의 입력값은 개별 종목의 특성(Stock Characteristics)과 자산 수익률(Asset Returns)입니다. 이 모델이 산출하는 출력값에는 팩터 수익률(Factor Returns), 개별 수익률(Idiosyncratic Returns), 개별 변동성(Idiosyncratic Volatility), 팩터 공분산(Factor Covariances) 등이 포함됩니다. 이어지는 내용에서는 이러한 개념들이 구체적으로 무엇을 의미하며, 어떻게 추정되는지 자세히 살펴보겠습니다.

4.2 ★ 자주 묻는 질문 - 리스크 모델 (Frequently Asked Questions About Risk)

4.2 절에서는 리스크 모델과 관련해 자주 등장하는 질문들과 실무 활용에 유용한 방법들을 정리했습니다. 해당 질문들은 자주 논의되는 내용이므로 처음 읽을 때는 건너뛰어도 괜찮습니다. 다만 실무 과정에서 궁금한 점이 생길 경우 이 절을 참고하시기 바랍니다.

Q: Z-스코어로 변환한 팩터와 표준화 되지 않은 (raw) 팩터를 사용하는 두 모델이 특정 팩터 수준에서는 결과가 다르면서도, 전체적으로는 동일한 결과를 내는 이유가 무엇일까요?

A: 직관적으로는 두 모델이 사용하는 특성이 동일한 정보를 담고 있기 때문에 세부적인 계산 방식이 다르더라도 최종적인 결과는 거의 동일하게 나타납니다. 좀 더 엄밀히 따지면, 다음과 같은 실험을 엑셀에서 해볼 수 있습니다.

1. 먼저 엑셀에서 종속 변수(Dependent Variable)와 독립 변수(Independent Variable) 각각 1개를 활용해 단순 선형 회귀분석(Univariate

Linear Regression)을 수행합니다. 이때 회귀식에 절편(Intercept)을 포함시키고, 계산 결과로 나온 결정 계수(R-Squared) 값을 기록합니다.

2. 다음 단계로, 독립 변수에서 평균값을 빼 중심화(centered)한 후, 같은 방식으로 다시 회귀분석을 수행합니다. 각 데이터에서 평균을 빼서 독립 변수의 평균이 0이 되도록 만듭니다.

3. 결과를 비교해 보면, 회귀계수(Regression Coefficients)는 중심화 전후로 서로 달라지지만, 결정 계수 값(R-Squared)는 동일하게 유지됩니다. 즉, 변수를 변형해도 모델이 가진 예측력은 동일하게 유지된다는 것을 의미합니다.

팩터 모델에서도 이와 같은 원리가 적용됩니다. 즉, 동일한 정보를 가진 팩터라면 변수의 변형 방식과 무관하게 모델의 전체적인 예측력은 바뀌지 않습니다.

Q: 로딩(Loadings), 익스포저(Exposures), 그리고 포트폴리오 변동성(Portfolio Volatility)의 단위는 무엇인가요?

A: 로딩(Loadings)은 순수한 무차원 값(Dimensionless Number)입니다. 즉, 단위가 없습니다. 익스포저(Exposures)는 팩터 로딩(Loadings)에 현지 통화 단위의 보유 포지션을 곱한 값이으로 통화 단위(Currency Units)를 가집니다. 변동성(Volatility)은 통화 또는 백분율 단위로 표현됩니다. 예를 들어 포트폴리오의 연간 변동성이 $10M이라는 의미는 해당 포트폴리오의 연간 변동 범위가 $10M임을 나타냅니다. 이는 포트폴

리오의 총투자금액(Gross Market Value, GMV)과는 독립적인 값입니다. 반면, 연간 변동성이 10%이고 포트폴리오의 총투자금액이 $1B라면 연간 변동 범위는 10% × $1B = $100M이 됩니다.

Q: 연간 변동성을 주간(Weekly) 또는 월간(Monthly) 변동성으로 변환하는 방법은 무엇인가요?

A: 독립적인 확률 변수(Independent Random Variables)의 분산(Variance)은 합산된다는 속성을 떠올려 봅시다. 즉, 연간 분산(Annual Variance)은 주간 분산(Weekly Variance)의 합으로 계산됩니다.

$$\text{분산(연간)} = \text{분산(1주차)} + \text{분산(2주차)} + \ldots + \text{분산(52주차)} = 52 \times \text{분산(주간)}$$

변동성은 분산의 제곱근이므로 다음과 같이 표현됩니다.

$$\text{(연간 변동성)} = \sqrt{52} \times \text{(주간 변동성)}$$

따라서, 주간 변동성은 연간 변동성을 $\sqrt{52}$ 로 나눈 값입니다. 비슷한 논리를 적용하면 연간 거래일은 약 252일이므로 일일 변동성은 연간 변동성을 $\sqrt{252}$ 로 나눈 값으로 계산 됩니다.[19] 월별, 분기별, 또는 다년간의 변동성도 같은 방식으로 유도할 수 있습니다.

---

19 역자주: 참고로 '주니틴스(Juneteenth)'는 1865년 6월 19일, 텍사스주 갈베스턴에서 노예 해방 소식이 전해진 것을 기념하는 날로, 미국에서 가장 최근에 제정된 연방 공휴일입니다. 뉴욕증권거래소와 나스닥을 포함한 미국 주요 증권거래소들은 2024년 부터 매년 6월 19일을 휴장일로 지정하고 있습니다. 따라서 미국 주식시장의 연간 거래일 수는 251일로 줄어들었습니다.

Q: 일일 변동성(Daily Volatility)은 평균 절대 일일 수익률(Average Absolute Daily Return)과 같은 값인가요?

A: 아닙니다. 수익률이 r 이고 평균이 0, 표준편차가 σ 인 정규 분포(Normal Distribution)를 따른다면, 절대 수익률(Absolute Return)은 접힌 정규 분포(Folded Normal Distribution)를 따르게 됩니다. 이때, 절대 수익률의 기댓값은 다음과 같은 관계를 가집니다.[20]

평균 절대 일일 수익률(Average Absolute Daily Return)

$$= \sqrt{\frac{2}{\pi}} \times \text{일일 변동성} \simeq 0.8 \times \text{일일 변동성}$$

즉, 평균 절대 일일 수익률은 일일 변동성보다 약 20% 작습니다. 실제 금융 데이터에서는 팩터 수익률과 개별 수익률이 두터운 꼬리 분포(Heavy-Tailed Distribution)를 보이는 경우가 많습니다. 따라서 평균 절대 일일 수익률은 일반적으로 일일 변동성의 80%보다 더 작게 나타납니다.

Q: 과거 수익률에 대수의 법칙(Law of Large Numbers)을 적용하면 기대수익률을 더 정확하게 추정할 수 있지 않을까요? 예를 들어, 일별 수익률 대신 시간별 수익률을 사용해 데이터의 양을 크게 늘리면 추정이 더 정밀해지지 않을까요?

A: 과거 수익률 데이터를 더 세분화하거나 관측 횟수를 늘린다고 해서 기대수익률 추정의 정확도가 반드시 높아지는 것은 아닙니다. 이를 명확히 이해하기 위해 다음과 같은 간단한 예를 들어보겠습니다. 어

---

20 [Leone et al., 1961]

면 주식의 수익률이 정규 분포를 따르고, 연간 기대수익률이 α, 연간 변동성이 σ라고 가정해 봅시다. 1년을 n개의 구간으로 나누면(일일 수익률 n=252, 시간별 수익률 n=1640, 10분 단위 수익률 n=9800) 각 기간의 기대수익률은 α/n 이며, 변동성은 앞서 설명한 '변동성 스케일링 규칙'에 따라 $\sigma/\sqrt{n}$ 로 계산됩니다. 이제 이 n개의 수익률 데이터를 평균 내면 그 평균의 기대값은 여전히 α/n 입니다. 우리가 알고 싶은 것은 이 평균값이 실제 α/n 에서 얼마나 벗어날 수 있는지, 즉 추정 오차가 얼마나 되는가입니다. 이 추정 오차는 한 기간의 수익률의 표준 편차($\sigma/\sqrt{n}$)를 $\sqrt{n}$ 으로 나눠서 계산할 수 있습니다.

$$(\sigma/\sqrt{n})/\sqrt{n} = \sigma/n$$

따라서, 기대수익률의 95% 신뢰 구간(Confidence Interval)은 다음과 같습니다.

$$\frac{\alpha}{n} \pm 1.96\frac{\sigma}{n} = \frac{1}{n}(\alpha \pm 1.96\sigma)$$

예상대로 n의 값이 클수록 표준 오차는 작아지지만, 오차의 상대적인 크기(정확도)는 줄어들지 않습니다. 신호 대 잡음 비율(signal-to-noise ratio)은 기대수익률을 표준 오차로 나눈 값으로, α/σ로 표현됩니다. 그리고 대부분의 경우 기대수익률 α는 변동성 σ보다 훨씬 작다고 보는 것이 타당합니다. 따라서 측정 횟수를 무작정 늘린다고 해서 정확도가 개선되는 것은 아닙니다. 그 이유는 관측값의 수 n이 커질수록 우리가 실제로 추정하려는 신호 자체가 점점 더 약해지기 때문입니다. 즉, α 자체를 추정하는 것이 아니라 더 작아진 α/n을 추정하게 되기 때문입니다.

Q: 모델이 예상한 변동성(Predicted Volatility)이 현재 실현 변동성(Realized Volatility)의 50% 수준입니다. 그런데 헤지펀드에서 제공한 리스크 예산(Risk Budget)이 예상 변동성을 기준으로 설정되어 있어 수익을 내기가 너무 어렵습니다.

A: 이러한 상황은 대규모 변동성 이벤트 직후에 주로 발생합니다. 예를 들어, 2008년 9월 글로벌 금융위기(리먼 사태), 2016년 11월 미국 대선(트럼프 당선), 2020년 3월 코로나19 팬데믹 등이 있습니다. 이러한 사건이 발생해도 대부분의 변동성 모델은 여전히 최근의 시장 데이터에 의존합니다. 따라서 최근 수익률에 큰 변동이 있었던 경우, 펀더멘털 투자자용 모델이 정상 수준으로 복귀하는 데 3~6개월 정도 걸릴 수 있습니다. 그러나 시장 여건이 정상적인데도 변동성이 과소 추정된다면, 모델 설정 자체에 문제가 있을 가능성이 있습니다.

Q: 모델이 잘못된 시장 베타(Market Beta)를 예측합니다.

A: 이러한 오류가 발생하는 데에는 여러 가지 이유가 있습니다. 첫째, 모델이 산출한 예상 베타(Predicted Beta)가 투자자가 사용하는 지역 벤치마크(Regional Benchmark)가 아니라, 리스크 모델이 설정한 맞춤형 벤치마크를 기준으로 계산된 것일 수 있습니다. 그러나 이 점이 실무에서 충분히 명확하게 설명되지 않는 경우가 많습니다. 따라서 포트폴리오 매니저가 선호하는 벤치마크를 사용할 수 있도록 지원하는 것

이 바람직합니다. 다만 해당 벤치마크는 몇 가지 요건을 충족해야 합니다. 벤치마크는 시장을 충분히 넓고 대표적으로 반영해야 하며 ETF나 선물(Futures) 등을 통해 유동성이 충분히 확보된 자산이어야 합니다. 둘째, 베타는 특정 리스크 모델을 기반으로 추정되기 때문에, 그 모델 자체가 사용 목적에 적합하지 않을 수도 있습니다. 예를 들어 글로벌 리스크 모델을 사용하여 유럽 포트폴리오의 베타를 평가할 때 STOXX50 지수를 벤치마크로 사용하는 것은 적절하지 않습니다. 이러한 경우에는 유럽 시장을 기반으로 한 리스크 모델을 사용하는 것이 더 적절합니다.

Q: 모델이 예상한 베타가 Bloomberg 베타와 다릅니다.

A: 모델이 예상한 베타는 Bloomberg에서 제공하는 베타(BETA 〈GO〉)와 다를 수 있습니다. 그 이유는 두 베타가 서로 다른 계산 방식과 목적을 가지고 있기 때문입니다. 우선 Bloomberg 베타는 과거 데이터를 기반으로 한 베타입니다. 이 베타는 자산의 수익률을 벤치마크 수익률과 단순 선형 회귀분석(Univariate Linear Regression)을 통해 추정한 값으로, 모든 관측값에 동일한 가중치를 부여하여 계산됩니다. 반면, 리스크 모델에서 사용하는 베타는 팩터 공분산 행렬(Factor Covariance Matrix)을 기반으로 예측된 베타(Predicted Beta)입니다. 이 모델은 팩터 공분산 행렬과 개별 변동성을 단순한 동일 가중 방식이 아닌, 더 정교한 추정 기법으로 계산됩니다. 과거 베타는 미래 민감도(Forward-Looking Sensitivity)를 추정하는 데 한계가 있으며, 그 이유는 다음과 같습니다. 첫째, 리스크 모델 또한 과거 데이터를 활용하지만, 시간

이 지날수록 관측값의 가중치를 점차 줄이는 방식을 사용하여 예측하고자 하는 특정 기간(예: 2개월 후)에 맞춰 최적화된 가중치를 사용합니다. 반면, Bloomberg 베타는 모든 기간을 동일한 가중치로 다루기 때문에 특정 투자 기간에 대한 예측력이 상대적으로 떨어집니다.[21] 둘째, 리스크 모델은 팩터 변동성과 개별 변동성을 독립적으로 추정합니다. 각각의 변동성 요소를 개별적으로 분석하고 서로 다른 가중 방식을 적용합니다. 셋째, 리스크 모델은 시계열의 의존성(time-series dependencies)과 시장 환경에 따라 변하는 변동성 체제(volatility regime)를 반영하기 위해 추가적인 조정 기법을 사용합니다. 이러한 방식은 단순한 과거 데이터 분석보다 더 정교하게 미래의 변화를 예측할 수 있도록 합니다.

Q: 3.4.2 절 (표 3.6)에서 벤치마크의 개별 종목 변동성이 사실상 0이라고 했습니다. 그 이유는 무엇인가요?

A: 먼저 이해하기 쉬운 부분부터 살펴보겠습니다. 벤치마크의 베타는 벤치마크 자체를 기준으로 계산되므로 1로 정의 됩니다. 이제 개별 변동성이 왜 0에 가까워지는지 살펴보겠습니다. 포트폴리오의 모든 구성 종목의 가중치(비중) 합은 항상 1입니다. 앞서 3.4.2절에서 언급한 피타고라스 정리에 따르면, 포트폴리오의 총 변동성은 종목별 변동성의 제곱 합과 같습니다.

---

[21] 예를 들어 Bloomberg 모델은 향후 2개월 동안의 예측 정확도를 높이기 위해 최근의 데이터에 더높은 가중치를 적용할 수 있습니다.

$$(\text{종목}_1\text{의 가중치})^2 \times (\text{종목}_1\text{의 개별 변동성})^2 + \ldots + (\text{종목}_n\text{의 가중치})^2$$
$$\times (\text{종목}_n\text{의 개별 변동성})^2$$

여기서 구성 종목 중 개별 변동성이 가장 큰 종목의 변동성을 σ_{max}라고 할 때, 위 식의 모든 항목을 더한 값은 다음 식에서 계산되는 값보다 작습니다.

$$[(\text{종목}_1\text{의 가중치})^2 + \ldots + (\text{종목}_n\text{의 가중치})^2]\sigma^2_{max}$$

모든 종목의 가중치 합은 1이지만, 가중치를 제곱한 값들의 합은 1보다 훨씬 작습니다. 포트폴리오 내 모든 종목의 가중치가 동일하게 $1/n$이라고 가정하면, 개별 분산(Idiosyncratic Variance)은 다음과 같이 계산됩니다.

$$(1/n^2 + \ldots + 1/n^2)\sigma^2_{max} = \sigma^2_{max}/n$$

따라서 개별 변동성은 $\sigma_{max}/\sqrt{n}$ 입니다.

보통 포트폴리오 내 종목 수 n은 최소 50개 이상이며, 수천 개의 종목으로 구성될 수도 있기 때문에 개별 변동성은 매우 작아집니다. 물론 실제 시장에서는 모든 종목의 비중이 동일하지 않기 때문에 이론적인 분산 효과보다 다소 떨어질 수 있습니다. 그러나 포트폴리오에서 가장 높은 비중을 차지하는 종목들은 대형주이며, 대형주는 개별 변동성이 낮은 경향이 있습니다. 따라서 이들이 전체 분산 효과를 크게 훼손하지 않습니다.

Q: 선형대수학과 통계학에 대한 기본적인 이해는 있습니다. 추정 과정에 대해 더 깊이 공부하고 싶은데 참고할 만한 자료가 있을까요?

A: 추정 과정을 학습하기 위한 입문 자료로는 [Connor and Korajczyk, 2010]의 간략한 서베이 논문(온라인에서 열람 가능)을 추천합니다. 같은 저자들이 집필한 논문인 [Connor et al., 2010]은 독학용 또는 참고 자료로도 적합한 교재입니다. 이 외에도 [Jurczenco, 2015]와 [Litterman, 2003]의 자료도 유용한 참고 문헌이 될 수 있습니다.

4.3 ★ 리스크 모델의 구조 (The Machinery of Risk Models)

앞서 우리는 특성 기반 모델(Characteristic Models)의 가장 큰 특징이 주식의 특성을 기본 단위로 사용한다는 점을 다뤘습니다. 여기서 말하는 '특성(Characteristic)'이란 숫자 값으로 표현되며 각 주식은 각 날짜와 각 특성 유형(팩터)에 대해 하나의 값을 갖습니다. 또한 날짜별로 각 팩터에는 해당하는 수익률이 존재합니다. 예를 들어, 어떤 주식의 특성을 시장 베타(Market Beta)라고 한다면 이때 해당 팩터는 '시장(Market)'이며 모든 상장 종목을 가중 평균한 포트폴리오(Weighted Portfolio)로 표현할 수 있습니다. 시장 수익률(Market Return)은 단순히 이 포트폴리오의 수익률을 의미합니다. 또 다른 예로, 사이즈 팩터(Size Factor)의 경우 해당 특성은 개별 주식의 시가총액 규모(예: 시가총액의 로그 값)가 됩니다. 이처럼 특성은 직관적이지만, 팩터 모델 자체는 다소 복잡하게 느껴질 수 있습니다. 따라서 4.3절에서는 팩터 모델이 어떻게 구성되고 추정되는지를 직관적

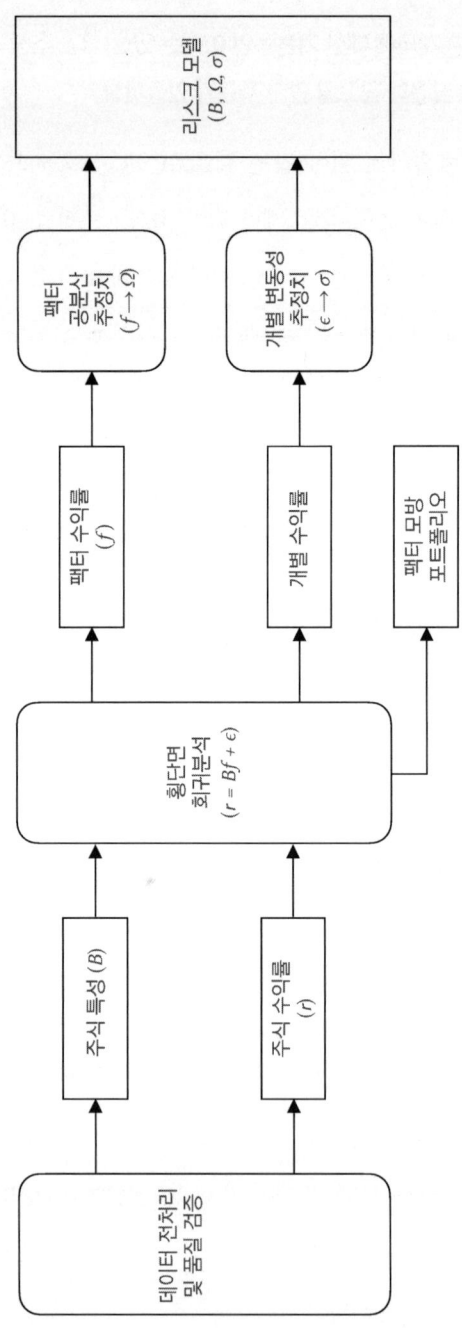

그림 4.2 리스크 모델을 생성하기 위한 절차

인 방식으로 설명하고자 합니다.

팩터 모델을 가장 쉽게 이해하는 방법은, 주식 수익률이 여러 요인의 중첩으로 형성된 결과물이라는 관점에서 접근하는 것입니다. 이를 이해하기 위해 해변에 밀려오는 파도를 떠올려 보세요. 바닷가에서 보는 파도는 단순한 사인 곡선 하나로 설명되지 않습니다. 먼저 큰 파도가 형성되고, 그 위에 중간 크기의 물결이 더해지며, 다시 그 위에 작은 물결이 겹쳐져 하나의 파도처럼 보입니다. 주식의 수익률도 이런 파도와 같습니다. 가장 거센 파도는 시장(Market), 그 위에 섹터(Sector)나 스타일 팩터(Style Factors) 같은 중간 파도가 더해집니다. 그리고 그 위로는 더 작고 미세한 팩터들의 영향이 겹쳐지며 전체 수익률이 형성됩니다. 마지막으로, 시장이나 팩터와는 무관하게 개별 종목에만 영향을 미치는 충격(Idiosyncratic Shock)이 존재하며, 이는 별도로 추정해야 할 요소입니다. 팩터의 변동성 역시 파도처럼 일정한 지속성을 가지는 경향이 있습니다. 이런 변동성의 흐름은 투자자에게 유리한 속성이며 과거 데이터를 바탕으로 미래 변동성을 예측하는 데 활용할 수 있습니다. 그러나 공매도 잔고(Short Interest), 헤지펀드 보유량(Hedge Fund Holdings), 모멘텀(Momentum) 같은 일부 팩터는 변동성이 지속되지 않는 경우가 많아 갑작스럽고 큰 수익률 변화를 유발할 수 있습니다. 이러한 팩터는 예고 없이 덮치는 쓰나미처럼 포트폴리오에 큰 충격을 줄 수 있습니다. 이러한 예외적인 팩터의 특성과 대응 전략은 다음 장에서 자세히 살펴보겠습니다.

펀더멘털 리스크 모델은 다음과 같은 절차를 통해 구성됩니다.

1. 매일 시장 개장 전, 최신 주식 특성 리스트를 데이터 공급업체로부터 받아 무결성(Data Integrity) 점검과 전처리(Preprocessing) 과정을 거칩니다. 일부 특성 값(Loadings)은 투자 대상 자산군 내에서 평균이 0, 표준편차가 1이 되도록 중심화(Centering)와 스케일링(Scaling)을 수행합니다. 이러한 처리를 마친 데이터는 로딩 행렬(Loadings Matrix, B) 형태로 정리되며 각 행은 자산을, 각 열은 특성 또는 팩터를 나타냅니다.

2. 이전 거래일의 팩터 수익률과 개별 수익률은 횡단면 선형 회귀분석(Cross-Sectional Linear Regression)을 통해 추정됩니다. 여기서 주식 수익률은 종속 변수(회귀식의 'y')가 되고, 특성 행렬은 독립 변수로 사용됩니다. 이 회귀분석에서 도출된 회귀계수(Regression Coefficients)는 팩터 수익률(f)을 의미하며 회귀식의 잔차(Residuals)는 개별 수익률(ϵ)로 해석됩니다. 여기서 잔차 ϵ는 통계학에서 흔히 사용하는 기호와 동일하게 표기됩니다.

3. 이렇게 추정된 최신 팩터 수익률과 개별 수익률은 기존의 시계열 데이터에 추가되며, 이를 바탕으로 팩터 공분산 행렬(Factor Covariance Matrix)과 개별 변동성(Idiosyncratic Volatilities)이 추정됩니다.

두 번째 단계의 결과로, 추정 과정에서는 각 팩터별 포트폴리오도 함께 생성됩니다. 이 포트폴리오들은 각 팩터의 수익률과 동일한 수익률을 가지므로 **팩터 모방 포트폴리오 (Factor-Mimicking Portfolios, FMPs)** 라고 불립니다. FMP는 성과 기여 분석(Performance Attribution)과 헤징 전략 수행에서 중요한 역할을 합니다. 이 과정은 그림 4.2에 정리되어 있으며, 이러한 절차는 매일 반복적으로 수행됩니다.

4.4 핵심 정리 (*Takeaway Messages*)

팩터 모델(Factor Models)은 크게 세 가지 유형으로 분류된다.

1. 펀더멘털 모델 (Fundamental Model)
2. 시계열 모델 (Time-Series Model)
3. 통계적 모델 (Statistical Model)

이 중 펀더멘털 모델은 개별 주식의 특성에 기반하며, 펀더멘털 투자자들이 주로 사용하는 방식이다. 펀더멘털 모델은 주식 수익률의 두 가지 주요 특징을 설명한다.

1. 기대수익률 (Expected Return)
2. 리스크 (Risk)

5장
팩터 이해하기
Understand Factors

📝 무엇을 배우게 될까요?

이 장에서는 리스크 모델에서 가장 핵심적인 팩터들의 정의와 해석 방법을 배우게 됩니다. 특히 스타일 팩터(Style Factors)를 자세히 다룰 것입니다.

📝 왜 필요할까요?

팩터 모델이 시장의 뼈대라면, 개별 팩터는 시장을 실제로 움직이는 근육과도 같습니다. 이들은 시장을 움직이는 힘으로, 각 팩터가 어떤 방식으로 작용하는지 이해하고, 정확한 명칭과 역할을 파악하는 것은 투자 전략의 기초가 됩니다.

📝 언제 필요할까요?

이 장의 내용은 다음과 같은 상황에서 활용할 수 있습니다. 시장이 급락할 때 그 원인을 분석하고 단서를 찾기 위해서, 또는 주기적으로 셀사이드 리포트에서 언급되는 팩터 로테이션(Factor Rotation) 현상을 해석하고자 할 때입니다. 이러한 순간마다 이 장은 시장의 구조를 이해하기 위한 기준점이 되어줄 것입니다.

팩터(Factors)는 주식 수익률을 부분적으로 설명하며, 일정한 추세(즉, 기대수익률이 0이 아님)를 보이며 고유한 변동성을 가집니다. 초기 팩터는 CAPM(Capital Asset Pricing Model)이 설명하지 못한 비정상적인 수익률을 해석하기 위해 도입되었습니다. 팩터 수익률이 존재하는 이유에 대해서는 주로 두 가지 견해가 제시됩니다.

첫 번째는 리스크 보상(Risk Compensation) 이론입니다. 이 이론에 따르면 팩터 수익률은 포트폴리오 매니저가 감수한 리스크에 대한 보상으로 형성됩니다. 투자자는 합리적으로 행동하며, 가격이 반영되지 않은 리스크(비정상적 리스크) 형태로 시장에 이익을 남겨두지 않는다는 관점입니다.

두 번째는 행동금융학(Behavioral Finance) 관점입니다. 투자자는 항상 합리적이지 않으며, 인지적 편향(Cognitive Biases)과 같은 한계를 가지고 있습니다. 투자자는 무한한 정보를 모두 처리하거나 복잡한 최적화를 완벽히 수행할 수 없기 때문에, 종종 비효율적인 의사결정을 내리고 그 결과 특정 팩터에 기대수익률이 형성된다는 것입니다. 이 장에서는 이 두 가지 설명을 모두 다룹니다. 리스크 보상 이론은 리스크 관리 관점에서 중요하며, 행동금융학적 설명은 투자자가 팩터를 잘 이해하는 데 도움을 주기 때문입니다.

팩터는 마치 토끼처럼 다양한 형태로 나타나며 기하급수적으로 증가하는 경향이 있습니다. 대부분의 리스크 모델 제공업체는 보수적이고 안전한 접근 방식을 채택하며, 일반적으로 50개에서 많게는 100개 이상의 팩터를 모델에 포함시킵니다. 그림 5.1은 널리 사용되는 팩터 모델의 상관 행렬(Correlation Matrix)을 보여줍니다. 상관 행렬의 대각선 주변에는 서로 높은 상관관계를 가진 팩터 클러스터(cluster)들이 존재합니다. 대표적으로 금융(Financials), 헬스케어(Health-Care), 소비재(Consumer Retail), 기타 산업(Industry) 클러스터가 있으며, 이 중 가장 높은 상관관계를 보이는 것은 시장(Market), 시장 민감도(Market Sensitivity), 변동성(Volatility)과 같은 광범위한 시장 관련 팩터들입니다. 또한 이 외에도 직관적으로 해석할 수 있는 상관관계 그룹들이 존재합니다.

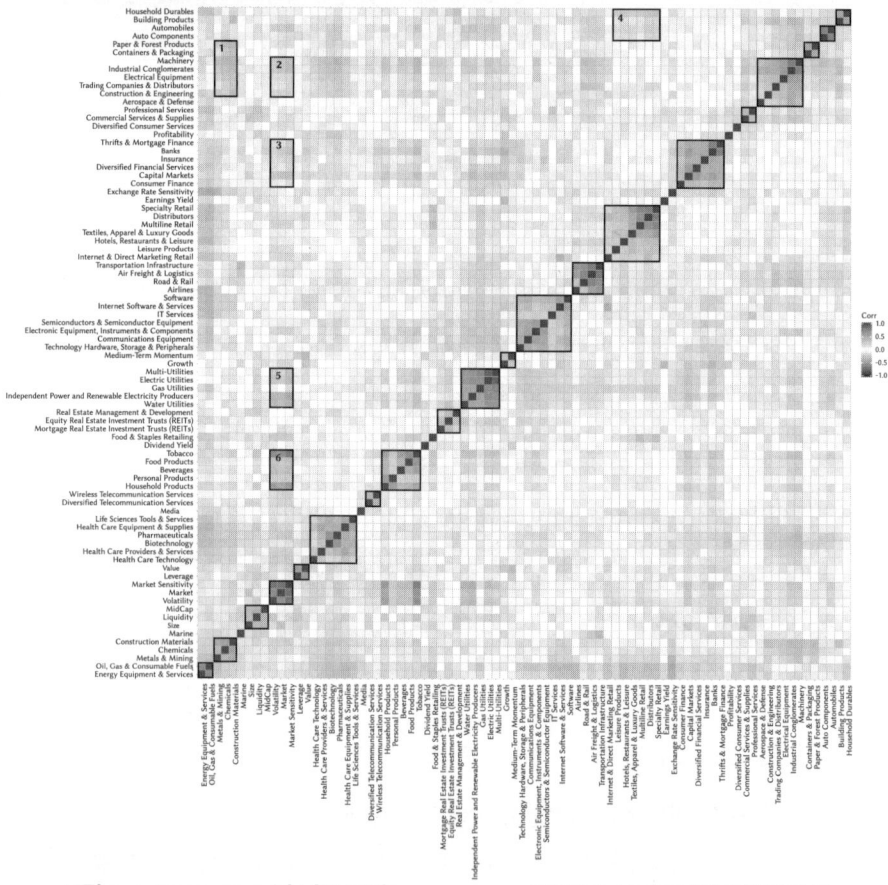

그림 5.1 2008~2017년 미국 모델(Axioma AXUS4)의 팩터 수익률 간의 상관관계 행렬 요약

- **그룹 #1** 산업 원자재 간의 양(+)의 상관관계를 보여줍니다. 예를 들어 금속 및 광업(Metals & Mining), 화학(Chemicals), 건설 자재(Construction Materials)는 한 그룹을 이루며, 제지 및 임업(Paper & Forest Products), 건설 엔지니어링(Construction Engineering)과도 높은 상관성을 보입니다.

- **그룹 #2** 위 산업군들은 시장 팩터(Market Factors)와도 양의 상관관계를 가지고 있으며, 이들 산업군이 경기순환적(Cyclical) 특성을 가진다는 점을 보여줍니다.

- **그룹 #3** 금융 산업(Financial Industries) 역시 시장 팩터와 높은 상관관계를 가지며 경기순환적 특성을 나타냅니다.

- **그룹 #4** 공급망(Supply Chain)으로 연결된 경기순환적 산업들 간의 양의 상관관계를 보여줍니다. 내구 소비재(Consumer Durables), 자동차(Autos), 자동차 부품(Auto Parts)은 복합 소매(Multiline Retail), 유통업(Distributors), 럭셔리 제품(Luxury Goods) 등과 양의 상관관계를 갖습니다

- **그룹 #5와 #6** 유틸리티(Utilities)와 필수 소비재(Consumer Staples)가 시장 팩터와 음(-)의 상관관계를 나타내며, 해당 산업들이 경기 방어적(Defensive) 성격을 띠고 있음을 보여줍니다.

1~4번 그룹에 포함된 팩터들은 **스타일 팩터(Style Factors)** 라고 불리며, 이 장에서는 이러한 스타일 팩터를 중심으로 설명합니다. 모든 팩터를 다루기에는 지면의 한계가 있으므로, 이 책에서는 실험적으로 유의성이 검증되고 실제 투자에 활용 가능하며 직관적으로 해석할 수 있는 팩터들만 선별하여 소개합니다. 스타일 팩터는 다음 네 가지 범주로 구분됩니

다.

1. **경제 환경 (Economic Environment)** 국가(Country), 베타(β), 산업(Industries), 변동성(Volatility)
2. **거래 환경 (Trading Environment)** 공매도 잔고(Short Interest), 액티브 매니저 보유량(Active Manager Holdings)
3. **기술적 요인 (Technical Factors)** 모멘텀 지속(Momentum Continuation), 모멘텀 반전(Momentum Reversal)
4. **기업 가치 평가 (Company Valuation)** 가치(Value), 수익성(Profitability), 성장(Growth)

5.1 경제 환경 *(The Economic Environment)*

일부 팩터는 서로 높은 수익률 상관관계를 보입니다. 각각의 팩터는 해석 방식이나 특성에서 차이를 보이지만, 실무에서는 함께 고려되는 경우가 많습니다. 이 장에서는 경제 환경을 반영하는 대표적인 팩터들을 살펴보겠습니다.

5.1.1 국가 (Country)

가장 기본적인 팩터는 바로 국가 팩터(Country Factor)입니다. 이 팩터는 종종 시장 팩터(Market Factor)라고도 불리며, 모든 주식이 이 팩터에 대해 동일한 단위 노출(Unit Exposure)을 가집니다. (그림 5.2 참고) 이 팩터는 일종의 시장 평준화 장치 역할을 합니다. 즉, 시장이 변동하고 이 팩터가 움직이면 모든 주식이 동일한 방식으로 영향을 받습니다. 따라서 어떤 포트폴리오가 국가 팩터에 대해 중립적(Neutral)이라면, 그 포트폴리오는 사실상 **달러 중립 (Dollar-Neutral)** 상태가 됩니다. 이는 전체 노출값이 0이라는 의미입니다.

$$0 = 1 \times NMV_1 + \ldots 1 \times NMV_n = NMV_1 + \ldots NMV_n$$

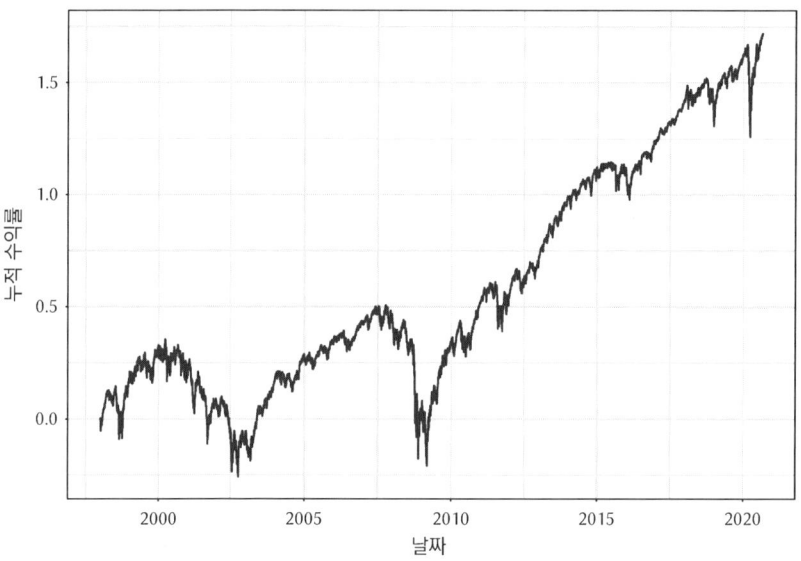

그림 5.2 2007~2017년 국가 팩터 누적 수익률 시계열

한편 금융 데이터 제공업체들은 유럽, 아시아 태평양, 북미 등 여러 지역을 포함하는 다국가 모델(Multi-Country Models)도 제공합니다. 이러한 모델에서는 단일 국가 팩터 대신 여러 국가 팩터가 존재하며, 각 국가별로 하나씩 팩터를 설정하는 것이 일반적입니다. 다만, 경제 구조가 매우 유사한 국가들끼리는 하나의 국가 팩터를 공유하는 방식도 이론적으로 가능합니다.

🔍 해석 (Interpretation)

국가 팩터는 시장 전체의 움직임을 대표하는 기초 팩터(baseline)로 이해할 수 있습니다. 이 팩터의 수익률은 해당 시장에서 거래되는 주식들의 평균 수익률에 가까우며 시장 전반의 방향성을 반영합니다. '국가 팩터'라는 이름은 리스크 모델이 여러 국가의 자산을 포함할 경우, 각 주식에 소속 국가에 대한 단위 노출(unit exposure)을 부여하여, 그 주식이 속한 국가의 리스크를 설명하는 방식에서 유래했습니다. 또한, 이 팩터의 기대수익률은 일반적으로 양(+)의 값을 가지는데, 이는 대부분의 경우 특정 시점에서 전체 자산의 동일 가중 평균 수익률(equal-weighted average return)이 국가 팩터의 수익률로 작용하며, 이 평균값이 보통 양수이기 때문입니다.

5.1.2 산업 (Industries)

산업 팩터는 국가 팩터의 자연스러운 확장 개념입니다. 글로벌 리스크 모델에서 국가 팩터가 전 세계 투자 자산군을 구분하는 기준이 되는 것처럼, 국가 리스크 모델에서는 산업 팩터가 해당 국가의 투자 자산군을 구분하는 기준으로 작용합니다. 국가 팩터와 마찬가지로, 산업 팩터 역시 산업별로 하나씩 존재하며, 특정 주식이 해당 산업의 분류 기준을 충족하면 그 산업에 대해 단위 노출을 가지며, 그렇지 않으면 노출은 0으로 설정됩니다. 이러한 산업 분류 기준에는 보통 GICS (Global Industry Classification Standard)와 같은 공신력 있는 체계가 사용됩니다. GICS는 MSCI와 S&P (Standard & Poor's)가 공동 개발하여 유지 관리하는 분류 체계로 섹터부터 세부 산업 (Sub-industry)까지 총 4단계 구조로 구성되어 있으며, 많은 리스크 모델이 이 기준을 따릅니다. 일부 리스크 모델 제공업체는 모델의 목적과 용도에 맞게 GICS와 다른 맞춤형 분류 체계를 직접 정의하기도 합니다. 특히 일부 국가의 투자 자산군은 GICS가 정의한 모든 산업에 포함되지 않는 경우도 있기 때문에 기존 분류 체계를 정리하거나 통합하여 재구성하는 작업이 필요할 수 있습니다.

표 5.1은 미국과 캐나다의 다양한 기업 샘플에 대해 각 산업 팩터에 대한 로딩값이 어떻게 나타나는지를 보여줍니다. 대부분 GICS 기준의 섹터 수준보다는 한 단계 더 세분화된 산업 수준에서 분석이 이루어집니다.

해석 (Interpretation)

팩터 모델에서의 산업 팩터 수익률은, 단순히 해당 산업에 속한 종목들을 시가총액 가중 방식으로 합산한 섹터 ETF의 수익률과는 다르게 해석해야 합니다. 리스크 모델이 구성한 산업 포트폴리오는 특정 산업 하나에만 단위 노출을 갖고, 다른 산업이나 스타일 팩터에는 전혀 노출되지 않도록 설계되어 있기 때문입니다. 이러한 포트폴리오는 겉보기에는 산업 벤치마크와 유사하지만, 훨씬 더 정제되고 통제된 구조를 지니고 있습니다. 예를 들어, 구성 종목 전체가 최근 좋은 성과를 냈다면 일시적으로 모멘텀 팩터에 양(+)의 노출을 가질 수 있습니다. 그러나 리스크 모델의 미디어 산업 팩터 포트폴리오는 의도적으로 모든 스타일 팩터 노출(예: 모멘텀)을 제거하고 해당 산업 요인만을 반영하므로, 보다 정확하고 순수한 산업 수익률을 제공합니다.

팩터 기반 접근법의 가장 큰 장점은 다양한 팩터들의 영향을 분리하여 조정된 수익률을 제공한다는 점입니다. 예를 들어, 인터넷 미디어 산업이 양호한 수익률을 기록했을 때, 그 원인이 모멘텀의 영향인지, 산업 자체의 특성 때문인지 명확히 구분할 수 있습니다. 또한, 산업 팩터는 일반적으로 섹터보다 훨씬 세분화된 수준에서 정의되며, 이는 많은 벤치마크 지표들이 섹터 수준에만 머무르는 것과 대조적입니다. 팩터 모델로 구성된 산업 포트폴리오는 종종 수천 개의 종목으로 구성되는데, 이는 해당 산업에 속한 종목 수가 수백 개에 불과하더라도 비(非)산업 팩터의 노출을 제거하기 위해 전략적으로 추가 종목을 포함시키기 때문입니다.

표 5.1 미국 및 캐나다 기업 샘플의 국가 및 산업별 노출

종목코드	미국	캐나다	산업재	금융	기술	소비재
AAPL	1	0	0	0	1	0
ATD	0	1	0	1	0	1
BBD	1	0	1	0	0	0
F	0	1	1	0	0	0
GE	1	0	1	0	0	0
GOOG	1	0	0	0	1	0
GS	1	0	0	1	0	0
L	0	1	0	1	0	1
MGI	0	1	0	0	1	0
MS	1	0	0	1	0	0
MSFT	1	0	0	0	1	0
RCI	0	1	0	0	1	0
RY	0	1	0	1	0	0
SJR	0	1	0	0	1	0
T	1	0	0	0	1	0
TD	0	1	0	1	0	0
TSLA	1	0	1	0	0	0
WMT	0	1	0	1	0	1

> **인사이트 5.1 산업 팩터와 섹터 ETF**
>
> 산업 팩터는 섹터 ETF와는 다른 수익률을 보입니다. 산업 팩터는 더 세분화된 구조를 가지고 있으며 스타일 팩터에 대한 노출이 제거되어 있기 때문입니다.

5.1.3 베타 (Beta)

이번 절에서 다루는 세 번째 팩터는 베타(시장 민감도) 팩터입니다. 이 팩터는 1장에서 간단히 소개된 바 있으며, 주식의 베타 노출은 해당 주식의 수익률이 과거 시장 수익률에 얼마나 민감하게 반응했는지를 나타냅니다. 여기서 '시장'이라는 개념은 다소 자의적일 수 있습니다.[22][23] 예를 들어, 미국의 모든 주식 자산을 포함해야 할지, 전 세계 주식을 포함해야 할지, 아니면 실제로 투자자가 거래 가능한 자산 전체를 포함해야 할지에 따라 달라질 수 있습니다. 미국에서는 일반적으로 S&P 500 지수를 대표적인 시장 수익률로 사용합니다. 그 이유는 첫째, S&P 500 지수가 투자자 대부분에게 익숙하고, 둘째, 미국 내 투자 가능한 자산군(충분히 유동적인 대형주)을 폭넓게 대표하기 때문입니다. 실제로 Russell 3000 같은 더 광범위한 지수를 선택하더라도 베타 값은 크게 달라지지 않습니다.

이제 이 팩터가 어떻게 추정되는지 간단히 살펴보겠습니다. 사용자가 직접 베타를 산출하거나 Bloomberg에서 제공하는 베타와 비교하려는 경우, 상업용 리스크 모델이 사용하는 추정 방식을 이해하는 것이 도

---

[22] CAPM에 제기된 주요 비판 중 하나는 '시장 포트폴리오(Market Portfolio)'가 실제로 무엇인지 알 수 없으며, 실제로 알 방법도 없다는 점이었습니다.

[23] [Roll, 1977]

움이 됩니다. 상업용 모델은 시계열 회귀 분석에서 과거의 일간 수익률에 동일한 가중치를 부여하지 않고, 최근의 수익률 데이터에 더 높은 가중치를 두는 방식으로 추정합니다. 일반적으로 최근 데이터에 큰 비중을 두며, 과거로 갈수록 가중치는 급격히 감소합니다. 예를 들어, 어제의 수익률에는 가중치 1을, 그 전날에는 1/2, 그전전날에는 1/4을 부여하는 방식입니다. 실제로 회귀분석에는 4개월에서 12개월 사이의 과거 데이터가 사용되며, 경우에 따라 더 정교한 방식으로 가중치를 부여하기도 합니다.

해석 (Interpretation)

달러 중립 포트폴리오에서 고베타 자산을 매수하고 저베타 자산을 매도한다고 가정해 보겠습니다.[24] 자본자산가격결정모델(CAPM)에 따르면 고베타 자산은 시장 수익률 변화에 더 민감하며, 시장은 일반적으로 양(+)의 기대수익률을 가지므로 이 포트폴리오 역시 양(+)의 수익률을 낼 것으로 예상됩니다. 그러나 실제로는 반대의 결과가 나타납니다. 오히려 고베타 종목을 공매도하고 저베타 종목을 매수하는 전략이 더 높은 수익을 거두는 것으로 밝혀졌습니다. 이 전략은 흔히 **베타에 역행하는 투자(Betting Against Beta, BAB)** 라고 불리며, 이 개념은 해당 주제를 다룬 영향력 있는 논문에서 처음 소개되었습니다.[25] 이러한 결과는 이후 여러 실증 연구에서 검증되었으며, 펀더멘털 투자자에게 두 가지 중요한 시사점을 제공합니다. 첫째는 성과와 관련된 측면입니다. 만약 투자자의 포트폴리오가 고베타 팩터에 대한 노출이 크다면, 이 팩터의 기대수익률이

---

24 정확한 가중치에 대한 자세한 내용은 4.3절에서 다룹니다.
25 [Frazzini and Pedersen, 2014]

음(–)이기 때문에 전체 성과가 악화될 수 있습니다. 따라서 투자자는 이 노출이 포트폴리오 손익(PnL)에 미치는 영향을 측정하고, 포트폴리오의 개별 종목 손익(PnL)과 비교해 부정적인 기여도가 과도한 경우, 베타 노출에 상한선을 설정하는 것이 타당합니다. 둘째는 리스크 인식과 관련된 측면입니다. 이 팩터는 왜 손실을 초래하는 것일까요? 손실은 얼마나 빠르게 발생할까요? 그리고 어떤 투자 환경에서 이 팩터는 손실에 특히 취약할까요? 이러한 질문들은 팩터의 성과와 본질적으로 밀접하게 연결되어 있으며, 그 원인에 대해서는 여전히 학계에서 논쟁 중입니다.

Frazzini와 Pedersen(이하 F&P)은 이에 대해 다음과 같이 설명합니다. 많은 투자자들이 투자 활동에서 여러 제약에 직면하고 있으며, 예를 들어 일부 기관투자자들은 공매도를 하거나 포트폴리오에 레버리지를 사용하는 것이 금지되어 있습니다. F&P는 이러한 제약을 받는 투자자들이 더 높은 수익을 추구하기 위해 시장 민감도, 즉 베타가 높은 종목을 선택한다고 말합니다. 투자자들이 고베타를 높은 수익률의 신호로 해석하면, 고베타 주식에 자금이 쏠리게 되고 초과 수요가 발생하여 단기적인 주가 상승으로 이어질 수 있습니다. 그러나 시간이 지나면서 내재 가치가 주가에 반영되기 시작하면 이후 수익률은 점차 마이너스로 돌아서는 경향을 보입니다. 이러한 해석에 따르면, 베타 팩터는 '리스크-온(risk-on)' 국면에서 양(+)의 수익률을 나타냅니다(그림 5.3). 이 시기에는 투자자들의 위험 선호도가 높아지면서 경제 상황에 민감하게 반응하는 고베타 종목에 대한 투자 비중이 눈에 띄게 증가합니다. 반대로 '리스크-오프(risk-off)' 환경에서는 정반대 현상이 발생합니다. 시장이 급락하거나 불확실성이 높아지는 시기에는 모든 주식이 시장과 높은 상관관계를 보이며 같은 방향으로 움직입니다. "위기 상황에서는 모든 상관관계가 1로 수렴한다"는 말은 이러한 시장의 동조화 현상을 잘 보여주며, 베타에도 그대로 적용됩니다. 예를 들어, 그림 5.4는 Russell 3000 지수 구성 종목의 과거 베타를 일별로 추정한 뒤, 각 날짜의 75번째와 25번째 백분위에 해당하는 베타 값의 차이(사분위 범위)를 시계열로 나타낸 그래프입니다. 2008년 9월 1일부터 2009년 1월 1일까지, 즉 2008년 금융위기가 정점에 달했던 시기에는 이 범위가 급격히 축소되는 모습을 확인할 수 있습니다. F&P는 이러한 현상을 '베타 압축(Beta Compression)' 이라고 명명했습니다. 펀더멘털 투자자의 관점에서는 베타 팩터 수익률이 시장의 전반적인 위험 선호도를 판단하는 유용한 척도로 활용될 수 있음을 시사합니다. 특히, 고베타 종목에 과도하게 노출된 포트폴리오는 갑작스러운 리스크 회피 전환 시기에 큰 손실을 입을 수 있으므로 주의가 필요합니다.

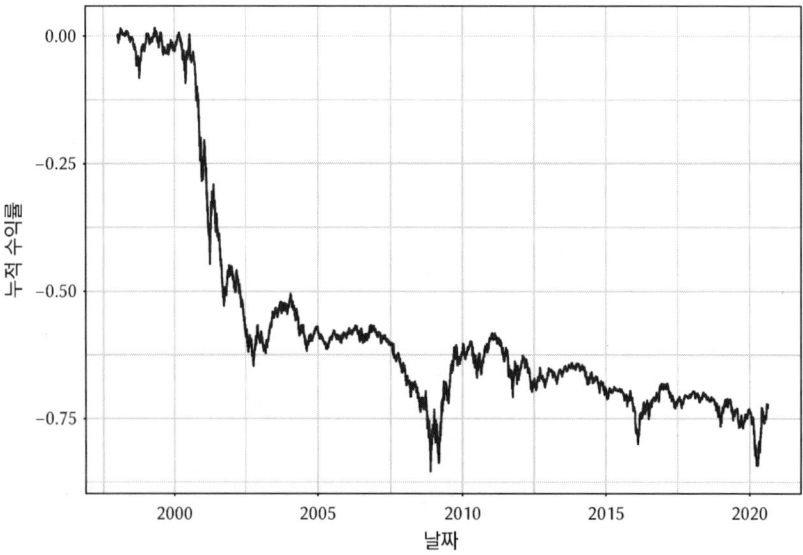

그림 5.3 1998-2020 베타 팩터의 누적 수익률 시계열

한편, 이 팩터는 다음에 살펴볼 변동성(volatility) 팩터와의 관련성을 바탕으로 또 다른 관점에서 해석될 수 있습니다.

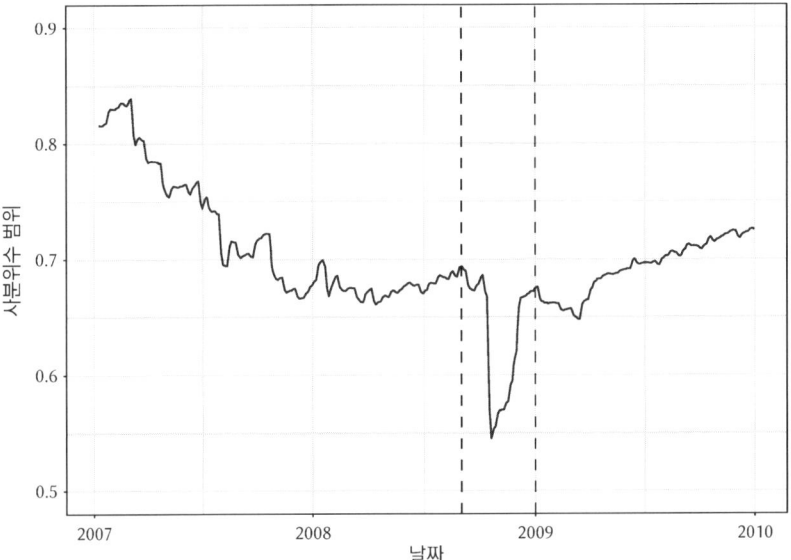

그림 5.4 베타 압축 현상

이전 논의에서는 리스크 모델의 로딩 값이 일반적으로 0보다 크고 1에 가까운 '비표준화(raw)' 로딩 값이라고 가정했습니다. 그러나 경우에 따라 이러한 로딩값은 때때로 Z-스코어 방식(z-scoring)으로 표준화되기도 합니다. Z-스코어는 모든 자산의 로딩 값에서 전체 평균을 뺀 뒤, 그 결과를 로딩 값의 표준편차로 나누어 계산됩니다.

(자산의 Z 스코어 로딩)

$$= \frac{(\text{대상 자산의 비표준화 로딩}) - (\text{모든 자산 로딩의 평균})}{(\text{모든 자산 로딩의 표준편차})}$$

첫 번째 단계는 베타 값을 중심화하는 것입니다. 예를 들어, 비표준화된 상태에서 벤치마크 자산의 베타가 1이었다면, Z-스코어로 변환된 베타는 0이 됩니다. 두 번째 단계에서는 표준편차를 기준 단위로 사용하여 베타를 스케일링합니다. 만약 베타가 정규 분포에 가깝다면, 변환된 Z-스코어는 해당 자산이 전체 투자 가능 자산군에서 어느 수준에 위치하는지를 보여주는 상대적 지표로 활용될 수 있습니다. 예를 들어, Z-스코어가 1이라면 해당 자산은 상위 16%에 해당하는 고베타 자산입니다. Z-스코어가 2라면 상위 2%, Z-스코어가 3이면 전체의 0.13% 미만에 해당하는 매우 높은 베타 자산으로 분류됩니다.

5.1.4 변동성 (Volatility)

변동성 팩터는 개념적으로는 비교적 간단하게 설명할 수 있습니다. 이 팩터는 변동성이 높은 주식을 매수하고, 변동성이 낮은 주식을 매도하는 포트폴리오의 수익률을 의미합니다(그림 5.5). 하지만 한 걸음 더 들어가면 여러 세부사항에 대한 논의가 필요해집니다. 예를 들어 다음과 같은 질문이 제기됩니다. 어떤 변동성을 사용할 것인가? 총수익률 기준 변동성을 쓸 것인가, 아니면 개별 수익률의 변동성을 사용할 것인가? 변동성을 어느 기간의 데이터를 기준으로 추정할 것인가? 이러한 정의 방식에 다소 차이가 있더라도, 변동성 팩터의 전반적인 특성은 비교적 일관되게 유지됩니다. 결론적으로, 변동성 팩터는 음(−)의 수익률을 나타내는 경향이 있으며 여러 시장 환경에서 반복적으로 관찰됩니다. 또한 변동성 팩터는 베타 팩터와도 밀접한 관계가 있습니다. 베타는 주식의 변동성 수준에 의해 부분적으로 결정되기 때문입니다. 실제로, 시장 수익률에 대한 단순 회귀분석을 수행하면 베타는 다음과 같이 계산됩니다.

$$\text{베타} = (\text{주식과 시장의 상관관계}) \times \frac{(\text{주식 변동성})}{(\text{시장 변동성})}$$

시장 변동성은 모든 주식에 동일하게 작용한다고 가정할 경우, 모든 주식이 시장과 동일한 상관관계를 가진다면 베타는 각 주식의 변동성에 정비례하게 됩니다. 그러나 실제 시장에서는 주식 간 상관관계가 서로 다르기 때문에 베타와 변동성을 완전히 동일한 팩터로 간주할 수는 없습니다. 하지만 여전히 두 팩터는 밀접하게 연관되어 있으며, 변동성 팩터 분석에 사용되는 대부분의 기준이나 프레임워크는 베타 팩터에도 유사하게 적용될 수 있습니다.

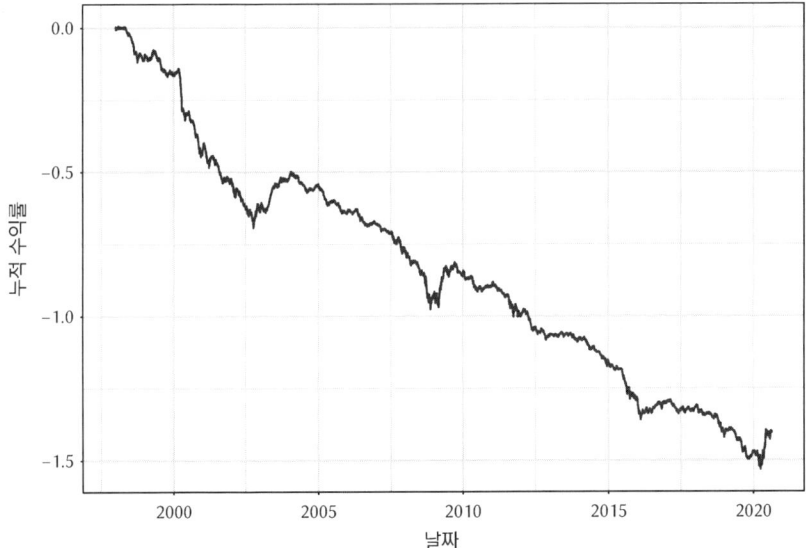

그림 5.5 2007-2017 변동성 팩터 누적 수익률 시계열

🔍 **해석 (Interpretation)**

변동성 팩터는 오랜 시간 동안 검증되어 왔으며 강력한 성과가 반복적으로 입증되면서 다른 많은 팩터들보다 높은 관심을 받아왔습니다. 특히 대부분의 다른 팩터에 대해 중립적인 포지션을 유지하면서, 변동성이 낮은 주식을 매수하고 변동성이 높은 주식을 공매도하는 전략은 높은 위험조정수익률을 기록한 것으로 알려져 있습니다. 이러한 현상은 '저변동성 이상현상(low-volatility anomaly)'이라 불리며, 이를 설명하려는 수많은 연구는 크게 두 가지 접근 방식으로 나뉩니다.

- F&P를 비롯한 많은 연구자들은 투자자들의 선호와 구조적 제약이 이러한 현상을 초래한다고 봅니다. 예를 들어 [Blitz et al., 2014]는 전통적인 CAPM이 전제하는 '마찰 없고 제약이 없는 시장'이 현실과 괴리가 있다고 지적합니다. 실제로 포트폴리오 매니저들은 절대 수익보다 경쟁자 대비 상대 성과에 더욱 민감하게 반응하며, '탐욕'보다 '질투'에 의해 행동하는 경향을 보입니다. 또한 이들의 보상 구조는 일종의 콜옵션처럼 작동하여, 성과가 나쁠 경우 손실이 제한되지만, 성과가 좋을 경우 보상의 상한선이 없는 경우가 많습니다. 이러한 요인들이 복합적으로 작용하면서 고변동성 종목에 대한 수요가 과도하게 몰리는 현상이 나타날 수 있습니다.

- 반면, 일부 연구에서는 수익성(Earnings-to-Price)이나 가치(Book-to-Price)와 같은 다른 주식 특성을 모델에 추가할 경우, 저변동성(혹은 저베타) 주식이 보이는 초과수익률이 사라진다고 주장합니다.[26]

---

26 [Beveratos et al., 2014; Fama and French, 2016; Novy-Marx, 2016]

그렇다면 이러한 팩터는 펀더멘털 투자자에게 어떤 의미가 있을까요? 몇 가지 실질적인 교훈을 얻을 수 있습니다.

첫째, 베타, 변동성, 수익성 팩터는 상당 부분 겹치는 특성을 가지고 있습니다. 이들 팩터는 일반적으로 배당을 지급하고, 동종 기업 대비 변동성이 낮으며, '채권형' 속성을 지닌 기업들을 설명합니다.[27] 따라서 포트폴리오가 이러한 특성 (테마)에 얼마나 노출되어 있는지 파악하는 것은 매우 유용합니다. 이는 기존의 '경기 민감주 vs 방어주'처럼 산업 분류에 의존한 방식만으로는 포착하기 어려운 구조적 특성을 이해하는 데 도움을 줍니다.

둘째, 이들 팩터는 일반적으로 음(−)의 기대수익률을 가지며, 0이 아닌 위험조정수익률을 나타냅니다. 즉, 포트폴리오가 베타나 변동성 팩터에 양(+)의 노출을 가진다면 손실이 발생할 가능성이 존재합니다. 물론, 고변동성 주식 중 일부는 뛰어난 개별 수익률을 기록할 수 있으며, 유능한 포트폴리오 매니저는 이러한 종목을 선별해 알파를 창출할 수 있습니다. 그러나 이러한 전략은 높은 비용과 리스크를 수반하므로 반드시 정량적으로 측정하고 관리해야 합니다.

5.2 거래 환경 *(The Trading Environment)*

리스크 모델에 따르면 자산 수익률은 팩터 수익률에 의해 결정됩니다. 그렇다면 팩터 수익률은 무엇에 의해 결정될까요? 리스크 모델에서는 팩

---

[27] 수익성이 높은 주식은 일반적으로 변동성과 베타가 낮은 경향이 있습니다. 따라서 베타 및 변동성 팩터는 기대수익률이 음(−)인 반면, 수익성 팩터는 양(+)의 기대수익률을 가집니다.

터를 기본적으로 과거 수익률과 독립된 무작위 변수로 간주합니다. 물론, 수익률에 단기적인 패턴이 존재할 수 있지만, 그 효과는 보통 하루나 이틀 후에 사라지며, 펀더멘털 투자자 입장에서는 이를 활용하기가 어렵습니다. 이러한 관점에서 시장은 수많은 소규모 투자자들의 선호가 집합적으로 작용하여 형성된다고 가정하며, 개별 투자자는 시장 수익률에 큰 영향을 미칠 수 없다고 봅니다. 그러나 포트폴리오 매니저가 실제로 마주하는 현실은 이러한 가정과는 크게 다릅니다. 자산 수익률은 외부 요인에 의해 영향을 받을 뿐만 아니라, 자산 수익률에 대한 투자자들의 반응이 다시 팩터 수익률에 영향을 주는 피드백 루프를 형성하기도 합니다. 이 과정에서 중요한 자산의 특성 중 하나는 액티브 투자자들 사이에서 해당 자산이 얼마나 보유되고 있는지입니다. 이는 공매도와 매수 포지션에서 다양한 데이터 소스를 통해 어느 정도 파악할 수 있습니다.

5.2.1 공매도 잔량 (Short Interest)

투자자가 특정 자산에 대해 부정적인 전망을 가지고 있다면, 해당 자산을 공매도할 수 있습니다. 즉, 주식을 빌려 시장에 매도한 후, 나중에 더 낮은 가격에 다시 매수하여 원 소유자에게 돌려주는 방식입니다(그림 5.6). 이 과정에서 주식을 빌리는 데 드는 비용, 즉 순 차입 금리 또는 차입 수수료가 거래자에게 부과됩니다.[28] 공매도 활동을 측정하는 대표적인 지표는 다음과 같습니다.

- **공매도 비율 (Short Ratio)** 공매도 잔량을 회사의 시가총액으로 나눈

---

28 [Fabozzi, 2004]

값

- **공매도 대 유동 주식 비율 (Short-to-Float)** 공매도 잔량을 거래 가능한 주식의 시장 가치로 나눈 값

- **커버일수 (Days-to-Cover)** 공매도 잔량을 해당 주식의 평균 거래량으로 나눈 값

- **이용률 (Utilization Rate)** 공매도 잔량을 브로커가 대여 가능한 전체 주식 수량으로 나눈 값

- **대출 금리 (Borrow Rate)** 브로커가 주식을 빌려준 대가로 공매도자에게 부과하는 평균 금리

이 지표들은 팩터로서의 성능에 약간의 차이를 보이며, 모델에 어떤 다른 팩터가 포함되느냐에 따라 그 영향력이 달라집니다.

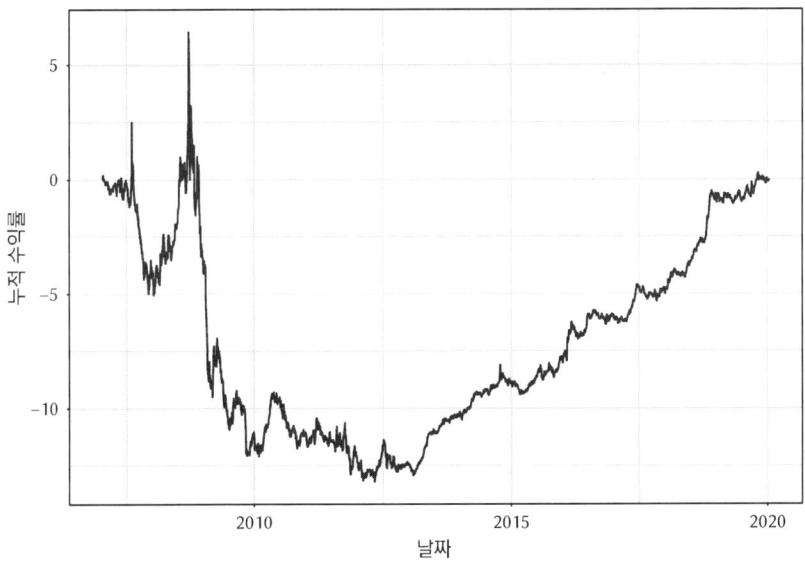

그림 5.6 2007-2017 공매도 잔량 팩터 누적 수익률 시계열

해석 (Interpretation)

공매도는 고위험 전략입니다. 주가는 이론적으로 무한정 상승할 수 있지만, 공매도로 얻을 수 있는 수익은 최대 100%에 불과한 반면, 손실은 무제한일 수 있습니다. 이러한 비대칭적인 수익·손실 구조로 인해 공매도에 참여하는 투자자는 일반적으로 다음과 같은 특징을 가집니다. 공매도 투자자는 일반 대중보다 훨씬 더 전문적이고 숙련된 경우가 많으며, 공매도나 레버리지에 대한 제약이 상대적으로 적습니다. 많은 투자자가 규제나 내부 정책 등의 이유로 공매도나 레버리지를 활용하지 못한다는 점을 고려하면, 전체 시장에서 공매도 수요는 구조적으로 억제되어 있습니다. 그 결과, 정보 기반이 약한 자산일수록 가격이 왜곡될 가능성이 커집니다. 따라서 어떤 주식이 다량 공매도되고 있다는 사실은 정보력 있는 투자자들이 그 주식이 과대평가되었다고 믿고 있다는 신호로 해석됩니다. 이처럼 공매도 잔량은 투자자의 정보와 기대를 반영하는 지표로, 개별 주식의 특성 중 하나로 간주되어 팩터 모델에 포함해 테스트할 수 있습니다. 일반적으로 이 수치는 특정 시점에서 브로커가 대여한 주식의 시장 가치를 의미합니다. 미국의 경우, 이 데이터는 규제기관의 보고서(예: 미국 NYSE의 격월 보고서) 또는 브로커로부터 수집한 민간 데이터 공급업체를 통해 확인할 수 있습니다.

공매도 잔량이 왜 이렇게 일관되게 부정적인 수익률을 보이는지 이해하는 것은 매우 중요합니다. 1995년까지만 해도 공매도 잔량이 많은 종목이 오히려 높은 수익률을 낼 수 있다는 인식이 존재했습니다.[29] 그러나

---

29 [Epstein, 1995]

현재는 공매도 잔량이 높은 종목일수록 향후 수익률이 부진할 가능성이 크다는 견해가 널리 받아들여지고 있습니다. 이러한 변화된 인식을 설명하기 위해 실무와 학계에서는 다양한 해석을 제시해 왔습니다.

첫 번째 해석은 공매도에 제약을 받는 투자자가 많을수록 자산 가격이 왜곡될 수 있다는 점입니다. 이 논리에 따르면 공매도 제약이 없는 행동주의 기관투자자들의 참여 비중이 줄어들수록 가격 왜곡이나 시장의 이상 현상이 더욱 심화될 수 있습니다.

두 번째 해석은 공매도 잔량이 많다는 것은 해당 자산의 가치 평가에 대해 투자자들 사이에 의견이 크게 엇갈리고 있음을 시사한다는 점입니다. 이는 소위 '의견 분산 이상 현상(dispersion anomaly)'과 관련이 있으며, 실제로 셀사이드 애널리스트들의 의견 불일치가 클수록 해당 종목의 향후 수익률이 낮아지는 경향이 있다는 연구 결과도 존재합니다.[30]

세 번째 해석은 정보력 있는 투자자들이 단기적인 과잉 반응을 바로잡는다는 역할을 한다는 것입니다.[31] 예를 들어, 최근 5일간 주가가 과도하게 상승한 종목에 대해 이들이 공매도를 통해 가격을 조정하려는 경향이 있습니다. 이러한 관점에서 보면 공매도 잔량은 단기적인 주가 반전 가능성을 나타내는 지표로 해석될 수 있습니다.

마지막으로, 공매도 잔량 이상 현상에 대한 또 다른 해석은 '위험에 대한 보상(risk premium)'이라는 관점입니다. 공매도 포지션은 수익률 분포가 좌측으로 비대칭적인 특성을 가지며, 본질적으로 더 높은 리스크를

---

30 [Diether et al., 2002]
31 [Diether et al., 2009]

내포합니다. 또한, 공매도 수익률은 군중 심리에 따라 악순환이 발생할 수 있으며, 이로 인해 주가의 급등 또는 급락으로 이어질 수 있습니다. 특히 금융 위기와 같은 시장 불안 시기에는 투자자들이 손실을 회피하기 위해 공매도 포지션을 일제히 청산하면서 대규모 매수세가 유입되고, 이러한 집단 행동은 주가 급등으로 이어질 수 있습니다. 이는 마치 사람들이 붐비는 극장에서 모두가 동시에 출구를 향해 달려가는 상황과 유사합니다.

5.2.2 액티브 매니저 보유 현황 (AMH)

앞서 우리는 공매도 잔량 데이터가 정보 우위를 가진 투자자들의 공매도 포지션 총량을 반영한다는 점을 살펴보았습니다. 그렇다면, 롱(매수) 포지션에 대해서도 이와 유사한 데이터를 확보할 수 있을까요?

1934년에 제정된 증권거래법(일명 '34 Act')은 1975년에 개정되면서 Section 13(f) 조항이 추가되었습니다. 이 조항은 운용 자산이 1억 달러를 초과하는 자산운용 기관에게 매 분기 롱 포지션 보유 현황을 공시하도록 의무화하고 있으며, 각 기관은 분기 종료일로부터 최대 45일 이내에 보고서를 제출해야 합니다.[32] 이후 이 기준을 초과하는 포트폴리오를 운용하는 투자자들의 비중이 점차 늘어나면서, 13(f) 데이터는 시장에서 필수적인 정보원으로 자리 잡게 되었습니다.

그러나 이러한 법적 공시 요건은 13(f) 데이터를 공매도 잔량 데이터와

---

32 [SEC, 1934]

는 구분되는 성격의 정보로 만듭니다. 첫째, 13(f) 데이터에 포함된 포지션은 최대 135일 전의 정보일 수 있기 때문에, 공매도 잔량 데이터에 비해 시의성이 떨어지는 단점이 있습니다. 이러한 단점은 상용 데이터를 통해 일정 부분 보완할 수 있습니다. 일부 데이터 제공업체는 프라임 브로커리지 등 기관으로부터 직접 자료를 수집해 이를 가공·재판매하며, 이 과정에서 보고 지연을 줄이고, 미국 외 지역까지 포함하는 등 기존 13(f) 데이터를 개선하고 있습니다. 둘째, 13(f) 데이터는 공매도 잔량 데이터보다 훨씬 더 정교하고 세분화되어 있어, 투자자의 운용 자산 규모(AUM)와 투자 스타일에 따라 보유 현황을 다양하게 분석할 수 있는 장점이 있습니다. 예를 들어, 회전율이 높은 순수 퀀트 펀드의 보유 현황은 회전율이 낮고 장기 투자 성향을 지닌 '타이거 컵(Tiger Cub)' 펀드[33]의 보유 현황에 비해 정보 가치가 상대적으로 낮을 수 있습니다. 또한 타이거 컵 펀드의 보유 현황은 극도로 낮은 거래 회전율과 고도로 집중된 포트폴리오를 운용하는 행동주의 투자자의 보유 현황과는 또 다른 성격을 가집니다. 이처럼 13(f) 데이터는 단일 지표로 단순화하기보다는, 투자 기관의 성격과 전략에 따라 다르게 해석·가공할 수 있는 유연성을 지니며, 그만큼 활용도 또한 매우 높다고 할 수 있습니다.

해석 (Interpretation)

AMH (Active Manager Holdings)는 투자자에게 자신과 유사한 성향의 액티브 매니저들이 어떤 종목에 투자하고 있는지를 파악할 수 있는 인사이

---

[33] 역자주: 1990년대에 줄리안 로버트슨(Julian Robertson)이 운영했던 전설적인 헤지펀드인 Tiger Management 에서 독립하여 자신만의 헤지펀드를 설립한 운용사들

트를 제공합니다. 물론 투자자마다 전략은 다르지만 이들 사이에는 일정한 공통점이 존재하며, 이러한 공통 요소는 하나의 팩터로 추출될 수 있습니다. 예를 들어, 모든 헤지펀드가 동일한 포트폴리오를 보유하고 있다고 가정해 봅시다. 이 팩터는 특정 종목에 대한 '과밀 투자(crowding)' 정도를 나타내는 지표로 활용 가능합니다. 외부 충격이 없는 상황에서는 여러 펀드가 동일한 종목을 동시에 매수하는 경향이 있어, 해당 종목은 지속적인 수요로 인해 일정 수준의 가격 지지를 받을 가능성이 높아집니다.

그러나 경기 침체와 같은 거시 경제 충격이나 후쿠시마 원전 사고와 같은 예기치 못한 재난으로 인해 포트폴리오 전반에 큰 손실이 발생하면 투자자들은 포트폴리오의 '레버리지를 축소(deleveraging)' 하거나 '위험 노출을 줄이는(derisking)' 방향으로 대응하게 됩니다. 이 과정에서 비슷한 포트폴리오를 보유한 투자자들이 동시에 같은 종목을 매도하게 되고, 이는 일시적으로 해당 자산에 대한 과잉 공급을 초래하여 급격한 주가 하락으로 이어질 수 있습니다. 이러한 손실은 투자자들의 추가 매도를 촉발하여 다시 가격 하락과 손실을 불러오며, 이런 식으로 손실과 매도가 반복되는 악순환이 계속될 수 있습니다. (그림 5.7 참조) 사이클은 레버리지 비율이 투자자들이 수용할 수 있는 수준에 도달할 때 비로소 종료됩니다.

이러한 과정은 외생적(exogenous) 이벤트로 발생하지만 손실의 확산은 투자자들의 집단 행동으로 인해 발생하는 내생적(endogenous) 리스크로 볼 수 있습니다. 즉, 자산 가치의 변화보다는 투자자 집단의 반응이 손실을 증폭시키는 주요 원인이 됩니다. AMH 팩터와 공매도 잔량 팩터는 모두 이러한 디레버리징 과정을 반영하는 대리 지표로 활용될 수 있습니다.

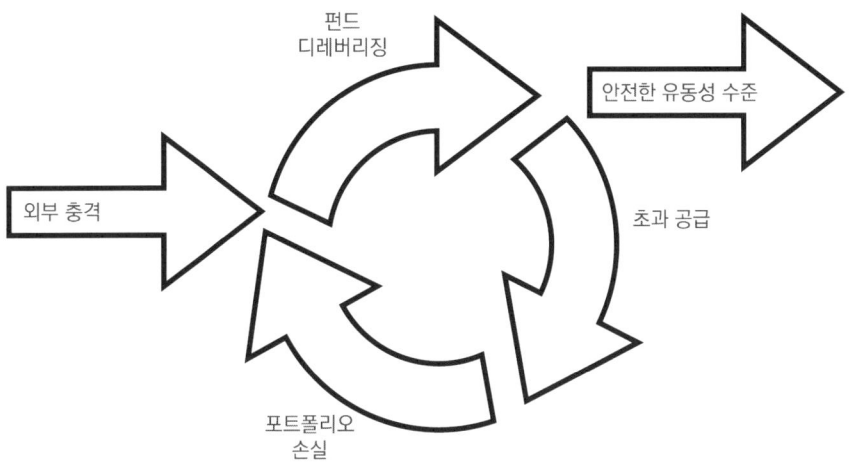

그림 5.7 디레버리징 사이클

그림 5.8은 펀더멘털 기반 롱/숏 및 롱 편향(long biased) 헤지펀드의 보유 종목을 기준으로 산출한 팩터의 수익률을 보여줍니다. 롱 편향 전략의 경우, 벤치마크 초과 보유분(액티브 포지션)을 추정하는 표준 방식을 적용해 데이터를 처리했습니다.[34] 이 팩터는 2008년 금융 위기 당시 뛰어난 성과를 기록했으며, 한 소비재 포트폴리오 매니저는 이를 "통 속에 든 물고기를 잡는 것처럼 쉬웠다"고 표현했습니다. 그러나 이후에는 성과는 미미했으며, 특히 2015년 말과 2016년에는 수익률이 급격히 하락하는 구간이 두드러졌습니다.

---

34 [Cohen et al, 2010; Angelini et al, 2019]

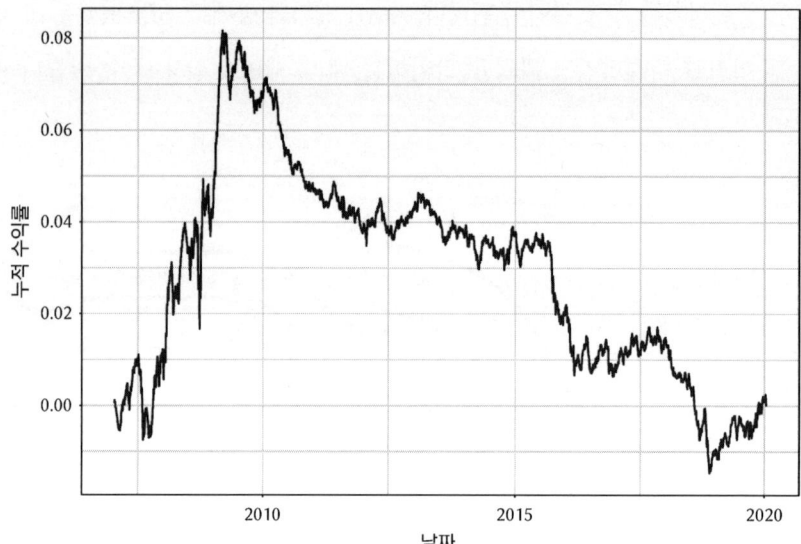

그림 5.8 2007-2017년 액티브 매니저 보유 자산 팩터 누적 수익률 시계열

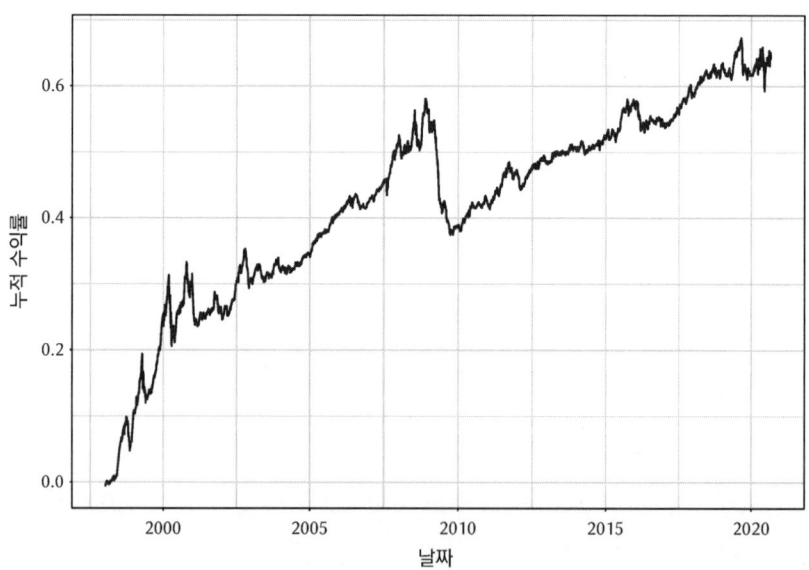

그림 5.9 1998-2020년 중기 모멘텀 팩터 누적 수익률 시계열

5.2.3 모멘텀 (Momentum)

주식의 모멘텀 특성은 주어진 기간 동안 해당 종목의 성과가 다른 종목들과 비교해 상대적으로 얼마나 뛰어났는지를 나타냅니다 (그림 5.9). 예를 들어 1개월 모멘텀은 전월의 수익률을 의미하며, 12개월 모멘텀은 12개월 전부터 1개월 전까지의 누적 수익률을 나타냅니다. 장기 모멘텀 팩터도 이와 비슷한 방식으로 정의됩니다. 트레이더들은 최근 기간뿐만 아니라 비교적 가까운 과거의 가격 흐름도 참고하여 투자 결정을 내려왔습니다. 그 예로 르페브르가 1923년에 쓴 고전에서는 전설적인 트레이더 제시 리버모어(Jesse Livermore)가 20세기 초 보스턴의 불법 주식 중개 사무소에서 이와 유사한 전략을 사용했던 사례를 묘사하고 있습니다.[35] 주가에 관성이 존재한다는 개념은 1937년의 연구[36]에서 처음 제시되었으며, 이후 1980년대에 들어 제가디쉬(Jegadeesh)와 티트만(Titman)의 연구를 통해 모멘텀 현상이 학계에 본격적으로 알려지게 되었습니다.[37]

주식	1년 수익률 (%)	TF 포트폴리오 ($M)	MO 포트폴리오 ($M)
FB	43.5	1	1
MSFT	40	1	1
GOOG	20.7	.5	0
IBM	11.2	0.25	0
NFLX	8.2	0.125	−1
AMZN	7.4	0.125	−1

표 5.2 추세 추종 및 모멘텀을 위한 주식 및 가상 포트폴리오의 성과. 데이터는 2019년 11월 28일 기준

여기서 말하는 '모멘텀'은 일반적인 '추세 추종(trend-following)'과는 다

---

35 [Lefèvre, 1923]
36 [Cowles, 3rd and Jones, 1937]
37 [Jegadeesh and Titman, 1993, 2011]

릅니다. 추세 추종 전략은 개별 자산의 절대 수익률을 기준으로 매수·매도 결정을 내리는 반면, 모멘텀 팩터 전략은 동일 투자 집단 내에서의 상대적 수익률을 기준으로 자산 간 포지션을 구성합니다. 간단한 예로 기술주들로 구성된 소형 종목군을 생각해 봅시다. 이 종목군 내 모든 종목이 지난 12개월 동안 음(−)의 수익률을 기록하지 않았으며, 일부 종목은 상대적으로 더 높은 수익률을 기록했다고 가정해 봅시다. 이때 추세 추종 전략은 각 종목의 수익률에 비례하여 모든 종목을 매수하는 방식입니다. 반면, 모멘텀 전략은 수익률 상위 두 종목을 동일 비중으로 매수하고, 수익률이 낮은 종목들에 대해서는 공매도 포지션을 취합니다. 표 5.2는 이 두 포트폴리오의 가중치를 보여줍니다. 리스크 모델로 생성된 모멘텀 기반 포트폴리오 역시 MO 포트폴리오와 유사하지만, 4.3절에서 설명한 바와 같이 몇 가지 변형이 있을 수 있습니다.

모멘텀은 강력한 이상 현상으로 간주되며, 미국, 유럽, 아시아(일본 제외) 등의 주식 시장뿐만 아니라, 원자재, 채권 등 다양한 자산군에서도 수세기 동안 반복적으로 관찰되어 왔습니다.[38] 특히, 200년에 걸친 장기 시계열 데이터에서도 모멘텀 효과가 일관되게 확인되었습니다.[39] 이처럼 모멘텀 전략이 장기간에 걸쳐 초과 수익을 낼 수 있었던 이유는 단순히 개별 주식의 특성만으로는 충분히 설명되지 않습니다. 다만, 주식에 한해서는 모멘텀 현상이 뚜렷한 기간 구조(term structure)를 지닌다는 점이 밝혀졌습니다.[40]

---

38 [Asness et al., 2013]
39 [Geczy and Samonov, 2016]
40 [Novy-Marx, 2012]

- 최근 0~1개월 사이에 강한 상승세(또는 하락세)를 보였던 주식은 가까운 미래에 반대로 움직일 가능성이 높습니다. 즉, 지난 한 달간 수익률이 높았던 종목은 단기적으로 하락하고, 반대로 부진했던 종목은 반등하는 '되돌림(reversal) 현상'이 나타납니다. 이 효과는 관측 기간이 짧을수록 더 강하게 나타나는 경향이 있습니다. 예를 들어, 지난주 수익률이 높았던 종목은 지난달 수익률이 높았던 종목보다 더 큰 폭의 수익률 반전을 기록할 가능성이 높습니다.
- 반면, 1개월에서 12개월 사이의 수익률은 지속되는 경향을 보이며, 이 구간에서는 일반적으로 말하는 '모멘텀 효과(momentum effect)'가 나타납니다.
- 1년을 초과하는 과거 수익률은 되돌림 경향을 보입니다. 예를 들어 15개월 전부터 12개월 전 사이에 주가가 크게 상승한 주식은 특별한 경우를 제외하고 향후 주가가 하락할 가능성이 높습니다.

모멘텀은 기간 구조(term structure) 뿐만 아니라 산업 구조(industry structure) 에서도 나타납니다. 산업 전체 수준에서 모멘텀 현상이 관찰될 뿐 아니라, 각 산업 내부에서도 업종이나 개별 기업 간에 모멘텀의 강도와 특성이 서로 다르게 나타날 수 있습니다.

해석 (Interpretation)

모멘텀에 대한 가장 일반적인 설명은 투자자들의 과잉 반응 또는 과소 반응입니다. 투자자들이 뉴스에 과민하게 반응하는 이유는 과신과 부주의 때문입니다. 특히 정보가 지속적으로 유입되지만 그 중요성이 명확하지 않을 경우, 투자자들은 이를 무심코 지나치거나 과소평가하는 경향이 있습니다.

반면, 투자자들이 과거의 높은 수익률에 과잉 반응하는 경우도 자주 발생합니다. 투자자들은 상승세가 계속될 것이라고 믿고 추가 매수에 나서며, 이로 인해 시장 내 낙관적인 기대가 더욱 증폭되기도 합니다.[41] 이러한 행동 패턴은 마치 끓는 냄비 속 개구리처럼, 서서히 변화하는 환경 속에서 위험을 인지하지 못하고 늦게 반응하는 모습과 유사하다고 볼 수 있습니다.[42]

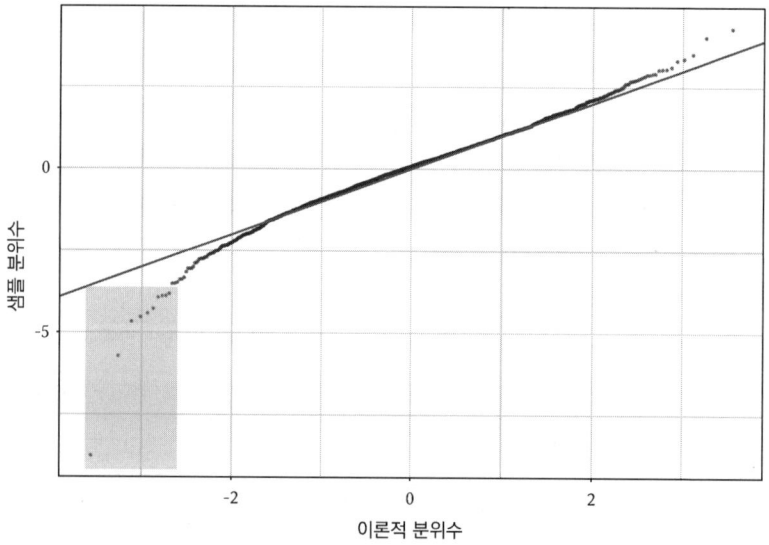

그림 5.10 2007-2017년 중기 모멘텀 팩터 누적 수익률의 분위수 플롯. 팩터 수익률은 3개월 단위로 구한 과거 수익률의 변동성을 기준으로 Z-스코어화한 값을 사용했습니다. 그래프의 회색 음영은 수익률 분포의 왼쪽 꼬리가 두꺼운 구간을 강조합니다.

---

41 [Delong et al., 1990]
42 [Da et al., 2014]

하지만 모멘텀 현상의 원인이 과민 반응이나 과소 반응이라면, 왜 단기적으로는 되돌림, 중기적으로는 추세 지속, 그리고 장기적으로는 다시 되돌림이라는 복잡한 양상을 보이는 걸까요? 모멘텀에 대한 많은 연구를 간단히 살펴보더라도, 우리는 여전히 모멘텀 현상의 본질을 완전히 이해하지 못하고 있음을 알 수 있습니다. 현재까지 제시된 대부분의 이론은 관측 데이터에 기반하고 있으며 내용이 복잡하고 반증하기 어려워 모멘텀을 체계적으로 설명하거나 예측하는 데 본질적인 한계가 있습니다.

이러한 행동 기반 설명 외에도 최근 10년간 위험 기반 설명이 중요한 대안으로 부상했습니다. 이 설명에 따르면 모멘텀 전략의 수익은 리스크, 특히 꼬리 리스크(tail risk)에 대한 보상으로 해석됩니다. 즉, 모멘텀 포트폴리오가 예기치 못한 대규모 손실을 입을 가능성에 대한 보상이라는 의미입니다. 이러한 특성은 그림 5.10에서도 확인할 수 있습니다. 이 그림에서는 과거 3개월 간의 변동성을 기준으로 일별 팩터 수익률을 Z-스코어로 표준화한 결과를 보여줍니다. 이 과정은 시기별로 변동성과 수익률 수준이 서로 다른 구간 간의 수익률을 비교할 수 있도록 전처리하는 단계입니다. 이후 표준화된 수익률 분포의 분위수(quantile)를 계산하여 수익률의 확률 구조를 분석합니다. 예를 들어 5% 분위수는 전체 기간 중 하위 5%에 해당하는 수익률 임계값을 의미합니다. 만약 이 분위 수가 음(−)의 값이고 정규 분포의 5% 분위 수보다 낮다면, 이는 동일한 확률 조건에서 모멘텀 분포가 정규 분포보다 더 큰 손실을 기록할 가능성이 높다는 뜻입니다. 실제로 그림 5.10에서 볼 수 있듯이, 모멘텀 수익률 분포는 정규분포보다 왼쪽 꼬리가 두껍고, 모멘텀의 왼쪽 꼬리는 정규 분포 기준선보다 아래로 처져 있어 극단적인 손실 위험이 더 큽니다. 이러한 결과는 다니엘(Daniel)과 모스코위츠(Moskowitz)의 2016년 논문에서 증명되었으며, 모멘텀 수익은 '큰 손실 위험을 감수한 대가로 얻는 보상'이라고 볼 수 있습니다.[43] 추가로 제시된 두 편의 연구는 주식의 특성인 하위 꼬리 의존도(Lower Tail Dependence, LTD) 개념을 소개합니다.[44] LTD는 시장에 큰 손실이 발생할 때, LTD 값이 높은 종목 역시 크게 하락할 가능성을 나타내며, 포트폴리오 전체의 리스크를 증폭시킬 수 있습니다. 쉽게 말해, LTD는 '좌측 꼬리'에 반응하는 민감도(베타)로 이해할 수 있으며, 이러한 특성은 투자자 입장에서 회피해야 할 리스크 요인이 됩니다. 다니엘과 모스코비츠의 연구에 따르면 LTD의 특성을 하나의 새로운 팩터로 간주할 경우 모멘텀 전략이 더 이상 유효하지 않게 됩니다. 그 이유는 LTD 팩터 자체가 모멘텀과 유사한 양(+)의 수익을 제공하며, 모멘텀 수익률이 LTD 팩터로 설명 가능해지면서 모멘텀이 중복된 전략이 되기 때문입니다.

모멘텀 팩터의 중요한 특징 중 하나는 손실이 주로 롱 포지션이 아닌 숏 포지션에서 발생한다는 점입니다. 2008년 글로벌 금융위기는 이를 잘 보여주는 사례입니다. 당시 모멘텀 팩터는 높은 변동성을 겪었음에도 불구하고 실제로는 손실이 거의 없었습니다 (그림 5.9). 그러나 전년도에 큰 폭으로 하락했던 종목들이 시장 반등과 함께 급등하면서 모멘텀 전략은 큰 손실을 입게 되었습니다. 해당 종목들은 과거 수익률이 낮아 모멘텀 값이 음수였고, 그 결과 포트폴리오 내 숏 포지션(공매도)으로 편입되어 있었습니다. 반면, 롱 포지션에 포함된 종목들도 상승하긴 했지만 그 폭이

---

43 [Daniel and Moskowitz, 2016]
44 [Chabi-Yo et al., 2018; Ruenzi and Weigert, 2018]

상대적으로 작았기 때문에, 숏 포지션에서 발생한 손실이 롱 포지션의 수익을 초과하면서 모멘텀 팩터는 큰 폭의 손실을 기록했습니다.

이와 유사한 사례는 2016년 초에도 발생했습니다. 당시에는 체사피크 에너지(Chesapeake Energy, CHK)와 시드릴(Seadrill Limited, SDRL) 같은 에너지 관련 종목들이 중심에 있었습니다. 이들 종목은 2014년 초부터 장기간 하락세를 이어갔으며, 모멘텀 포트폴리오에서는 숏 포지션으로 편입되어 있었습니다. 그러나 2016년 주가가 350%에 달하는 급등세를 보이며 반등하자, 모멘텀 팩터는 큰 손실을 다시 한 번 기록하게 되었습니다. 모멘텀 팩터의 숏 포지션에 해당하는 자산이 마치 '채찍 효과(bullwhip return)'처럼 급격히 반등하는 현상이 왜 발생하는지는 아직 명확히 밝혀지지 않았습니다. 하지만 펀더멘털 투자자들이 직관적으로 받아들일 수 있는 설명은 다음과 같습니다. 우리가 잘 알고 있는 머튼의 기업 부채 모델에 따르면, 주식은 기업 자산에 대한 일종의 콜옵션으로 해석할 수 있습니다.[45] 즉, 기업의 소유주는 회사를 청산하고 자산을 매각하여 부채를 상환한 뒤 남는 자산을 취할 수 있으며, 이때 주식의 가치는 이러한 콜옵션의 가치와 동일하게 간주됩니다. 하지만 어떤 기업이 음(−)의 모멘텀 노출이 크다는 것은 해당 기업의 옵션 가치가 하락했음을 의미하며, 이는 곧 기업 자산 전반의 가치가 감소했음을 반영합니다. 원래는 '내가격(in-the-money)' 상태였던 옵션이 가치가 떨어지면서 '외가격(out-of-the-money)' 상태로 전환되었을 가능성도 있습니다. 이러한 외가격 옵션은 일반적으로 자산 가치나 부채 가격의 변동에 훨씬 더 민감하게 반응하기 때문에, 해당 기업의 주가 역시 작은 충격에도 상대적으로 더 큰 반응을

---

45 [Merton, 1974]

보일 가능성이 높습니다.

이제 이러한 특성을 지닌 기업들이 속한 그룹을 생각해 봅시다. 이들 기업의 자산 가치는 어떤 공통된 요인에 의해 결정된다고 가정할 수 있습니다. 가장 단순한 경우, 그 요인은 시장 전체의 수익률일 수 있으며, 보다 구체적으로는 해당 기업들의 부채 재조달 가능성과 같은 변수일 수도 있습니다. 모멘텀 팩터에서 최근 성과가 부진했던 종목들은 대부분 숏 포지션에 배치되어 있으며, 이들은 이미 옵션 가치가 낮아진 상태입니다. 이러한 상황에서 공통 요인이 긍정적으로 작용하면 숏 포지션에 있는 종목들이 롱 포지션 종목보다 훨씬 더 큰 폭으로 반등하며, 결과적으로 전체 전략에 예상치 못한 손실을 초래할 수 있습니다.

행동주의적 설명이 펀더멘털 투자자에게 일정 부분 인사이트를 제공할 수는 있지만, 모멘텀 전략에 따르는 위험은 단순한 이론적 가능성이 아니라 언제든 현실에서 발생할 수 있는 실제 위험입니다. 최근 몇 년간의 사례만 보더라도 모멘텀 팩터는 여러 차례 갑작스러운 급락과 심각한 손실을 겪었습니다. 게다가 포트폴리오 매니저가 모멘텀 전략을 의도적으로 실행하지 않더라도, 성과가 좋은 주식을 계속 보유하고 성과가 부진한 주식을 줄이는 과정에서 자연스럽게 모멘텀 팩터에 대한 노출이 커질 수밖에 없습니다. 시간이 지날수록 성과가 우수한 종목은 점점 양(+)의 모멘텀 성향을 띠게 되고, 반대로 부진한 종목은 음(−)의 모멘텀을 가지며 숏 포지션 형태로 포트폴리오에 반영되기 때문입니다.

이처럼 별도의 모멘텀 전략을 실행하지 않아도 포트폴리오 내 모멘텀 노출은 점점 커질 수 있으며, 포트폴리오 매니저는 수익 기회뿐만 아니라 잠재적인 리스크도 함께 감수해야 합니다. 다행히 리스크 모델을 활용하면 이러한 위험을 사전에 식별하고 정량적으로 평가할 수 있습니다.

5.3 기업 - 밸류에이션 팩터 (The Company: Valuation Factors)

기업의 내재 가치를 평가하는 다양한 특성들은 펀더멘털 투자라는 개념이 등장한 이후, 애널리스트들에 의해 매일같이 추정되고 개선되며 서로 비교되어 왔습니다. 그러나 실제 투자에서 이러한 많은 특성을 개별적으로 다루는 것은 쉽지 않습니다. 그 이유는 크게 두 가지로 나눌 수 있습니다. 첫째, 특성의 수가 너무 많다는 점입니다. 예를 들어, 한 리스크 모델 제공 업체는 '실적 퀄리티 (earnings quality)'라는 단 하나의 팩터를 정의하기 위해서도 6가지의 특성을 사용하며, 여기에 다양한 변형이나 대안적 접근 방식이 추가되면서 팩터 설계가 더욱 복잡해집니다. 둘째, 이 많은 특성 가운데 실제 팩터로 사용되기 위해서는 단순성 (예: 기본적인 재무비율), 신뢰성 (충분한 기간의 외부 샘플 검증), 그리고 시장 급락 시에도 유효하게 작동하는지 여부를 충족해야 합니다. 이러한 배경에서 일부 리스크 모델 제공 업체는 각각의 특성을 개별적으로 사용하는 대신, 여러 특성을 조합해 하나의 복합 팩터 (composite factor)로 구성해 활용하기도 합니다. 하지만 여러 특성을 결합한 팩터는 과적합(overfitting)[46] 문제에 취약할 가능성이 있습니다.

---

[46] 역자주: 모델이 과거 데이터에 지나치게 맞춰져 있어, 새로운 데이터에는 잘 작동하지 않는 현상을 말합니다.

5.3.1 가치 (Valuation)

기업의 가치를 측정할 때 가장 널리 사용되는 지표 중 하나는 장부가치 대비 주가 비율(BTOP, 또는 B/P)입니다. B/P는 보통주 장부가치를 시가총액으로 나눈 값으로, 파마와 프렌치가 1993년에 발표한 영향력 있는 3팩터 모델[47]에서도 시장, 규모와 함께 주요 요인 중 하나로 포함된 바 있습니다. 하지만 가치라는 개념이 반드시 B/P 하나로만 정의되는 것은 아닙니다. 가치는 다양한 방식의 지표로 정의될 수 있으며, 산업별로 더 적합한 대체 지표들도 존재합니다.

- **매출 대비 주가 (Sales-to-Price)** : 최근 회사 매출을 시가총액으로 나눈 값

- **현금흐름 대비 주가 (Cash-Flow-to-Price)** : 최근 현금흐름(보통 잉여현금흐름 사용)을 시가총액으로 나눈 값

- **이익 대비 주가 (Earnings-to-Price)** : 최근 12개월 동안의 이익 또는 애널리스트가 예측한 향후 12개월 이익을 시가총액으로 나눈 값.

- **EBITDA 대비 기업가치 (EBITDA-to-EV)** : 최근 12개월의 감가상각전 이익(EBITDA)을 기업가치(Enterprise Value, EV)로 나눈 값.

- **배당수익률 (Dividend Yield)** : 최근 배당금 또는 예상 배당금을 주식 가격으로 나눈 값.

- **자산 대비 총이익 (Revenues-Cost of Goods Sold) / (Assets)**

- **순이익 대비 자기자본 (Net Income/Equity)**

---

47 [Fama and French, 1993]

이 중 첫 번째와 두 번째 특성은 MSCI®Barra의 일부 모델에서 활용되고 있으며, 세 번째와 네 번째 특성은 해당 팩터들의 유효성을 실증적으로 분석한 연구에서 다루어진 적이 있습니다.[48] 마지막 특성인 순이익 대비 자기자본은 MSCI®Barra 및 Axioma®와 같은 상용 팩터 모델에서 독립적인 팩터로 자주 사용됩니다. 이 네 가지 특성은 B/P와는 구조적으로 차이가 있습니다. 앞서 언급한 특성들은 일정 기간 동안 발생한 유량 지표(예: 매출, 이익 등)를 저량 지표(시가 총액)와 비교한 비율인 반면, B/P는 저량 지표(장부가치)와 저량 지표(시가총액) 간의 비율로 구성되어 있기 때문입니다.

파마와 프렌치는 B/P 비율을 특히 선호한다고 여러 차례 밝혀왔습니다. 그 이유는 두 가지입니다. 첫째, 1992년 논문에서 B/P가 다른 대체 지표들보다 주식 수익률을 더 잘 설명한다는 실증적 결과를 얻었으며, 둘째, 장부가치는 단기 실적이 아니라 누적된 이익의 총합을 반영하고 시간이 지나도 비교적 안정적인 특성을 유지하기 때문입니다. 한편, 이익 대비 주가(E/P) 비율은 배당수익률과 밀접한 관련이 있지만, 실무에서는 배당수익률을 별도의 팩터로 분류하는 것이 일반적입니다. 반면, 변동성과 수익성은 서로 밀접한 연관성을 가지면서도, 실무에서는 두 요소를 함께 묶어 '방어적 팩터(defensive factor)'로 분류하는 경우가 많습니다. 이러한 사례는 팩터 간의 구분이 이론적으로 엄밀히 정의되기보다는 실무적 관행이나 해석에 따라 다소 자의적으로 설정될 수 있음을 보여줍니다.

앞서 살펴본 여러 가치 관련 특성과 배당수익률 간의 관계는 각각 독

---
[48] [Lakonishok et al., 1994]

립적인 팩터처럼 보일 수 있지만, 실제로는 유사한 재무 지표에 기반하고 있어 구조적으로 얽혀 있는 경우가 많습니다. 이처럼 '가치(value)'라는 개념은 해석하는 관점에 따라 다양한 방식으로 정의될 수 있기 때문에, 펀더멘털 투자자들 사이에서도 리스크 모델이 규정하는 가치 팩터에 대한 견해가 쉽게 일치하지 않는 일이 흔합니다. 예를 들어 B/P 비율만으로 가치를 판단한다면, 자산의 회계 처리 방식이 특이한 금융 업종에서는 이 지표가 실제 가치를 제대로 반영하지 못할 수 있습니다. 반면, 여러 지표를 조합하면 모델이 지나치게 복잡해지고 해석이 불투명해질 가능성이 있습니다.

이러한 문제들이 존재하더라도 가치 팩터는 여전히 투자 의사결정에서 핵심적인 판단 기준으로 널리 활용되고 있습니다. 실제로 애널리스트들은 가치 팩터를 바탕으로 가치주(Value)와 성장주(Glamour)를 구분하며, 이 외에도 경기 민감주/방어주, 국내주/해외주, 추세 추종/역추세와 같은 분류 기준을 활용해 포트폴리오를 체계적으로 구성합니다. 그림 5.11은 대표적인 가치 관련 팩터 네 가지를 시각적으로 요약하고 있습니다. 이익수익률(Earnings Yield)은 실현 이익 대비 주가, 12개월 선행 이익 추정치, 그리고 IBES©의 컨센서스 이익 예측치를 바탕으로, 최근 30일간 평균 시가총액으로 나눈 비율입니다. 수익성(Profitability)은 ROE, ROA, 자산 대비 현금흐름(cash-flow-to-assets), 이익 대비 현금흐름(cash-flow-to-income), 매출총이익률(gross margin), 자산회전율(sales-to-assets) 등 여섯 가지 지표의 조합으로 정의됩니다. 가치(Value)는 보통주 자기자본을 최근 30일간 평균 시가총액으로 나눈 비율입니다. 배당수익률(Dividend Yield)은 최근 1년간 지급된 정기 배당금을 기준으로 동일 기간 평균 시가총액

으로 나눈 값입니다. (일회성 특별배당 제외)

해석 (Interpretation)

가치 전략이 왜 작동하는지에 대해서는 여러 이론이 제시되어 왔지만 아직 결정적으로 입증된 설명은 없습니다. 그만큼 학계와 실무에서도 명확한 합의가 이루어지지 않은 상황입니다. 다만, 주요 가설들을 정리해 보면 투자 전략을 이해하고 설계하는 데 유용한 기준이 될 수 있습니다. 다음 네 가지가 대표적인 설명입니다.

- 가치 팩터는 포트폴리오의 투자 기간 구조(time horizon)를 반영하는 지표로 해석될 수 있습니다. 가치주와 성장주는 듀레이션(duration) 노출의 차이에 따라 구분되며, 각각 단기 자산과 장기 자산의 특성을 갖습니다. 성장주는 기업 가치의 대부분이 먼 미래의 현금흐름에서 비롯되기 때문에 장기채와 유사한 특성을 가지며, 반대로 가치주는 가까운 시점에 현금흐름이 집중되는 경향이 있어 단기채에 가까운 자산으로 분류됩니다. 실제로 한 연구에서는 장단기 금리차(기간 스프레드, term spread)의 급격한 변화가 가치주의 수익률과 상관관계가 있음을 발견했습니다.[49]

- 가치 팩터는 포트폴리오에 내재된 위험 특성을 반영하는 역할을 수행합니다. 가치주는 일반적으로 성장주보다 실적 및 배당의 변동성에 더 크게 노출되어 있어, 구조적으로 더 높은 수준의 위험을 내포합니다. 따라서 가치주의 초과수익률은 이러한 위험에 대한 보상, 즉 위험 프리미엄(risk premium)으로 해석될 수 있습니다.[50]

---

[49] [Petkova, 2006]
[50] [Chen and Zhang, 1988]

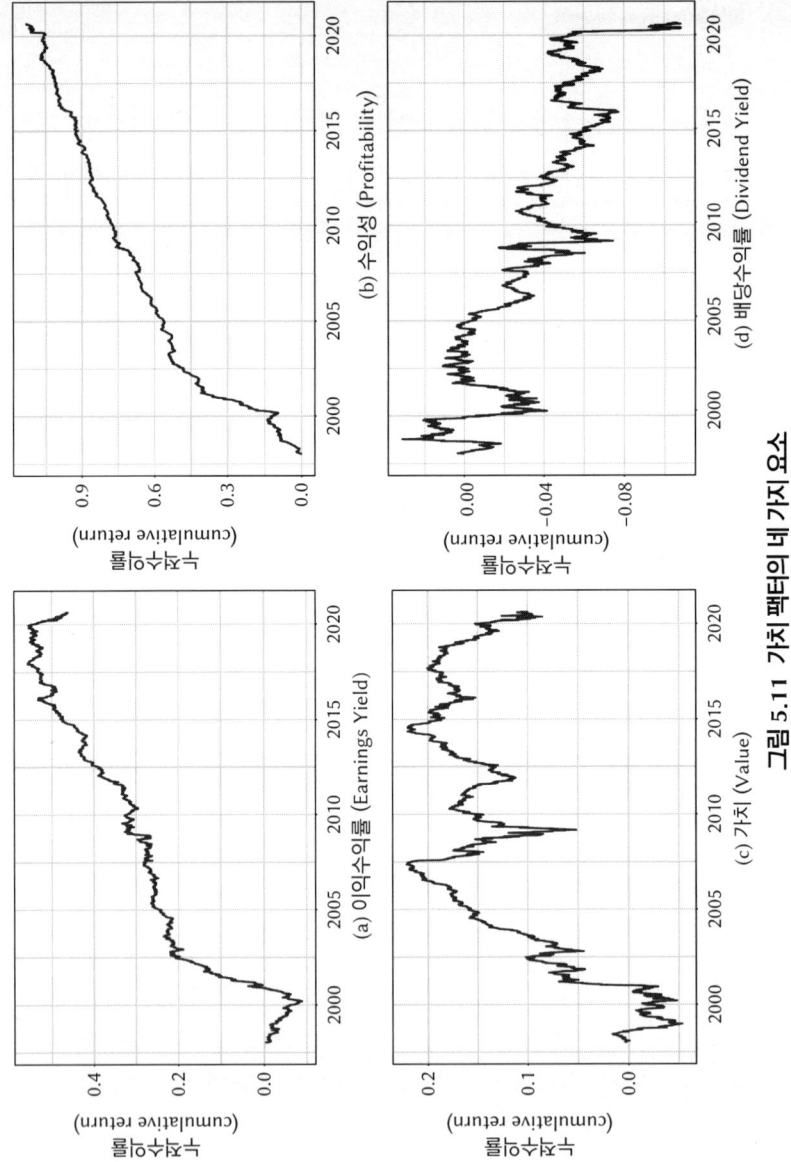

그림 5.11 가치 팩터의 네 가지 요소

실제로 B/P를 기준으로 부실 기업을 다시 분류하면, B/P가 높은 기업이 낮은 기업보다 수익률이 더 높게 나타나는 경향이 있다는 연구 결과가 있습니다.[51]

- 또한, 이러한 위험은 직관적으로도 이해할 수 있습니다. 가치주는 일반적으로 고정비용이 높고 비생산적인 자산을 많이 보유하고 있어, 경기 침체기에는 수익성이 급격히 악화되며 하방 리스크가 크게 부각됩니다. 반면, 경기 확장기에는 이러한 리스크에 상응하는 상방 수익으로 충분히 보상받지 못하는 구조를 갖고 있습니다. 이처럼 수익 구조가 비대칭적인 자산은 대체로 경기순환적 특성을 띠며, 이러한 자산이 더 높은 수익률을 요구받는 것은 자산 가격 결정 이론에서 가장 보편적이고 직관적인 원칙 중 하나로 받아들여지고 있습니다.[52] 실제로 가치주는 산업 생산, 인플레이션, 통화 공급, 금리 변화 등과 같은 거시경제 뉴스에 성장주보다 더 민감하게 반응하는 경향을 보입니다.[53]

- 가치주가 높은 수익률을 기록하는 이유는 단순히 위험 보상만으로는 충분히 설명되지 않으며, 투자자 행동 역시 중요한 변수로 작용할 수 있습니다. 예를 들어, 고성장 기업(성장주)의 과거 실적을 근거로 미래 성장률을 과도하게 낙관하고, 저성장 기업(가치주)에 대해서는 지나치게 비관적인 전망을 내리는 경향이 있다면, 결국 성장주의 주가는 하락하고, 가치주의 주가는 상승하는 방향으로 가격 조정이 일어날 수 있습니다. 이러한 메커니즘에 대해서는 다음 페이지에서 더 자세히 설명하겠습니다.

---

51 [Griffin and Lemmon, 2002]
52 [Cochrane, 1999]
53 [Black et al., 2009]

비정상적인 밸류에이션을 정량적으로 이해하는 한 가지 방법은 **고든 성장 모델(Gordon Growth Model)** 을 활용하는 것입니다. 이 모델의 공식은 주가가 배당금, 배당 성장률, 그리고 투자자가 요구하는 수익률과 어떻게 연결되어 있는지를 수학적으로 설명합니다.

$$\text{주가} = \frac{\text{배당금}}{(\text{요구수익률}) - (\text{성장률})}$$

또한, 배당금을 현금흐름과 배당 성향의 곱으로 대체할 수도 있습니다.

$$\text{주가} = \frac{(\text{배당성향}) \times (\text{현금흐름})}{(\text{요구수익률}) - (\text{성장률})}$$

이제 항목들을 재정렬하여 현금흐름 대비 주가 비율을 다른 기본적인 지표들과 연결할 수 있습니다.

$$\frac{(\text{현금흐름})}{\text{주가}} = \frac{(\text{요구수익률}) - (\text{성장률})}{(\text{배당성향})}$$

현금흐름 대비 주가 비율(Cash Flow-to-Price C/P)이 서로 다른 두 종목을 가정해 봅시다. 만약 두 종목의 배당성향이 동일하다면, 현금흐름-주가 비율이 낮은 주식, 즉 가치가 더 높은 주식은 더 높은 기대 성장률(오른쪽 수식에서 마이너스 항목)을 가진다는 결론을 도출할 수 있습니다. 유사한 논리는 이익 대비 주가 비율(E/P)에도 적용할 수 있습니다.

고든 공식을 반대로 해석할 수도 있습니다. 만약 어떤 기업의 예상 성장률이 상향 조정되면 해당 기업의 C/P 비율은 낮아지고, 그 주식은 흔히 말하는 '성장주(glamour stock)'로 분류됩니다. 일반적으로 기업의 이익 성장률은 과거 이익 성장률, 매출 성장(GS), 1년 또는 2년 후의 애널리스트 컨센서스 성장률, 혹은 이들의 가중 평균 등을 기준으로 측정됩니다.

가치주 이상현상(value anomaly)에 대한 행동주의적 해석은 투자자들이 미래를 예측할 때 과도하게 반응한다는 것입니다. 구체적으로 Lakonishok, Shleifer, Vishny는 과거 성장률과 기대 성장률이 모두 낮은 주식이 과거 성장률과 예상 성장률이 모두 높은 성장주보다 더 높은 수익률을 기록한다고 주장합니다. 가치주를 매수하고 성장주를 공매도하는 포트폴리오를 구성하면, 시간이 지남에 따라 실제 성장률 차이는 초기 기대보다 훨씬 작게 나타나며, 이로 인해 초과 수익이 발생한다고 설명합니다.

우리는 가치 팩터에 관한 논의에서 두 가지 중요한 시사점을 얻을 수 있습니다. 첫째, 펀더멘털 투자자에게 가치 평가는 투자의 필수 요소입니다. 가치 팩터에 대한 노출 정도를 살펴보면 포트폴리오가 어떤 방향으로 편향되어 있는지를 한눈에 파악할 수 있습니다. 가치 팩터는 포트폴리오를 구성하거나 해석하는 데 유용하며, 장기적으로는 포트폴리오 매니저의 손익(PnL)의 상당 부분을 설명할 수 있습니다. 둘째, 팩터 수익률 차트를 보면 이러한 팩터의 변동성과 하락 및 반등 폭이 크지 않다는 점을 알 수 있습니다. 따라서 이러한 팩터에 대한 노출을 이해하고 관리하는 일은 단기적인 전술적 대응보다 포트폴리오의 전략적 포지셔닝 측면에서 훨씬 더 중요합니다.

5.4 핵심 정리 *(Takeaway Messages)*

> 많은 팩터 모델에서 공통적으로 중요하게 여겨지는 팩터는 다음과 같다.
>
> - 시장 팩터: 국가, 베타, 변동성
> - 산업 팩터: 일반적으로 외부 분류(예: GICS)에 기반하며, 경우에 따라 맞춤형 소규모 팩터 세트가 사용되기도 함.
> - 기술적 팩터: 모멘텀과 반전
> - 밸류에이션 팩터: 가치와 성장
> - 내생적 팩터: 공매도 잔량, 헤지펀드 보유 비중
>
> 이러한 팩터는 각각 고유한 특성을 지니고 있으며, 상호 간뿐만 아니라 거시경제 변수와도 밀접한 관계가 있다.

6장
알파 사이징을 위한
효과적인 경험 법칙 적용
Use Effective Heuristics for Alpha Sizing

📝 무엇을 배우게 될까요?

단일 종목 투자 전략을 통해 위험조정수익률을 극대화하는 방법과 시장 환경 변화에 따라 포트폴리오 규모를 조정하는 방법에 대해서도 함께 논의합니다.

📝 왜 필요할까요?

여러분의 목표는 어떤 시장 상황에서도 유연하게 대응하며 수익을 최대화하는 것입니다. 이 장에서는 수익성을 높이는 방법을 다루고, 이후의 장에서는 회복력을 강화하는 데 중점을 둘 것입니다.

📝 언제 필요할까요?

매일 필요합니다.

에드워드 소프(Ed Thorp)와 짐 사이먼스(Jim Simons)는 현존하는 가장 성공적인 퀀트 투자자로 알려져 있습니다. 소프는 자서전 『A Man for All Markets(한국어판 제목: 나는 어떻게 시장을 이겼나)』를 집필했으며, 사이먼스는 『The Man Who Solved The Market(한국어판 제목: 시장을 풀어낸 수학자)』이라는 전기의 주인공입니다. 이 책들은 두 거장이 고안한 투자 과정의 구체적인 기법을 상세히 다루지는 않지만, 행간에서 중요한 메시지를 읽을 수 있습니다. 즉, 넓은 의미에서 알파(매수 및 매도 신호)는 특히 주식 시장에서 압도적인 수익을 내기에 불충분하다는 점입니다. 사이먼스가 이끄는 르네상스 테크놀로지는 알파 신호를 비교적 이른 시기에 식별했지만 이 신호들이 수익을 창출하기까지는 수년이 걸렸습니다. 이 회사 전략의 샤프비율이 통상적으로 양호하다고 평가되는 수준인 2를 넘어 6에 이르는 수준까지 도약한 것은 2000년대 초반에 들어서였습니다. 이러한 질적 도약이 가능했던 것은 포트폴리오 구성 덕분이었습니다.

포트폴리오 구성은 다양한 입력값을 바탕으로 실행 가능한 포트폴리오를 만들어내는 과정입니다. 여기에는 종목별 기대수익률, 거래 비용, 리스크 모델, 투자자의 위험 허용 범위와 수익 목표 등이 포함됩니다. 이러한 과정의 결과물은 포트폴리오이며, 일간 또는 주간 단위로 업데이트됩니다. 일부 퀀트 운용자들은 매분 또는 매초 단위로 리밸런싱하기도 합니다. 이 과정이 효과적으로 작동하려면 원칙에 기반하고, 규칙 중심이며, 자동화되고, 효율적이어야 합니다. 실제로 이러한 포트폴리오 구성 능력은 퀀트 투자자에게 있어 가장 강력한 경쟁 우위로 작용합니다.

펀더멘털 투자자는 퀀트처럼 수천 개의 종목을 초 단위로 사고팔지는 않습니다. 그렇다면 포트폴리오 구성이 이들에게도 과연 중요할까요? 정답은 '그렇다', 그것도 매우 중요하다는 것입니다. 좋은 아이디어만으로는 충분하지 않습니다. 아이디어가 잘 작동할 때 최대한 활용하고, 그렇지 않을 때에도 살아남기 위해서는 명확한 원칙과 규칙이 필요합니다. 다행히 이러한 원칙은 학습이 가능하며, 각자의 투자 스타일에 맞게 조정하여 적용할 수 있습니다. 물론 펀더멘털 투자자는 퀀트 투자자처럼 자동화와 속도를 중시하지 않지만, 자동화 도구는 보완적으로 활용될 수 있습니다. 이 장에서는 복잡한 최적화 기법이나 자동 거래 시스템 없이도, 일반적인 분석 도구만으로 실전에서 적용할 수 있는 포트폴리오 운용 규칙을 소개합니다. 이러한 단순한 접근 방식은 장점이 많고 단점은 거의 없습니다. 특히 자신의 포트폴리오가 어떤 베팅을 하고 있는지 항상 명확히 파악할 수 있으며, 성과가 기대와 다를 경우 그 원인을 빠르게 진단하고 조정할 수 있다는 점에서 매우 실용적입니다.

펀더멘털 포트폴리오 매니저의 일상은 끊임없는 학습의 연속입니다. 운용 프로세스가 잘 갖춰질수록 학습 속도는 빨라지고, 구조가 투명할수록 실수를 줄이며 빠르게 대응할 수 있습니다. 그러나 일부 사람들은 이렇게 질문할 수 있습니다. "굳이 포트폴리오 최적화나 복잡한 기법까지 배워야 할까요? 몇 가지 경험 법칙만으로도 충분하지 않을까요?" 이 질문은 전체 포트폴리오 매니저 중 80%, 어쩌면 90%에게 해당될 수 있습니다. 실제로 이들에게는 복잡한 최적화보다 경험 법칙이 더 효과적일 수도 있습니다.

하지만 투자 규모가 커질수록 두 가지 문제에 직면하게 됩니다. 첫째는 '효율성'의 문제입니다. 시장의 효율성이 높아지거나 거래 비용이 상승하면 수익률이 점점 줄어들어 작은 이익조차 중요해집니다. 이럴수록 체계적인 투자 프로세스가 수익을 유지하는 데 결정적인 역할을 합니다. 둘째는 '인지적 비용'의 문제입니다. 전략이 복잡해지고 커버해야 할 종목 수가 늘어나며 리스크 관리 기준이 엄격해질수록 포트폴리오 구성에 더 많은 시간과 사고력이 요구됩니다. 그 결과 알파 리서치에 할애할 수 있는 시간이 줄어들게 됩니다. 그러나 이러한 문제들은 운용 프로세스가 성숙해지고 있다는 긍정적인 신호이기도 하며, 이 장의 마지막에 소개되는 참고 섹션에서 이 주제를 더욱 자세히 다룰 예정입니다.

성공적인 포트폴리오 운용을 위해 필요한 세 가지 핵심 요소는 다음과 같습니다. 첫째, 투자 대상 주식의 기대수익률을 추정해야 합니다. 둘째, 포트폴리오에 내재된 리스크를 평가해야 합니다. 셋째, 전략이 감내할 수 있는 최대 위험 수준에 대한 명확한 가이드라인이 필요합니다. 이러한 가이드라인은 포트폴리오 구성 시 적용되는 제약 조건의 형태로 반영됩니다. 이 장에서는 첫 번째와 두 번째 요소를 중점적으로 다루고, 세 번째 요소는 7장에서 자세히 살펴보겠습니다.

6.1 샤프비율 (Sharpe Ratio)

이 책에서는 성과 평가를 위해 총 투자금 대비 수익 (Return on GMV, 보통 '수익'으로 줄여서 사용)과 샤프비율(Sharpe Ratio)을 주요 지표로 사용합니다. 수익은 9장에서 손절매 결정, 10장에서 레버리지 결정 논의의 핵심 역할을 합니다. 샤프비율(SR)과 정보비율(IR)[54]은 여러 장에서 반복적으로 등장하며 중요하게 다뤄집니다. 이번 절에서는 두 지표의 정의를 간단히 설명하고, 이 지표들이 포트폴리오 성과를 평가하는 데 적합한 이유를 살펴보겠습니다.

수익률 시퀀스 $r_1, r_2, ...$ 에 대해 샤프비율은 평균 수익률을 수익률의 변동성(표준편차)으로 나눈 값입니다.

$$\text{샤프비율} = \frac{(\text{평균 수익률})}{(\text{수익률 변동성})}$$

샤프비율은 단순한 수익률이 아니라 '위험조정수익률'을 보여주는 지표입니다. 변동성을 위험의 척도로 본다면, 샤프비율은 "변동성 1단위를 감수했을 때 얻을 수 있는 기대 수익이 얼마인가?"를 나타냅니다. 즉, 변동성을 n 단위 감수한다면 샤프비율은 그에 비례한 위험 대비 보상 수준을 알려주는 지표입니다. 그러나 이 정의에서 먼저 짚고 넘어가야 할 점은 샤프비율에 대한 해석입니다. 학계에서는 샤프비율을 무위험 수익률을 초과한 초과수익률(excess return)을 기준으로 계산합니다. 여기서 '무위험 수익률(risk-free rate)'이란 해당 전략의 투자 기간과 동일한 기간 동안 무위험 자산에 투자를 했을 때 얻을 수 있는 수익률을 말합니다. 중요한 예로 진 파마(Gene Fama)와 케네스 프렌치(Kenneth French)는 매월 리밸런싱되는 포트폴리오의 샤프비율을 평가할 때, 1개월 만기 미국국채(T-bill)를 무위험 수익률로 사

---

54 역자주: 정보비율은 'Information Ratio', 줄여서 'IR ratio'라고 부릅니다.

용합니다. 하지만 실무에서는 보통 무위험 수익률을 차감하지 않고 원수익률(raw return)을 사용해 샤프비율을 계산합니다. 실무에서 이 방식을 고수하는 데에는 몇 가지 이유가 있습니다. 첫째, 계산과 해석이 단순하고 직관적이어서 투자자와의 커뮤니케이션에 유리하며, 둘째, 운용 전략에 명확한 리밸런싱 주기가 존재하지 않기 때문입니다. 많은 펀더멘털 매니저들은 리밸런싱을 정기적으로 수행하지 않거나, 주기가 너무 짧아 무위험 수익률을 차감하더라도 전체 수익률 계산에 미치는 영향이 미미합니다. 마지막으로, 무위험 자산의 존재 자체가 모호하기 때문에 학계에서도 무위험 자산의 존재를 전제하지 않는 이론들이 다수 제시되고 있습니다.

정보비율은 전통적으로 벤치마크 수익률 ($r_1^b, r_2^b, ...$)을 기준으로 정의됩니다.[55] 즉, 전략의 원래 수익률 시퀀스 대신 초과수익률 시퀀스 ($r_1 - r_1^b, r_2 - r_2^b, ...$)를 사용합니다. 많은 투자 펀드가 벤치마크를 초과하는 수익률을 목표로 하기 때문에, 정보비율은 위험조정수익률을 상대적으로 평가하는 데 적합한 지표로 여겨집니다. 따라서 이 정의는 앞으로도 개인 및 기관 투자자가 지수 연동 펀드의 성과를 평가하는 주요 기준으로 활용될 것입니다.

그러나 실무자들은 '잔차수익률(residual returns)'로 계산된 샤프비율을 '정보비율'이라는 용어로 부르는 경우가 많습니다. 원래 정보비율은 일반적으로 하나의 벤치마크 수익률에 대한 초과수익률을 기반으로 계산되는 지표입니다. 하지만 이 정의는 수익률에 영향을 미치는 요인이 단일 벤치마크가 아니라 여러 팩터인 경우에도 자연스럽게 확장될 수 있습

---

55 [Grinold and Kahn, 1999]

니다. 이들 팩터 간에는 우선순위가 없으며, 모든 팩터의 수익률은 총수익률에서 차감되어야 합니다. 또한, 완전한 헤징이 이루어질 경우 포트폴리오의 수익률은 개별 수익률과 동일해집니다.

$$\text{샤프비율} = \frac{(\text{평균 잉여 수익률})}{(\text{잉여 수익률 변동성})}$$

샤프비율은 왜 이렇게 널리 사용되고 중요할까요? 그 이유는 이 지표가 직관적으로 이해하기 쉽기 때문입니다. 보통 총투자금액(GMV) 대비 수익률은 자본을 얼마나 효율적으로 활용했는지를 보여줍니다. 하지만 실제 투자에서 정말로 부족한 자원은 자본이 아니라 '위험을 감수할 수 있는 여력'입니다. 따라서 어떤 전략이 높은 샤프비율과 낮은 위험/GMV 비율을 가진다면, 해당 전략은 레버리지를 활용해 기대수익률을 높일 가능성이 있다는 뜻입니다. 실제로 펀더멘털 투자 외에도, 높은 샤프비율과 낮은 위험/총투자금액(GMV) 비율을 가진 상대가치 전략(relative-value strategies)은 다양하게 존재합니다. 그러나 이런 전략들은 레버리지를 사용할 수 없다면, 즉 담보를 제공하고도 충분히 낮은 금리로 자금을 조달할 수 없다면 실행 자체가 불가능했을 것입니다. 하지만 현실에서는 이러한 전략들이 실제로 사용되고 있으며, 상당히 높은 수익을 내는 경우도 많습니다.

마지막으로, 샤프비율의 분모인 변동성이 위험과 동일하지 않다는 반론이 제기될 수 있습니다. 3.4.1 절에서 다룬 것처럼 이러한 지적은 일리가 있습니다. 사실 위험을 정의하고 측정하는 방법은 매우 다양해서, 이 주제만으로도 책 한 권을 쓸 만큼 방대합니다.[56] 게다가 샤프비율 자체도 여러 비판을 받아왔습니다. 예를 들어, 수익이 클 때의 변동성과 손실이 클 때의 변동성을 구분하지 못하고, 사람들이 일반적으로 선호하는 투자 방식(손실을 피하고 이익을 추구하는 방식)을 제대로 반영하지도 못합니다. 그래서 이를 보완하기 위해 여러 위원회가 꾸려졌고, '궤양지수(ulcer index)'[57]처럼 이름이 독특한 대체 지표들이 제안되었지만, 대부분의 제안은 결국 대부분 실무에서 채택되지 못했습니다. 금융계의 유명한 인물이나 이론은 등장했다가 금방 잊히지만, 변동성과 샤프비율은 앞으로도 여전히 쓰일 것입니다. 변동성은 완벽하지는 않지만 위험을 비교적 잘 나타내는 도구이며, 샤프비율 역시 부족한 점이 많지만 여전히 실용적인 성과 지표로 받아들여지고 있습니다.

6.2 기대수익률 추정 (Estimating Expected Returns)

포트폴리오 구성의 첫 번째이자 가장 중요한 단계는 펀더멘털에 대한 확신을 실제 금액 포지션으로 전환하는 일입니다. 이 과정은 투자자마다 접근 방식이 다르며, 업종이나 기업의 특성에 따라 매우 다양하게 이루어질 수 있습니다. 이러한 의사결정에 영향을 미치는 주요 요인은 다음과 같습니다.

- 기업별 세부 모델을 활용해 산출한 비용 및 수익 전망
- 거시경제 전망

---

56 [McNeil et al., 2005; Bacon, 2005]
57 [Martin and McCann, 1989]

- 투자자 심리와 잠재적인 거시경제 위험
- 기업 경영진과의 미팅에서 얻은 인사이트
- 산업 구조 변화에 대한 장기적인 인사이트

여기서 중요한 점은 수익률이 (a) 개별 종목 수익률(idiosyncratic returns)로 표현되어야 하며, (b) 기대값 형태로 나타나야 하고, (c) 모든 분석 대상 종목에 대해 동일한 투자 기간을 기준으로 해야 한다는 것입니다. 이제 각 항목에 대해 살펴보겠습니다.

> **인사이트 6.1 기대수익률에 대해 생각해보기**
>
> 주식 수익률을 고려할 때는, 개별 수익률(idiosyncratic returns)과 팩터 수익률(factor returns)을 구분해야 합니다. 중요한 점은 주식의 수익률을 단순히 절대적인 성과로 보는 것이 아니라, 해당 주식이 속한 시장과 산업 평균과 비교하여 상대적인 수익률을 분석하는 것입니다.

첫째, 수익률 전망은 반드시 개별 종목 고유의 수익률(idiosyncratic return)을 기준으로 해야 합니다. 즉, 어떤 종목에 투자할 때 실제로 그 기업 자체에 베팅하는 것인지, 아니면 업종, 국가, 스타일(예: 고성장주)에 간접적으로 베팅하고 있는 것인지 신중히 판단해야 한다는 뜻입니다. 이를 어떻게 생각해볼 수 있을까요? 예를 들어, 현재 주가가 53달러인 기업이 있고, 6개월 뒤 74달러까지 오를 것으로 예상된다면, 예상 수익률은 약 +40%입니다. 그렇다면 먼저 이런 질문을 던져야 합니다. '이건 내가 이 기업에 대해 낙관적인 것인가, 아니면 업종 전체가 오를 거라고 보는 건가?' 여러분이 분석하는 같은 업종 내 다른 종목들에 대해 평균적으로 어느 정도 상승을 기대하고 있는지를 살펴보면, 자신이 업종 전체에 대해 얼마나 낙관적인지 대략적인 감을 잡을 수 있습니다. 혹은 아예 해당 업종 전체에 대해 6개월 후 수익률 전망을 따로 정할 수도 있습니다. 예를 들어, 업종 전체에 대한 여러분의 기대수익률이 +15%라면, 해당 종목에 대한 순수한 알파는 +25%, 즉 +40%에서 업종 상승분을 뺀 수치가 됩니다. 물론, 스타일이나 업종, 국가 팩터에 노출이 있다고 해서 반드시 잘못된 투자는 아닙니다. 실제로 포트폴리오를 팩터 기준으로 분석하면, 숨겨진 팩터 노출과 위험 요인들이 드러나므로, 포트폴리오 전체의 리스크 구조를 체계적으로 조정할 수 있습니다. 바로 이것이 팩터 모델을 사용하는 중요한 이유 중 하나입니다. 다만, 종목을 고를 때는 그 주식의 수익이 진짜 '알파'인지 따져봐야 합니다. 여기서 말하는 알파는 그 기업이 시장이나 업종보다 얼마나 더 좋은 성과를 낼 것인가를 뜻합니다. 균형 잡힌 포트폴리오[58]에서는 특정 종목이 어떤 팩터에 노출되어 수익을 내더라도, 다른 종목이 그와 반대의 팩터 노출로 손실을 내면서 포트폴리오의 전체적인 손익이 서로 상쇄됩니다. 업종이나 스타일 같은 팩터에서 발생한 수익은 진짜 알파라기보다는 오히려 '노이즈(잡음)'에 가깝습니다.

둘째, 수익률 전망은 '기대값'을 기준으로 해야 합니다. 일반적으로 투자자들은 여러 시나리오를 가정한 뒤, 각 시나리오에 주관적인 확률을 부여합니다. 그런 다음, 각 시나리오에서 해당 종목이 얼마나 수익을 낼지를 추정합니다. 이렇게 계산된 수익률에 확률을 곱한 후 모두 더한 값이 바로 기대수익률이며, 이 값이 포트폴리오 구성에 반영되어야 할 수

---

[58] 시장·업종·스타일 등 시스템 리스크의 영향이 작도록 여러 종목으로 구성된 포트폴리오

치입니다. 셋째, 모든 종목의 기대수익률은 동일한 투자 기간을 기준으로 환산해야 합니다. 예를 들어 어떤 종목은 1개월, 다른 종목은 6개월 후 수익률을 기준으로 하고 있다면, 이들을 비교하려면 모두 동일한 기간(예: 3개월)으로 조정해야 합니다. 만약 3개월을 기준으로 정했다면, 각 종목의 기대수익률에 (3개월 ÷ 해당 종목의 투자 기간)을 곱해 조정합니다.[59] 물론 3개월이라는 기준 자체는 임의적일 수 있지만, 여러 종목의 예상 수익률을 비교할 때는 기준을 일관되게 맞추는 것이 중요합니다. 특히, 장기 수익률 전망은 단기 수익률보다 보수적으로 조정하는 것이 일반적입니다. (절차 6.1 참조)

> **절차 6.1 기대수익률 추정**
>
> 각 주식에 대해 다음과 같은 절차를 따릅니다.
>
> 1. 투자 기간 T와 그 기간의 목표 주가를 정합니다.
>
> 2. 해당 기간의 예상 총 수익률을 계산합니다. r_{total} = (예상 주가) / (현재 주가) − 1
>
> 3. 동일 기간 동안의 업종 기대수익률 r_{industry}를 추정합니다.
>
> 4. 순수 알파(개별 기대수익률) $r_{\text{idio}} = r_{\text{total}} - r_{\text{industry}}$를 추정합니다.
>
> 5. 이제 모든 종목의 기대수익률을 같은 기간 기준으로 맞춰줍니다. $\alpha = \tilde{r} / T$

---

[59] 예를 들어, 종목 A의 기대수익률이 6개월간 +10%, 종목 B는 1개월간 +2%라고 할 때, 두 종목의 수익률을 3개월 기준으로 비교하려면 단리 기준으로 비례 조정하면 됩니다. 종목 A는 +10% × 3/6=+5%, 종목 B는 +2% × 3/1= +6%가 되어 종목 B의 기대수익률이 더 높다고 판단할 수 있습니다.

6.3 위험 기반 비중 결정 (Risk-Based Sizing)

아이디어를 실제 투자 포지션으로 옮기려면 여러 현실적인 문제를 함께 고려해야 합니다.

- **주식의 수익률에는 리스크가 따릅니다.**

    예를 들어, A 주식의 기대수익률이 1년 기준으로 15%이고, B 주식은 10%라고 가정해 봅시다. 하지만 A 주식의 연간 변동성은 30%이고, B 주식은 15%입니다. 이처럼 수익률뿐만 아니라 위험(변동성) 정보도 함께 고려해야 할 때, 포지션 크기를 어떻게 정해야 할까요?

- **주식은 포트폴리오의 일부입니다.**

    대부분 새로운 투자 아이디어는 기존 포트폴리오에 편입됩니다. 그렇다면 기존 포트폴리오의 구성은 새로 편입할 종목의 크기 결정에 어떤 영향을 미쳐야 할까요?

- **수익률에 대한 판단은 정확하지 않을 수 있습니다.**

    예를 들어, A 주식이 B 주식보다 더 좋은 기회라고 생각했지만, 과거 데이터를 분석해 보니 판단의 정확도가 동전 던지기 수준(50%)에 불과했습니다. 실제로는 기대 수익이 낮다고 판단했던 종목이 더 나은 성과를 낸 경우도 절반이었습니다. 이러한 사실은 포지션 결정에 어떤 영향을 미쳐야 할까요?

- **위험 자체도 정확하게 측정되지 않습니다.**

    만약 리스크 예측에 오차가 있다면, 이 오차는 포지션 사이징에 어떤 영향을 미칠까요?

- **그리고 마지막으로, 가장 중요한 질문은 이것입니다.**

  '당신의 투자 목표는 무엇인가요?'

우선 마지막 질문부터 시작해 봅시다. 만약 여러분의 목표가 기대수익률을 최대화하는 것이고, 그 기대수익률 예측이 정확하다면, 투자 결정은 매우 단순해질 것입니다. 기대수익률이 가장 높은 종목 하나에만 전부 투자하면 됩니다. 물론 이런 단순한 논리만 믿고 투자하는 사람이라면 이 책을 가장 열심히 읽어야겠지만, 안타깝게도 정작 그런 사람은 책을 살 돈조차 없을지도 모릅니다. 참 아이러니하죠. 두 번째 의사결정 기준은 '기대수익률을 최대화하되, 감당 가능한 최대 리스크(포트폴리오 변동성) 내에서만 투자하자'는 접근입니다. 얼핏 보기에는 무난하고 합리적으로 보이지만, 이 기준은 전혀 다른 투자 규칙을 만들어냅니다. 어떤 규칙은 이론상으로 옳고 사전에 봐도 타당하지만, 실제로 적용해 보면 결과가 좋지 않을 수 있습니다. 이제부터 가장 단순한 규칙부터 가장 복잡한 규칙까지 하나씩 살펴보며, 각각의 장단점을 설명해 보겠습니다. 참고로 여기서는 주식 간 상관관계가 없다고 가정합니다. 이렇게 하면 수식이 간단해지기도 하고, 지금 논의 중인 개별 종목 수익률(idiosyncratic return)에 초점을 둔 모델에서는 이러한 가정이 실제로 타당하기 때문입니다.

우리는 포지션 사이징 규칙을 세 가지 기준에 따라 선정했습니다. 첫째는 단순성입니다. 규칙은 입력값이 최대 두 개, 즉 기대수익률과 변동성만 있으면 충분하며, 이 둘을 간단한 비율로 조합합니다. 둘째는 실용성입니다. 이 규칙들은 기본적 분석 투자자들 사이에서 널리 쓰이지 않더라도, 최소한 퀀트 투자자들 사이에서는 널리 사용되고 있어야 합니다. 마지막으로는 원칙에 기반한 접근이어야 한다는 점입니다.

비례 배분 규칙 (The Proportional Rule)

가장 단순한 규칙은 비례 배분 규칙입니다. 이 규칙은 매수 또는 매도 방향만을 기준으로 포트폴리오를 구성합니다. 필수적인 정보만 활용하며, 확신의 정도나 주식의 변동성은 전혀 고려하지 않습니다. 이보다 더 단순한 형태로는 '1/N' 규칙이 있습니다. 이 규칙은 매수와 매도 종목의 수가 N개일 때, 각 종목에 동일한 비중으로 투자하는 방식입니다. 이 규칙은 [DeMiguel et al., 2009]에서 자세히 분석된 바 있습니다.

리스크 패리티 규칙 (Risk Parity, RP)

이 전략은 각 종목의 총투자금액(Gross Market Value)을 동일하게 맞추는 대신, 각 종목이 기여하는 달러 기준 변동성(고유 변동성)이 서로 같도록 포지션 크기를 조정하는 방식입니다. 즉, 다음과 같은 관계를 만족해야 합니다.

$$(GMV)_i \times (개별\ 변동성\ \%)_i = 상수\ (일정한\ 값)$$

위의 식은 쉽게 말해서 각 종목에 투자할 금액이 그 종목의 고유 변동성의 역수에 비례한다는 의미입니다. 따라서 변동성이 낮은 종목에는 더 많은 금액을, 변동성이 높은 종목에는 더 적은 금액을 배분하여 모든 종목이 포트폴리오에 기여하는 위험 수준을 동일하게 맞추는 것입니다. 그리고 투자 방향(매수 또는 매도)은 주가 전망에 따라 결정되며, 상승이 예상

되면 매수(롱), 하락이 예상되면 매도(숏)를 선택합니다.[60]

평균-분산 (Mean-Variance, MV) 최적화 규칙

만약 우리가 주식에 대해 롱 또는 숏 포지션을 취하고, 특정 기대수익률을 충족하는 포트폴리오를 구성하면서 개별 변동성을 최소화하고자 한다면, 단일 포지션은 주식의 개별 변동성의 역수에 비례한다고 볼 수 있습니다.[61]

수축된 평균-분산 (Shrinked Mean-Variance, SMV) 최적화 규칙

여기서 한 발 더 나아가 개별 변동성을 약간 조정(수축)하여 사용하는 방식도 있습니다. 예를 들어, 특정 종목의 개별 변동성과 업종 평균 개별 변동성을 적절히 혼합해 평균화한 값을 활용하는 것입니다. 예를 들어, 수축 비율(shrinkage)이 25%라면, 해당 종목의 개별 변동성 75%와 업종 평균 25%를 반영해 계산합니다. 이를 통해 개별 종목의 변동성이 지나치게 크거나 작을 때 발생하는 왜곡을 줄일 수 있습니다. 그러나 실제로 이 방식은 리스크 패리티나 비례 규칙에 비해 샤프비율이 낮은 경우가 많습니다. 이 접근법에 대한 자세한 설명은 부록 11.3.2절에 나와 있습니다.

---

60 [Choueifaty and Coignard, 2008; Jurczenco, 2015]
61 [Markowitz, 1959]

> **절차 6.2 알파를 포지션 크기로 변환하는 방법**
>
> 여러분의 투자 대상 목록에 포함된 각 종목에 대해 기대수익률 α, 개별 변동성 σ, 해당 섹터의 평균 개별 변동성 σ_{sector}, 그리고 0과 1 사이의 수축 계수(shrinkage) p가 주어졌다고 가정해 봅시다. 아래의 방법 중 하나를 선택하여 해당 종목의 목표 순투자금액(NMV, Net Market Value)을 설정할 수 있습니다.
>
> 1. 비례(Proportional) 규칙: $NMV = \kappa \alpha$
> 2. 리스크 패리티(Risk Parity) 규칙: $NMV = \kappa \alpha / \sigma$
> 3. 평균-분산(Mean Variance) 최적화 규칙: $NMV = \kappa \alpha / \sigma^2$
> 4. 수축된 평균-분산(Shrinked Mean Variance) 최적화 규칙:
>
> $$NMV = \kappa \alpha / [p\sigma^2 + (1-p)\sigma^2_{sector}]$$
>
> 여기서 κ(카파)는 포트폴리오의 총투자금액(GMV) 또는 포트폴리오 전체 변동성이 사전 정한 목표를 충족하도록 조정하는 상수입니다.

6.4 ★ 포지션 크기 결정 규칙에 대한 실증 분석
(Empirical Analysis of the Sizing Rules)

1960년대 중반 이후, 평균-분산(MV) 최적화 포트폴리오는 금융 이론의 핵심으로 자리 잡았으며, 많은 사람들이 이를 비판 없이 받아들였습니다. 실제로 이 이론의 창시자인 마코위츠(Markowitz) 자신도 1968년 Arbitrage Management Company를 설립해 자신이 만든 이론을 실전에 적용했지만, 결과는 실패로 끝났고 회사는 3년 만에 문을 닫았습니다. 이일화는 금융 업계에서 하나의 전설처럼 회자되고 있습니다. 평균-분산 최적화가 직관에 반하는 자산 배분 결과를 초래했으며, 결국 마코위츠 본인도 자산을 균등 비중(equal weighting)으로 배분하는 방식으로 돌아섰던 것으로 알려져 있습니다. 이후에도 많은 실무자들이 MV 포트폴리오에서 직관과 동떨어진 자산 배분과 실망스러운 성과를 경험했습니다. 실제로 1971년과 1980년의 연구들에서도 수익률 예측의 추정 오차(estimation error)가 MV 방식에 심각한 문제를 일으킬 수 있다는 점이 지적되었습니다.[62]

이 문제를 직관적으로 이해하려면, 아주 단순한 사례를 생각해보는 것이 도움이 됩니다. 예를 들어, 여러분의 투자 대상에 100개의 주식이 있고, 모든 종목의 변동성이 동일하며, 수익률 간 상관관계도 전혀 없다고 가정해 봅시다. 이제 지난 6개월간의 일별 수익률 데이터를 바탕으로 변동성을 추정한 후, MVO 규칙을 적용해 포지션 크기를 결정하면, 이론적으로는 모든 주식에 거의 동일한 비중이 할당되어야 합니다. 하지만 그림 6.1의 모의 실험 결과를 보면, 평균적으로 약 9%의 과대 또는 과소 비중이 발생했으며, 무려 11개의 종목이 20% 이상 과대 또는 과소하게 할당되었습니다. 특히, 비중이 과도하게 높게 나온 종목일수록 추정 오차가 더 컸던 것으로 나타났습니다.

---

62 [Frankfurter et al., 1971, Jobson and Korkie, 1980]

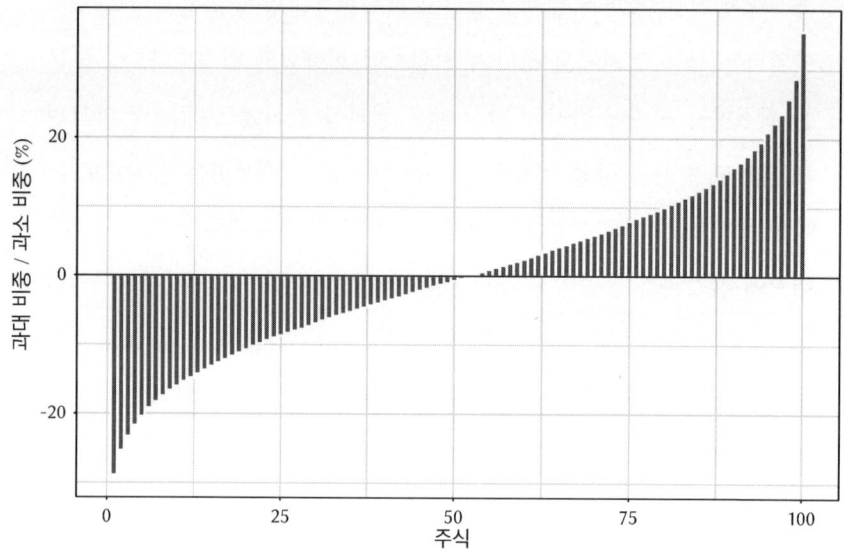

그림 6.1 시뮬레이션 포트폴리오의 종목 비중

  수익률이 정규분포를 따르고, 서로 독립적이며, 시간이 지나도 변하지 않는 상황은 가장 이상적인 시나리오입니다. 그러나 실제 시장은 훨씬 더 복잡하게 움직입니다. 자산 수익률은 꼬리가 두껍고(heavy-tailed), 시장 국면이 바뀌며, 변동성도 시기마다 다릅니다. 이처럼 복잡한 현실에서 특정 종목의 변동성을 과소 추정하면, 해당 종목이 안전 자산으로 간주되어 포트폴리오 내에서 지나치게 큰 비중을 차지하게 됩니다. 따라서 포트폴리오 전체가 일부 종목에 과도하게 집중되면서 위험이 제대로 분산되지 않는 문제가 발생할 수 있습니다. 이러한 이유로 우리는 현실적인 조건에서 포트폴리오 전략의 성과를 비교해볼 필요가 있습니다. 이를 위해 간단한 실험을 수행했습니다. 1998년부터 2019년까지의 개별 종목 수익률 데이터를 사용했으며, 러셀 3000 지수(Russell 3000) 구성 종목 중 최근 한 달간 평균 일일 거래대금이 200만 달러 이상인 종목만 분석 대상으로 삼았습니다. 이 22년의 투자 기간을 1개월 단위의 투자 구간으로 나눈 뒤 매월 초마다 섹터별로 알파 시그널(alpha signals)[63]을 생성했습니다. 이 시그널은 실제 다음 달 수익률과 단면적으로 약 5%의 상관관계를 갖도록 설정했습니다.

알파 시그널을 생성하는 방법은 다양하지만, 본 실험에서는 두 가지 방식을 채택했습니다.

1. 정규분포에서 무작위로 추출한 알파 시그널

실제 포트폴리오 매니저들이 만들어내는 알파 시그널은 통계적으로 정규분포를 따른다고 가정할 수 있습니다.[64]

2. 단순 매수/매도 시그널

시그널 값이 +1 또는 -1 인 가장 단순한 형태로, 종목을 단순히 매수할지 또는 매도할지만 판단합니다. 이 방식은 투자자가 얼마나 강하게 확신하는지는 전혀 고려하지 않습니다.

우리는 50개, 100개, 200개의 종목으로 구성된 포트폴리오를 만들고 앞서 6.3절에서 정의한 네 가지 규칙(비례 배분, 리스크 패리티, 평균-분산, 수축된 평균-분산)을 적용해 투자 비중을 결정했습니다.[65] 그리고 각 포트폴리오의 총투자금액(Gross Market Value)은 1로 고정했습니다. 이후 각 산업

---

63 역자주: 특정 종목이 앞으로 시장보다 더 높은 수익을 낼 것이라는 예측을 수치로 나타낸 투자 신호입니다.
64 역자주: 대부분 종목에 대해서는 중간 정도의 확신을 갖고 투자 판단을 내리며, 아주 강한 확신이나 약한 확신은 드물게 나타난다는 뜻입니다.
65 우리는 포트폴리오의 변동성을 1로 설정한 테스트도 수행했으며 비슷한 결과를 얻었습니다. 간략한 설명을 위해 해당 결과는 생략합니다.

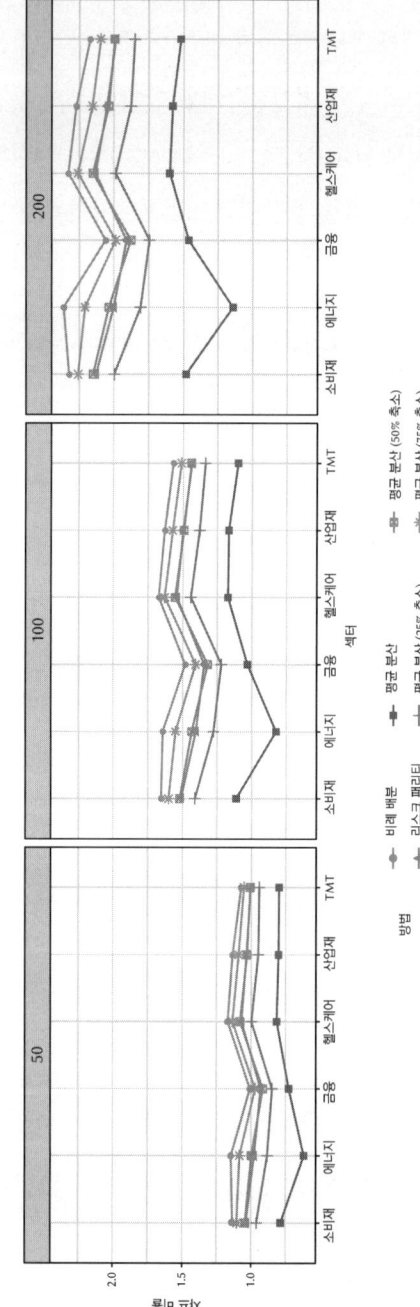

그림 6.2 정규분포 시그널을 사용해 구성한 50개, 100개, 200개 종목의 섹터 기반 포트폴리오에 대해 실험된 샤프 비율

※ TMT: 기술(Technology), 미디어(Media), 정보통신(Telecom)

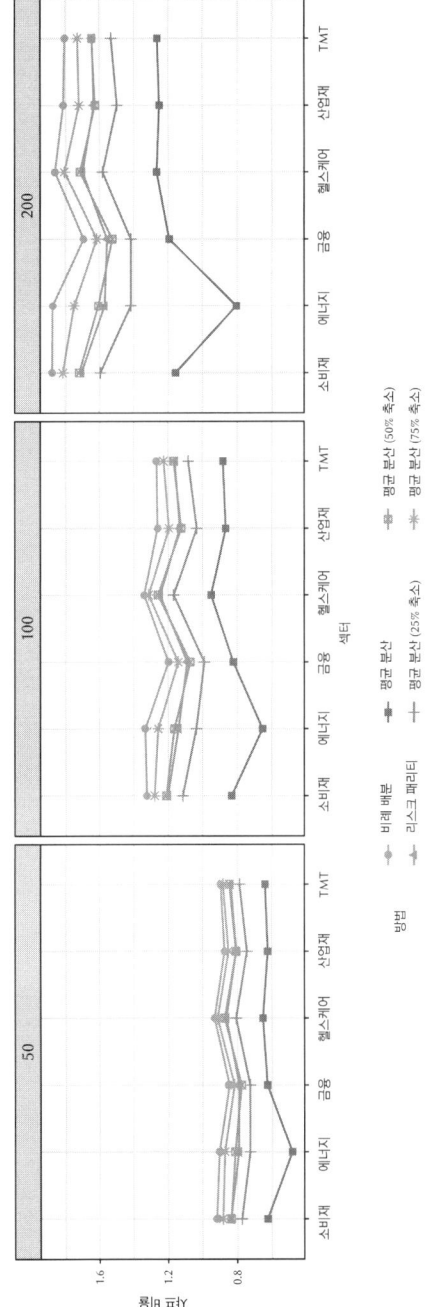

그림 6.3 매수/매도 시그널을 사용해 구성한 50개, 100개, 200개 종목의 섹터 기반 포트폴리오에 대해 실현된 샤프 비율

※ TMT: 기술(Technology), 미디어(Media), 정보통신(Telecom)

(섹터)별로 포트폴리오들의 샤프비율(Sharpe Ratio)을 계산하고, 이 실험을 다양한 알파 시그널을 바꿔가며 여러 번 반복해 평균 샤프비율을 구했습니다. 정규분포 기반 시그널 결과는 그림 6.2에, 단순 매수/매도 시그널 기반 결과는 그림 6.3에 제시되어 있습니다. 두 경우 모두 산업군이나 포트폴리오 규모(종목 수)에 상관없이 결과는 일관되게 나타났습니다. 가장 단순한 방식인 비례 배분 규칙(Proportional Allocation Rule)이 다른 방식들보다 더 나은 성과를 보였으며, 그다음은 평균-분산(수축 75%), 평균-분산(수축 50%), 리스크 패리티, 평균-분산(수축 25%), 그리고 마지막으로 평균-분산(기본형, 수축없음) 순이었습니다.

표 6.1은 각 포지션 사이징 방법이 섹터별로 얼마나 좋은 성과를 냈는지를 수치로 정리한 표입니다. 이 결과는 두 가지 측면에서 특히 주목할 만합니다. 첫째, 알파(기대수익률)의 크기를 포지션 크기에 어떻게 반영하느냐에 따라, 포트폴리오의 위험조정수익률(샤프비율)에 큰 영향을 미칠 수 있다는 점입니다. 선택한 방식에 따라 샤프비율이 10%에서 많게는 30%까지 차이가 날 수 있습니다. 둘째, 평균-분산(MV) 방식의 단순한 적용이 실제로는 매우 낮은 성과를 낸다는 사실입니다. 정규분포 기반 시그널과 단순 매수/매도 시그널 모두에서, 평균-분산 방식의 샤프비율은 각각 34%와 35%에 그쳤습니다. 반면, 섹터 평균 변동성에 75%의 가중치를 부여해 수축시킨 평균-분산(Shrinked MV) 방식은 비례 배분(Proportional) 방식과 매우 비슷한 성과를 보였습니다. 왜 이런 차이가 생겼을까요? 한 가지 가능성은 변동성 예측의 오차 때문이라는 것입니다. 이 가설을 검증하기 위해, 우리는 예측값 대신 실제 해당 월에 실현된 변동성을 사용해 실험을 진행했습니다(절차 6.2 참조). 변동성을 미리 알고 포

트폴리오를 구성해도, 그 결과는 표 6.1과 큰 차이가 없었습니다(표 6.2 참조). 이 실험을 통해 우리는 평균-분산(MV) 방식의 낮은 성과가 단순한 변동성 추정 오차 때문이 아니라 '변동성 스케일링(volatility scaling)' 방식 자체의 구조적 한계 때문일 수 있다는 사실을 알게 되었습니다. 이러한 현상을 정확히 파악하기 위해서는 단순히 과거 데이터를 분석하는 것만으로는 부족하며, 투자 대상 종목들의 변동성 차이를 직접 조절할 수 있는 실험 환경을 만들어 테스트해야 했습니다.

방법	알파		손실	
	정규분포	동일비중	정규분포	동일비중
비례 배분	1.61	1.29		
평균 분산 (75% 수축)	1.55	1.23	-4%	-4%
평균 분산 (50% 수축)	1.46	1.17	-9%	-9%
리스크 패리티	1.46	1.16	-9%	-10%
평균 분산 (25% 수축)	1.34	1.07	-16%	-17%
평균 분산	1.07	0.83	-34%	-35%

표 6.1 100개 종목 포트폴리오를 대상으로, 예상 변동성에 기반한 다양한 규칙별 샤프비율 비교

방법	알파		손실	
	정규분포	동일비중	정규분포	동일비중
비례 배분	1.61	1.29		
평균 분산 (75% 수축)	1.45	1.16	-10%	-10%
평균 분산 (50% 수축)	1.33	1.06	-18%	-18%
리스크 패리티	1.30	1.04	-19%	-19%
평균 분산 (25% 수축)	1.19	0.95	-26%	-27%
평균 분산	0.86	0.68	-46%	-47%

표 6.2 100개 종목 포트폴리오를 대상으로 실현 변동성에 기반한 다양한 전략별 샤프비율 비교

다음은 그 원리를 설명하는 예시입니다. 먼저, 변동성이 25%로 동일한 100개의 주식으로 구성된 투자 자산군이 있다고 가정해 봅시다. 그리고

절반의 주식은 변동성이 40%, 나머지 절반은 10%인 또 다른 투자 자산 군을 가정해 보겠습니다. 두 경우 모두 각 종목에 대해 우리가 예측한 기대수익률이 있지만, 이 예측에는 평균적으로 약 5%의 오차가 있다고 가정합니다. 첫 번째 자산군은 모든 종목의 변동성이 같기 때문에, 기대수익률만을 기준으로 각 종목의 비중이 결정됩니다. 이 경우 예측 오차에 따른 손실은 모든 종목에서 동일하게 발생합니다. 반면, 두 번째 자산군에서는 상황이 달라집니다. 평균-분산 방식에서는 변동성이 낮은 종목일수록 비중이 과도하게 실리며, 오차 비용이 훨씬 더 커집니다. 예를 들어, 변동성이 10%인 종목에서 5%의 수익률 예측 오차가 발생하면, 그로 인한 손실은 변동성이 40%인 종목에서 같은 오차가 발생했을 때보다 훨씬 큽니다.

실제로 계산해보면, 첫 번째 자산군에서 평균-분산 규칙을 적용했을 때, 예측 오차로 인해 각 종목에 잘못 배분된 평균 순투자금액(NMV)의 비율이 0.8인데 반해, 두 번째 자산군에서는 이 비율이 2.65로 무려 332%나 증가합니다.[66] 이 결과는 변동성 스케일링 방식이 수익률 예측 오차에 매우 취약하다는 사실을 잘 보여줍니다.

요약하자면, 문제의 핵심은 변동성을 얼마나 정확히 예측했는가가 아니라, 기대수익률 예측이 틀렸을 때 그것이 얼마나 큰 영향을 주는가입니다. 특히, 종목마다 변동성이 서로 다를 경우 그 영향은 더 커집니다. 저는 이 점을 강조하기 위해 평균 변동성이 약 30%인 100개 종목을 대상으로 3년간 4,000번의 시뮬레이션을 진행했습니다. 각 시뮬레이션에서

---

[66] 첫 번째 자산군 자금 배분 비율을 계산하면 $0.05 \div 0.25^2 = 0.8$ 이며, 두 번째 자산군 자금 배분 비율은 $(1/2) \times 0.05 \div 0.10^2 + (1/2) \times 0.05 \div 0.40^2 = 2.65$ 입니다.

어떤 종목은 28%, 어떤 종목은 40%로 설정되는 등 종목들의 변동성은 서로 달랐습니다. 표 6.3의 첫 번째 열은 종목별 변동성 차이를 표준편차로 나타낸 것이며, 이 수치가 클수록 전체 종목들의 변동성이 더 다양하다는 뜻입니다. 각 종목의 변동성(분산)은 최근 약 3개월간(63 거래일) 수익률 데이터를 사용해 추정되었고, 포트폴리오의 전체 변동성은 1로 통일했습니다. 이에 따라 계산된 실현 샤프비율은 표 6.3의 두 번째 열부터 다섯 번째 열에 정리되어 있습니다.

주식의 표준편차	비례 배분	리스크 패리티	MV	MV_{exact}
0.0	3.5	3.5	3.5	3.5
7.8	3.5	3.4	3.0	3.1
13.0	3.4	3.0	2.1	2.1
33.8	3.3	2.5	1.1	1.2

표 6.3 서로 다른 비중 결정 방법을 사용한 시뮬레이션 결과 (MV = 평균-분산, MV_{exact} = 정확한 평균-분산)

각 포트폴리오에는 기존 평균-분산 방식 외에 또 다른 기준인 '정확한 평균-분산(MV_{exact})' 방식도 추가되었습니다. 이 방식은 실제 변동성을 100% 정확히 알고 있는 상태에서 구성된 포트폴리오로, 오차 없이 최적화한 결과를 제공합니다. 이 방법과 기존 평균-분산 방식 간의 샤프비율 차이는 변동성 추정 오차에서 비롯된 것으로, 그 차이는 매우 미미합니다.

이번 실험은 앞서 표 6.1과 6.2에서 소개된 단순 모델에서 얻은 직관을 다시 한번 확인시켜줍니다. 모든 주식의 변동성이 동일할 경우, 어떤 방식으로 포트폴리오를 구성하더라도 샤프비율에는 큰 차이가 없습니다. 그러나 주식 간 변동성 격차가 커질수록 성과는 뚜렷하게 달라집니다.

비례 배분 규칙이 가장 안정적인 성과를 보였으며, 리스크 패리티는 그보다 낮지만 양호한 수준을 유지했습니다. 반면, 평균-분산 방식은 변동성 격차가 클수록 성과가 오히려 크게 악화되었습니다. 이 실험의 요지는 아래 인사이트 6.2와 같이 정리할 수 있습니다.

> **인사이트 6.2 포지션 사이징의 경험 법칙**
>
> 기대수익률에 비례해 포지션을 정하는 방식이 다른 방식보다 더 나은 성과를 보입니다.

6.5 아이디어를 포지션으로 전환하기 (From Ideas to Positions)

앞서 펀더멘털 아이디어를 실제 투자 포지션으로 옮기는 과정에서 중요한 단계를 생략한 적이 있습니다. 예를 들어, 표 6.4에 나와 있는 소규모 포트폴리오에 대해 기대수익률을 추정했다고 해봅시다. 이를 바탕으로 포트폴리오를 구성하려면 각 종목의 기대수익률에 15.8을 곱해 포지션 크기(NMV)를 정할 수 있습니다. 이렇게 하면 총투자금액(GMV)이 목표치인 3억 1,500만 달러($315M)에 맞춰집니다. 그러나 이러한 단순한 스케일링 방식에는 문제가 있습니다. 포트폴리오에 팩터 리스크가 생길 수 있으며, 경우에 따라 상당한 규모의 팩터 노출이 발생할 수도 있습니다. 예를 들어, 이 포트폴리오가 시장 베타에 대해 1,500만 달러, 모멘텀 팩터에 대해 2,500만 달러만큼 노출되어 있다고 가정해 봅시다. 이는 포트폴리오가 우리가 의도하지 않은 방향으로 특정 팩터에 편향되어 있음을 의미합니다. 이런 상황에서는 기존 투자 아이디어를 최대한 유지하면서 팩터 리스크를 제거할 수 있는 간단한 방법이 필요합니다. 여기서 소개하는 방식은 초기 투자 아이디어를 팩터 중립적인 포트폴리오로 전환하기 위한 첫 번째 단계로 볼 수 있습니다. 물론 이것이 최종적인 해답은 아닙니다. 거래 비용이 포지션 사이징에 영향을 줄 수도 있고, 팩터 중립성(Factor neutrality)을 지나치게 엄격하게 요구하는 것이 오히려 비효율적일 수도 있습니다. 하지만 이 과정을 일종의 경험 법칙으로 받아들인다면 팩터 중립 포트폴리오를 구성하는 데 매우 유용한 방법이 될 수 있습니다. 그리고 무엇보다도 엑셀로도 쉽게 구현할 수 있을 만큼 단순한 절차입니다.

이제 우리가 풀어야 할 문제를 간단히 정리하면 다음과 같습니다.

> '기존 투자 아이디어를 최대한 유지하면서 모든 팩터 노출을 제거하고, 총 투자금액(GMV)은 목표 수준에 맞게 포지션을 조정하라.'

이 문제의 또 다른 형태는 총투자금액(GMV) 요건을 충족하는 대신, 포트폴리오의 목표 변동성 수준을 달성하는 것입니다. 이 두 문제에 대한 해결 방법은 부록의 11.4절에 자세히 설명되어 있습니다. 여러분이 세부 사항까지 모두 알 필요는 없으며, 구체적인 절차는 절차 6.3에 정리되어 있습니다.

표 6.4 기대수익률과 순투자금액

종목	기대 수익률(%)	NMV
ADBE	7.8	123.3
MSFT	-0.8	-13.2
CSCO	2.4	38.2
IBM	-5.3	-83.5
NVDA	0.3	5
INTC	-3.3	-51.9

절차 6.3 팩터 리스크가 0이 되도록 알파를 포지션으로 변환하는 방법

다음과 같은 정보가 주어졌다고 가정합니다. 팩터 로딩 행렬 **B** 는 행의 수가 포트폴리오에 포함된 주식 수(예: 미국 시장의 경우 약 2,000개)이고, 열의 수는 사용된 팩터의 수(예: 시장, 산업, 가치 등)를 의미합니다. 기대수익률 벡터는 α 이며, 포트폴리오의 목표 총투자금액(GMV)를 알고 있다고 가정합니다. 이 정보를 바탕으로 다음 절차에 따라 팩터 리스크가 0인 포지션을 계산할 수 있습니다.

1. 기대수익률 벡터 α 를 팩터 로딩 행렬 **B** 에 대해 선형 회귀합니다. 수식으로 표현하면 $\alpha = \mathbf{B}\mathbf{x} + \epsilon$ 입니다. 여기서 ϵ 는 각 주식에 대한 잔차 벡터(residuals)로, 팩터로 설명되지 않는 부분을 나타냅니다.

2. 잔차 벡터 ϵ 에서 각 주식이 차지하는 상대적인 비중을 계산합니다. 즉, 팩터와 관계없는 '순수 알파(α)'가 큰 종목에 더 많은 비중을 주기 위한 과정입니다. 계산 방식은 다음과 같습니다.

$$a_i = \epsilon_i / \sum_i |\epsilon_i|$$

이렇게 하면 모든 종목의 비중 a_i가 더해져서 1이 되며, 각 종목이 전체 알파에서 차지하는 비율을 반영하게 됩니다. 여기서 i는 포트폴리오에 포함된 각 주식을 구분하기 위한 번호입니다.

3. 마지막으로, 포트폴리오 전체 투자금액(GMV)을 기준으로 각 종목에 얼마를 투자할지를 다음과 같이 정합니다. 각 종목의 비중에 전체 투자금액을 곱해 순투자금액(NMV)을 결정합니다. 계산 방식은 다음과 같습니다.

$$NMV_i = a_i \times GMV$$

6.6 시계열 리스크를 활용한 포트폴리오 비중 조절 전략
(Time-Series Risk-Based Portfolio Targeting)

포지션 크기를 정하는 일은 곧 변동성을 관리하는 일입니다. 포트폴리오를 구성할 때 우리는 각 종목이 포트폴리오 전체의 변동성에 어떤 영향을 미칠지를 고려하여 비중을 결정합니다. 그리고 이러한 결정은 단 한 번으로 끝나는 것이 아니라, 시간이 지나면서 반복적으로 이루어집니다. 예를 들어, 어떤 종목을 새로 매수하거나 확신이 커져 비중을 조정하거나, 기대 수익을 달성해 매도할 때마다 비중 결정은 반복됩니다. 그 결과, 포트폴리오의 총투자금액(GMV)은 매일 조금씩 변하게 됩니다. 하지만 특별한 이벤트가 없는 한, 총투자금액(GMV)은 일정한 범위 내에서 안정적으로 유지됩니다. 여기서 말하는 '특별한 이벤트'란 펀드에 새로운 유입되거나 큰 손실이 발생해 포지션을 대폭 줄여야 하는 상황 등을 말합니다. 그렇다면 이런 특별한 상황이 아닌 평상시에는 어떤 기준을 중심으로 포트폴리오를 운용해야 할까요?

일반적으로 GMV를 포트폴리오 운용의 기준으로 삼을 수 있지만, 그것만이 유일한 방법은 아닙니다. 대안으로는 포트폴리오의 변동성을 목표로 설정하는 방법도 있습니다. 실무에서 가장 널리 사용되는 방식은 크게 GMV 타겟팅과 변동성 타겟팅, 두 가지로 나뉩니다. 특히 변동성 타겟팅은 최근 학계에서도 활발히 연구되며 주목받고 있습니다.[67]

GMV 타겟팅과 비교해볼 때, 변동성 타겟팅에는 누구나 납득할 수 있는 명확한 장점 하나와 다소 눈에 띄지 않는 숨은 장점 하나가 있습니다. 먼저 분명한 장점은 포트폴리오의 변동성이 GMV보다 포트폴리오의 실제 위험 수준을 더 정확히 반영한다는 점입니다. 예를 들어, 2020년 상반기 동안 포트폴리오의 GMV가 계속 10억 달러로 유지되었다고 가정해봅시다. 그렇다면 1월과 3월의 포트폴리오 위험 수준이 같았을까요? 당연히 아닙니다! 2020년 3월처럼 시장이 크게 흔들릴 때, 포트폴리오의 예상 변동성을 기준으로 보면 실제 리스크가 급격히 커졌음을 알 수 있습니다. 이러한 예상이 완벽히 들어맞지는 않더라도, 포트폴리오 매니저에게는 분명히 유용한 정보였을 것입니다. 하지만 문제는 포트폴리오 매니저가 변동성 자체를 관리한 대가로 보상을 받지는 않는다는 점입니다. 그렇다면 수익이 줄어들 가능성이 있더라도 변동성을 관리해야 할까요? 바로 이 부분에서 숨겨진 장점이 드러납니다. 우리가 검증하고자 하는 가설은 변동성 타겟팅을 사용하면 전략의 샤프비율(위험 대비 수익)이나 총 투자금 대비 수익률이 더 좋아질 수 있다는 것입니다. 그리고 그 이유는 생각보다 단순합니다.

[67] [Moreira & Muir 2017, 2019, Harvey et al. 2018]

변동성은 시간이 지나도 비교적 오랫동안 지속되는 경향이 있습니다. 예를 들어 한 주 동안 변동성이 높았다면, 그다음 날에도 높을 가능성이 있으며, 심지어 한 달 내내 높은 수준을 유지할 수도 있습니다. 이러한 특성 덕분에 변동성은 어느 정도 예측이 가능합니다. 그러나 손익(PnL)은 예측하기 어렵습니다. 오늘 수익이 높다고 해서 내일도 높을 것이라는 보장은 없습니다. 따라서, 변동성이 급등할 때 이를 다시 목표 수준으로 낮추도록 조정하면, 앞으로 포트폴리오의 리스크를 안정적으로 관리하면서도 수익에 큰 영향을 주지 않을 수 있습니다. 물론 이러한 가설이 항상 맞는 건 아니며, 반박할 수 있는 근거들도 존재합니다. 첫째, 변동성과 함께 총투자금액(GMV)을 줄이면 수익의 크기 자체가 작아질 수 있습니다. 둘째, 보통 큰 변동성 급등은 손실과 동반되는 경우가 많습니다. 만약 수익이 되돌아오는 특성이 있다면, 다음과 같은 흐름이 나타날 수 있습니다.

(변동성 증가) → (손실 발생) → (변동성 줄임) → (위험 감수를 줄인 결과 수익 기회 일부 상실)

우리는 변동성 타겟팅이 실제로 효과가 있는지 실험을 통해 확인해야 합니다. 따라서 이번 장 서두에서 언급한 '관심사의 분리' 원칙을 기준으로 포트폴리오의 개별 변동성에 초점을 맞춰 실험을 진행했습니다. 또한, 여러 조건에서 GMV 타겟팅과 변동성 타겟팅 전략을 비교하여 테스트했습니다. 실험에 사용된 주요 변수는 다음과 같습니다.

1. 정규분포 시그널(normal signals)[68]과 매수/매도 신호(buy/sell signals)를 모두 사용했습니다.
2. 시그널은 1개월 후 또는 3개월 후를 예측하도록 설계했습니다. 변동성 급등 이후 수익이 되돌아오는지를 확인하기 위해 예측 기간을 길게 설정한 것입니다.
3. 포트폴리오 규모는 50종목, 100종목, 200종목 등으로 다양하게 구성했습니다.
4. 섹터별로도 따로 나누어 실험을 진행했습니다.

이렇게 시그널의 종류, 예측 기간, 포트폴리오 구성 종목 수, 섹터를 조합하여 1998년부터 2019년까지의 미국 주식 데이터를 활용해 50번의 시뮬레이션을 실행했습니다. 총투자금액(GMV)과 변동성은 매일 기준으로 조정했습니다. 일일 단위로 조정하는 방식은 시간과 비용이 많이 들 수 있어 비효율적으로 보일 수 있습니다. 그러나 실제로는 꽤 괜찮은 근사치로 작동합니다. 참고로 월 단위로 조정한 실험도 해봤지만, 결과는 거의 비슷했기 때문에 지면 관계상 여기서는 생략합니다.

실험 결과는 다음과 같습니다. 일반 시그널을 쓴 결과는 그림 6.4에, 매수/매도 시그널을 쓴 결과는 그림 6.5에 정리되어 있습니다. 각 그림은 섹터별 샤프비율(세로축)을 보여주며, GMV 타겟팅과 변동성 타겟팅 전략이 성과에서 어떻게 차이를 보이는지를 나타냅니다. 그림 6.4와 6.5는 시그널 예측 기간(행)과 포트폴리오 크기(열)에 따라 정리된 격자 형태로 구성되어 있으며, 각 칸마다 샤프비율 결과가 시각화되어 있습니다.

---

68 역자주: 정규분포 시그널은 단순히 매수할지, 매도할지를 정하는 것이 아니라, 얼마나 많이 매수하거나 매도할지를 숫자로 알려주는 시그널입니다.

전반적으로 결과는 매우 일관되게 나타났습니다. 시그널의 종류, 기간, 섹터, 포트폴리오 규모를 막론하고 변동성 타겟팅 전략이 더 높은 위험 조정수익률을 기록했습니다. 다만 섹터별로는 차이가 있었으며, 이 차이는 실무자(포트폴리오 매니저)에게는 중요한 부분입니다. 일반적으로 하나의 섹터를 담당하는 경우가 많기 때문입니다. 표 6.5와 6.6에는 GMV 타겟팅과 변동성 타겟팅 전략의 샤프비율이 정리되어 있으며, 예측 기간은 각각 월별(monthly)과 분기별(quarterly) 기준입니다. 특히 TMT(기술, 미디어, 통신)와 금융 섹터에서 개선 효과가 두드러졌습니다. 이를 통해 우리는 시계열 기반 변동성 타겟팅(time-series volatility targeting)의 효과를 확인할 수 있었으며, 이 내용은 절차 6.3에 요약되어 있습니다.

표 6.5 1개월 후를 예측한 시그널을 사용했을 때, 총투자금액(GMV) 단위 및 달러 기준 변동성 스케일링의 샤프비율 (정규 시그널 vs. 매수/매도 시그널)

섹터	매수/매도			가우시안		
	GMV	변동성	변동성 증가율 %	GMV	변동성	변동성 증가율 %
소비재	1.29	1.34	3.9	1.29	1.34	3.9
에너지	1.35	1.38	2.4	1.35	1.38	2.4
금융	1.14	1.27	11.5	1.14	1.27	11.5
헬스케어	1.32	1.36	2.7	1.32	1.36	2.7
산업	1.26	1.32	4.3	1.26	1.32	4.3
TMT(기술/미디어/통신)	1.17	1.30	10.3	1.17	1.30	10.3

표 6.6 3개월 후를 예측한 시그널을 사용했을 때, 총투자금액(GMV) 및 달러 기준 변동성 스케일링의 샤프비율 (정규 시그널 vs. 매수/매도 시그널)

섹터	매수/매도			가우시안		
	GMV	변동성	변동성 증가율 %	GMV	변동성	변동성 증가율 %
소비재	0.71	0.7	4.2	0.93	0.97	4.7
에너지	0.74	0.77	4.7	0.98	1.01	3.3
금융	0.69	0.77	11.2	0.85	0.95	12.0
헬스케어	0.73	0.75	3.1	0.92	0.97	5.2
산업	0.75	0.78	4.1	0.91	0.98	7.5
TMT(기술/미디어/통신)	0.78	0.81	4.0	0.88	0.96	8.1

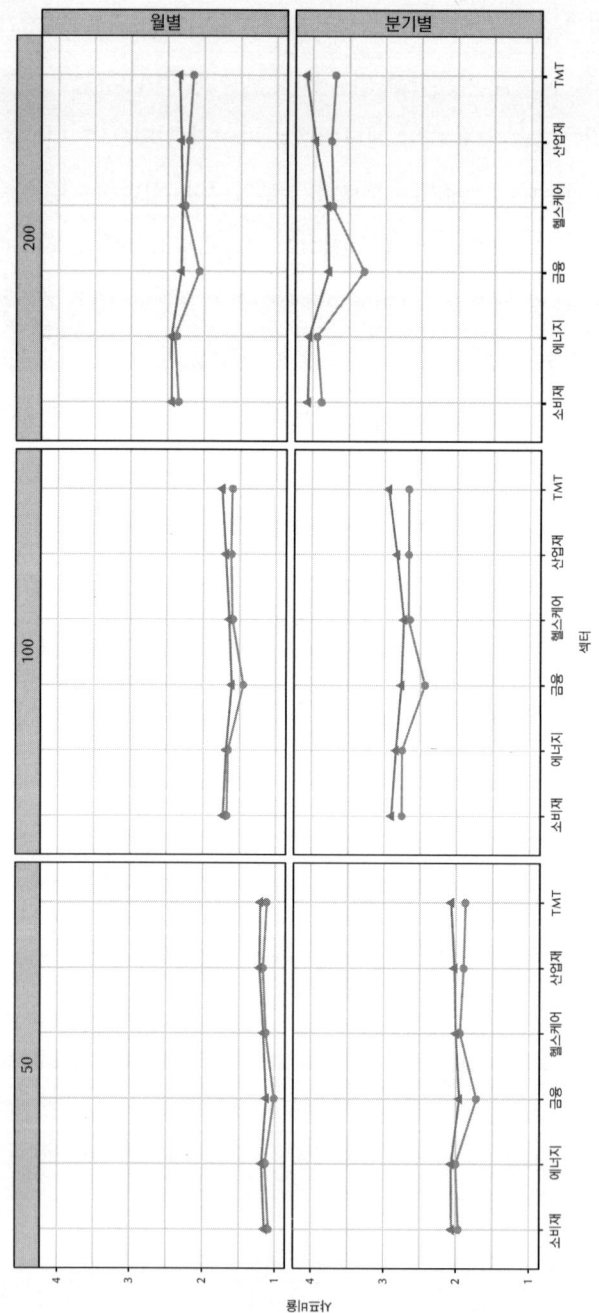

그림 6.4 정규분포 시그널을 사용했을 때의 실제 섹터 비중

※ TMT: 기술(Technology), 미디어(Media), 정보통신(Telecom)

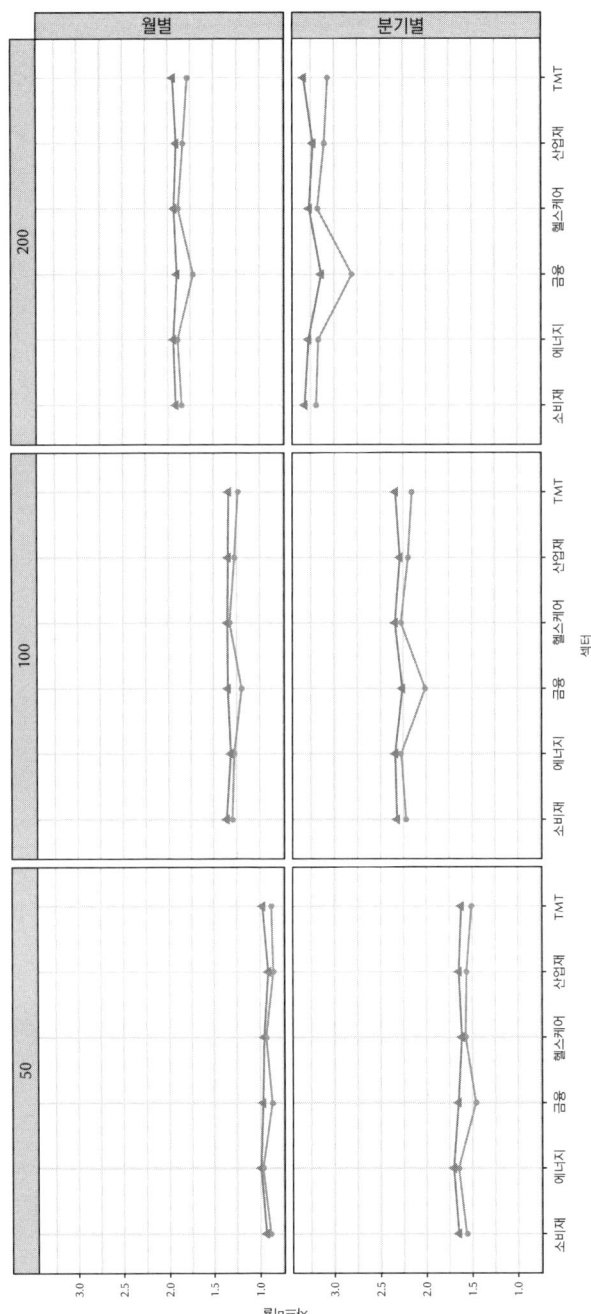

그림 6.5 매수/매도 시그널을 사용했을 때의 실제 시포 비율

※ TMT: 기술(Technology), 미디어(Media), 정보통신(Telecom)

인사이트 6.3 변동성 타겟팅의 장점

변동성 타겟팅(volatility targeting)은 두 가지 장점을 가지고 있습니다.

1. 총투자금액(GMV) 타겟팅보다 리스크와 최대 손실을 더 효과적으로 통제할 수 있습니다.
2. 결과적으로 위험 대비 성과(샤프비율)가 더 높게 나타납니다.

변동성은 시간에 따라 지속되는 경향이 있으며, 어느 정도 예측도 가능합니다. 반면, 손익(PnL)은 변동성과 뚜렷한 상관관계가 없습니다.

따라서, 변동성을 타겟으로 삼지 않으면, '지금 변동성이 높다면 앞으로도 높을 가능성이 있다'라는 예측 가능한 정보를 활용하지 못하게 됩니다.

6.7 ★ 성과에 대해 자주 묻는 질문
(Frequently Asked Questions About Performance)

Q: 일일 수익률로 계산한 샤프비율을 연간 샤프비율로 바꾸려면 어떻게 해야 하나요?

A: 앞에서 설명한 것처럼, 전략의 연간 변동성은 다음과 같이 계산됩니다.

$$\sqrt{252} \times (일간\ 변동성)$$

전략의 연간 수익률은 $252 \times (일간\ 수익률)$이며 이 둘을 조합하면 연간 샤프비율은 다음과 같이 구할 수 있습니다.

$$\text{연간 샤프비율} = \frac{(\text{연간 수익률})}{(\text{연간 변동성})}$$

$$= \frac{252 \times (\text{일간 수익률})}{\sqrt{252} \times (\text{연간 변동성})}$$

$$= \sqrt{252} \, \frac{(\text{일간 수익률})}{(\text{일간 변동성})}$$

$$= \sqrt{252} \times \text{일간 샤프비율}$$

주간 수익률을 연환산할 때도 비슷한 계산이 적용됩니다.

$$\text{연간 샤프비율} = \sqrt{52} \times \text{주간 샤프비율}$$

Q: 내가 계산한 샤프비율은 얼마나 신뢰할 수 있나요? 신뢰 구간 같은 것도 함께 제공해야 하지 않나요?

A: 네, 샤프비율 추정치는 완벽하지 않으며, 신뢰 구간(confidence interval)을 함께 계산하는 것이 바람직합니다. 이 신뢰 구간의 폭은 수익률이 어떤 특성을 가진다고 가정하느냐에 따라 달라집니다.[69] 간단히 사용할 수 있는 연간 샤프비율의 95% 신뢰 구간 계산 공식은 다음과 같습니다.

$$(95\% \text{ 신뢰 구간}) = (\text{샤프비율 추정치})$$

$$\pm 1.96 \sqrt{\frac{(1/2)(\text{샤프 비율 추정치})^2}{(\text{관측치 수})}}$$

여기서 사용된 식인 $\sqrt{1 + (1/2)(\text{샤프 비율 추정치})^2/(\text{관측치 수})}$ 는 샤프비율의 표준 오차(Standard Error)를 구하는 공식입니다. 3년치 일

---

69 [Lo, 2002]

간 수익률 데이터(총 756 거래일)가 있다고 가정해 봅시다.[70] 이때 일간 샤프비율이 0.1이라면 (앞에서 설명한 바와 같이) 연간 샤프비율은 약 1.6입니다. 이제 위의 공식을 이용해 표준 오차를 계산하면 $\sqrt{(1 + 0.1^2/2)/756} = 0.036$ 이 됩니다. 이 값을 연환산하면 샤프비율은 약 1.6, 연간 표준 오차는 약 0.6 이 됩니다. 따라서, 샤프비율의 95% 신뢰 구간은 (1.6 - 1.2, 1.6 + 1.2) = (0.4, 2.8) 이 됩니다. 즉, 실제 샤프비율은 0.4에서 2.8 사이일 가능성이 95%라는 의미입니다.

🎯 6.8 핵심 정리 (Takeaway Messages)

1. 먼저 팩터 수익률과 개별 수익률을 명확히 구분해야 한다. 특히, 다루는 종목들이 시장 전체나 산업군의 수익률에 얼마나 영향을 받는지 별도로 고려하는 것이 중요하다. 기대수익률을 추정할 때는 개별 수익률(idiosyncratic return)에 집중해야 한다.

2. 포트폴리오에 포함된 각 종목에 대해 일정한 투자 기간 T 를 기준으로 예상 개별 수익률 r 을 설정한다. 예를 들어, 'A 종목은 앞으로 2개월 안에 약 10% 의 수익이 날 것으로 예상된다' 는 식이다.

3. 이후 모든 종목의 예상 수익률을 동일한 투자 기간 기준으로 조정해야 한다. 각 수익률을 해당 투자 기간으로 나누면 된다. 예: $\alpha = \bar{r}/T$

4. 다음으로, 팩터의 영향을 제거한 '팩터 중립(expected factor neutral return)'을 계산한다.

---

[70] 총 거래일: 756일

a. 먼저, 각 종목의 α 값을 로딩 행렬 **B**에 대해 선형 회귀분석을 수행한다. 식은 α = **B**x + ϵ 이며, 여기서 ϵ는 회귀의 잔차(오차 벡터)를 의미한다.

b. 이 잔차 ϵ 를 정규화한다. 식은 $a_i = \epsilon_i / \sum_i |\epsilon_i|$, 여기서 i 는 포트폴리오의 i번째 종목을 나타낸다. 이 단계는 포트폴리오 수익률에서 팩터 베팅의 영향을 제거하기 위함이다.

5. 팩터와 무관한 알파(orthogonal alphas)[71]를 기반으로, 각 종목의 순투자금액(NMV)을 계산한다. 두 가지 방법 중 하나를 선택할 수 있다.

    a. 비례 배분 규칙 (Proportional Rule)

    $$NMV_i = a_i \times (목표\ GMV)$$

    b. 수축된 평균-분산 방식 (Shrinked Mean-Variance)

    $NMV_i = \kappa a_i / [p\sigma^2_i + (1-p)\sigma^2_{sector}]$, 여기서 κ는 총투자금액(GMV)이 목표치에 맞도록 자동 조정해주는 상수이다.

    실무에서는 특히 섹터 중심의 포트폴리오일 경우, 비례 배분 방식이 가장 간단하고 실용적이다.

6. 마지막으로, 시간이 지남에 따라 포트폴리오의 총투자금액(GMV)을 조정한다. 목표로 삼은 달러 기준의 개별 변동성에 맞춰서 변동성이 너무 높거나 낮지 않도록 GMV를 조절하는 과정이다.

---

71 역자주: 직교 알파(orthogonal alpha)는 시장이나 산업의 영향을 제거한, 종목 고유의 기대 수익을 의미합니다.

7장
팩터 리스크 관리
Manage Factor Risk

📝 무엇을 배우게 될까요?

총 세 가지입니다. 첫째, 팩터 리스크를 줄이기 위해 포트폴리오 포지션을 간단히 조정하는 방법, 둘째, 위험 수준을 판단하고 이를 어떤 한도 내에서 관리할지에 대한 방법, 셋째, 투자 판단과 실행을 더 수월하게 하고 성과를 안정적으로 이어지게 하기 위해 전략을 체계적으로 구성하는 방법을 배웁니다.

📝 왜 필요할까요?

포트폴리오 운용은 상황에 따라 지속적으로 대응하고 조정하는 과정입니다. 리스크가 지나치게 커졌다고 판단되면 포트폴리오를 수정해야 합니다. 이를 위해 먼저 어느 정도의 리스크가 지나치게 높은 수준인지 파악하고, 그 리스크를 적정 수준으로 낮추는 방법을 알아야 합니다. 또한 전략이 크고 복잡할수록 체계적인 포트폴리오 구성 방식이 필요합니다.

📝 언제 필요할까요?

전술적인 포트폴리오 운용은 거의 매일 수행되며, 포트폴리오 최적화는 보통 한 달에 한 번 정도 이루어집니다. 리스크 한도 설정은 1년에 한 번도 하지 않을 만큼 드물게 이루어지지만, 단 한 번이라도 이를 제대로 이해하고 받아들이는 것이 매우 중요합니다. 체계적인 포트폴리오 구성 도구는 당장은 필요하지 않을 수 있지만, 정말로 필요한 순간이 오면 이 도구 없이는 아무것도 할 수 없을 만큼 핵심적인 역할을 하게 됩니다.

7.1 전술적 팩터 리스크 관리 (Tactical Factor Risk Management)

만약 여러분이 펀더멘털 투자자라면 팩터 수익률은 포트폴리오에 큰 혼란을 초래할 수 있는 요소입니다. 이 책에서 반복적으로 강조되는 메시지는 여러분의 포트폴리오가 50개 이상의 종목으로 충분히 분산되어 있다면, 팩터 익스포저나 팩터 리스크를 과도하게 가져가서는 안 된다는 것입니다. 그 이유는 여러 가지가 있습니다. 첫째, 여러분은 팩터 투자(Factor Investing)에서 특별한 경쟁 우위를 갖고 있지 않습니다. 팩터 투자는 이미 고도로 발전된 분야이며, 여기에 특화된 전문 운용사들조차도 지속적인 수익률을 내기 어렵습니다. 둘째, 팩터 모델은 '관심사 분리(Separation of Concerns)' 라는 중요한 설계 원칙을 투자에 적용할 수 있게 해줍니다. 포트폴리오의 성과는 체계적(Systematic) 요인과 비체계적(Idiosyncratic) 요인으로 나눌 수 있으며, 이 두 요소는 실제로 따로 투자할 수 있는 대상입니다. 즉, 시장 전체나 팩터에서 발생하는 수익과 개별 종목 수익을 구분하여 투자할 수 있다는 뜻입니다. 특히 개별 종목의 수익에 집중하면 투자 판단이 명확해지고, 예상과 다른 결과가 나왔을 때 문제를 파악하고 대응하기가 훨씬 수월해집니다. 솔직히 말해, 시장은 대체로 우리가 예상한 대로 움직이지 않습니다. 마지막으로 투자자들은 포트폴리오 매니저가 시장을 그대로 복제하거나, 모멘텀을 쫓거나, 공매도가 몰린 종목을 또다시 공매도하기를 바라지 않습니다. 물론 상황에 따라 그런 전략을 사용할 수는 있겠지만, 항상 그렇게 해서는 안 됩니다. 투자자에 대한 책임(Fiduciary Duty)은 팩터에 의존하지 않는 독립적인 성과를 만들어내는 것에 집중하는 것입니다.

우리는 팩터가 존재하지 않는 세상에서 투자하는 것이 아닙니다. 따라서 리스크 관리의 첫 단계는 포트폴리오의 전체 변동성을 구성 요소별로 나누고, 각 팩터가 전체 변동성에 얼마나 영향을 미치는지를 파악하는 것입니다. 포트폴리오의 전체 팩터 손익(PnL)은 각 팩터의 손익을 모두 합한 값입니다. 각 팩터의 손익은 '팩터 익스포저 × 팩터 수익률'로 계산됩니다. 그리고 팩터 익스포저는 '로딩(각 종목이 해당 팩터에 얼마나 민감한지 나타내는 수치)'과 '포지션 크기(NMV)'의 곱을 모두 더해 계산합니다. 수식으로 표현하면 다음과 같습니다.

$$
\begin{aligned}
\text{PnL} = \ &\text{개별 손익} + &&(7.1)\\
&\text{팩터 손익} + \\
&\quad\downarrow \qquad\qquad \searrow \\
&\text{팩터 손익}_1 \qquad\qquad\qquad + \text{팩터 손익}_2 + \ldots \\
&\quad\downarrow \\
&\$\text{노출도}_1 \times \text{팩터수익률}_1 \quad + \text{팩터 손익}_2 + \ldots \\
&\quad\downarrow \qquad\qquad \searrow \\
&(\beta_{11} \times \text{NMV}_1 + \ldots) \times \text{팩터수익률}_1 \quad + \text{팩터 손익}_2 + \ldots
\end{aligned}
$$

포트폴리오가 어떤 팩터에 얼마나 투자되고 있는지를 나타내는 팩터별 달러 익스포저(factor dollar exposures)는 수익뿐만 아니라 리스크에도 중요한 영향을 미칩니다. 전체 포지션 수는 수백 개에 이를 수 있지만, 팩터 익스포저의 수는 상대적으로 적어 분석과 조정이 더 수월합니다. 예를 들어, 특정 산업에 집중하는 섹터 전문 매니저는 몇 가지 스타일 팩터와 산업 팩터에만 노출될 가능성이 높습니다. 이 경우 전체 포지션은 보통 10~15개 정도에 불과할 수 있습니다. 반면, 특정 섹터에 국한되지 않고 다양한 산업에 투자하는 종합형 투자자(Generalist)나, 전체 자산 운용을 책임지는 경우에는 스타일, 산업, 국가 등 다양한 종류의 팩터에 노출될 수 있습니다. 그래도 관리해야 할 팩터 수는 대부분 100개를 넘지 않습니다. 종목 수가 수천 개에 이르는 포트폴리오도 있다는 점을 고려하면, 100개 안팎의 팩터는 비교적 적은 수치입니다.

여기서 중요한 점은 모든 팩터가 똑같이 중요한 것은 아니라는 것입니다. 실무에서는 보통 중요하다고 판단되는 10개 이내의 팩터만 중점적으로 관리합니다. 그렇다면 어떤 팩터가 중요한지, 또 그 영향력이 얼마나 되는지를 어떻게 판단할 수 있을까요? 이때 사용하는 분석 도구가 바로 **포트폴리오 리스크 분해**(portfolio risk decomposition)입니다.

표 7.1은 기술주 중심 포트폴리오의 리스크 분해 예시이며, 각 열의 의미는 다음과 같습니다.

	분산 %	노출도 $	변동성 $	MCFR
전체 리스크	100		14.1	
개별 리스크	85		13	
팩터 리스크	15		5.5	
스타일	7.6		3.8	
국가	0	1	0	-0.37
12개월 모멘텀	5.05	-320	3.11	-5.76
시장 민감도	0.75	-124	1.24	-2.2
변동성	0.16	-56	0.57	-1.03
이익수익률	0.13	-40	0.4	-1.21
가치	0.06	25	0.25	0.86
성장	0.12	52	0.52	0.84
수익성	0.23	63	0.63	1.32
공매도	0.3	81	0.81	1.34
헤지펀드 보유율	0.5	85	0.86	2.14
산업	7.4		392	
소프트웨어	0.88	131	1.31	2.46
통신 장비	1.32	154	1.54	3.12
전기 기기	5.38	329	3.25	5.96
부품 및 기타	0.12	-33	3.36	-1.34

표 7.1 기술주 섹터 포트폴리오의 리스크 분해 사례

- **분산 기여도 (%Var)** 이 항목은 각 그룹, 하위 그룹, 그리고 개별 팩터가 전체 리스크(분산)에서 차지하는 비율을 보여줍니다. 왜 '변동성(volatility)'이 아니라 '분산(variance)'을 사용하는 걸까요? 그 이유는 1장에서 설명했듯이, 서로 다른 두 수익률의 합의 분산은 각 수익률의 분산을 더한 것과 같기 때문입니다. 즉, 리스크를 구성 요소별로 분해할 때는 분산이 '합산 가능'하기 때문에 변동성보다 훨씬 유용한 지표가 됩니다. 가장 큰 두 리스크 항목은 전체 리스크

와 개별 리스크이며, 이 둘의 합은 전체 분산의 100%를 구성합니다. 그 아래에는 스타일(style) 팩터와 산업(industry) 팩터가 하위 그룹으로 존재하며, 이들의 합은 전체 분산의 약 15%를 차지합니다. 밸류, 모멘텀 같은 개별 팩터의 기여도 역시 전체 분산의 약 15% 수준입니다. 그런데 스타일 팩터의 합이 7.3%인 반면, 스타일 리스크 전체는 7.6%로 다소 차이가 있습니다. 이 차이는 스타일 팩터와 산업 팩터 간의 상관관계가 존재하기 때문입니다. 스타일 팩터와 산업 팩터는 서로 완전히 독립적인 관계가 아니기 때문에, 두 그룹의 리스크를 단순히 더하면 전체 리스크와 정확히 일치하지 않습니다. 이처럼 생기는 차이(초과 분산)는 두 그룹에 적절히 나눠 반영해야 전체 계산이 맞게 됩니다.[72]

⊙ 이 정보를 어떻게 활용할 수 있을까요?

이 열은 포트폴리오 분석에서 '어디에 집중해야 하는지'를 알려줍니다. 전체적인 수준에서 시작해 세부적인 수준까지 단계적으로 리스크를 파악할 수 있도록 돕습니다. 먼저 던질 수 있는 질문은 '내 포트폴리오는 얼마나 순수한가? 시장이나 팩터와 관계없는 개별 종목 중심의 전략인가?'입니다. 이 질문에 대한 답은 비체계적 리스크(idiosyncratic variance)의 비중을 보면 알 수 있습니다.[73] 그다음 질문은 '팩터 리스크는 어디서 오는가?'입니다. 이 예시에서는 스타일 팩터와 산업 팩터에서 비슷한 비율로 리스크에 기여하고 있음을 보여줍니다. 만약 산업에 대한 의도적인 베팅(예: 특정 섹터 중심 투자)을 했고,

---

[72] 분산 기여도 계산 방식은 데이터 제공 업체마다 조금씩 다를 수 있습니다. 일부 업체는 팩터 간 상관관계까지 포함해 계산하지만 그렇게 하지 않는 곳도 있습니다. 하지만 실제 결과에는 큰 영향을 주지 않으므로 너무 걱정할 필요는 없습니다.

[73] '% 개별 분산 기여도(idiosyncratic variance)는 어느 정도가 적정한가?'라는 질문에 대한 답은 이 장의 마지막 부분을 참고하시기바랍니다.

그에 따른 리스크를 감당할 준비가 되어 있다면, 이제는 스타일 리스크에 주목할 차례입니다. 그렇다면 스타일 리스크의 주요 원인은 무엇일까요? 답은 간단합니다. 바로 '12개월 모멘텀' 팩터가 가장 큰 영향을 미치고 있습니다. 따라서 리스크 조정이 필요하다면 가장 먼저 이 팩터를 검토하는 것이 좋습니다.

익스포저 ($Exposure) 와 달러 기준 변동성 ($Vol) $Exposure 는 각 팩터의 달러 기준 보유 규모(익스포저)를 의미하며, $Vol 은 해당 팩터로부터 발생하는 연간 리스크(변동성 금액 기준)를 의미합니다.[74]

⊙ 이 정보를 어떻게 활용할 수 있을까요?

각 팩터의 리스크는 '팩터 리스크 = 팩터 익스포저 × 팩터 변동성'으로 계산됩니다. 이 관계식을 활용하면 특정 팩터의 익스포저를 조정했을 때 리스크가 얼마나 변할지 쉽게 추정할 수 있습니다. 예를 들어, 현재 12개월 모멘텀 팩터의 달러 기준 변동성이 연간 311만 달러($3.11M) 수준이라면, 익스포저를 50% 줄일 경우 팩터 리스크는 약 155만 달러($1.55M)로 감소합니다. 이러한 계산은 리스크 조정뿐만 아니라 시나리오 분석(scenario analysis)에도 유용하게 활용됩니다.

- **MCFR**[75]은 수치는 단위 100만 달러($1M)의 익스포저 감소당, 리스크가 얼마나 줄어드는지를 보여주는 수치입니다. 예를 들어, 현재 12개월 모멘텀의 리스크가 550만 달러($5.5M)이고 MCFR이 5.76이라면, 모멘텀 팩터의 익스포저를 100만 달러 줄일 때마다 리

---

[74] 연간 변동성을 월간, 주간, 일간 기준으로 환산하려면 각각 $\sqrt{12} \approx 3.5$, $\sqrt{52} \approx 7.2$, $\sqrt{252} \approx 16$ 으로 나누면 됩니다. (자세한 내용은 4.2절 참고)

[75] 역자주: Marginal Contribution to Factor Risk, 팩터 리스크 한계 기여도

스크가 $5,760 만큼 감소한다는 뜻입니다.[76] 따라서 팩터의 익스포저를 1,000만 달러($10M) 줄이면 5.76 × 10 = 57,600 달러($57,600)만큼 팩터 리스크가 감소합니다.

⊙ 이 정보를 어떻게 활용할 수 있을까요?

분산 기여도(%Var)와 달러 기준 변동($Vol)은 각각의 팩터가 전체 팩터 리스크에 평균적으로 얼마나 기여하는지를 보여줍니다. 반면, MCFR(한계 기여도)은 실제로 리스크를 줄이기 위해 어떤 행동을 취해야 하는지를 알려주는 도구입니다. 이 지표는 특정 팩터 또는 팩터 그룹에 대해 우려가 있을 때 특히 유용합니다. 예를 들어, 현재 가치(Value)와 성장(Growth) 팩터에서 상당한 리스크를 감수하고 있고, 시장 심리나 거시경제 환경 변화(예: 수익률 곡선이 가팔라짐)가 염려된다면, 이러한 우려를 반영한 포트폴리오 조정이 실제로 얼마나 효과적인지를 파악해야 합니다. 바로 그때 MCFR이 중요한 역할을 합니다.

팩터 리스크를 관리하는 과정은 여기서 끝나지 않습니다. 우리가 거래하는 대상은 팩터 익스포저가 아니라 개별 주식이기 때문입니다.[77] 따라서 개별 주식 차원에서 팩터 리스크를 줄이기 위해서는 두 번째 주식 스크리너가 필요합니다. 예를 들어, 12개월 모멘텀 팩터를 리스크 조정의 두 번째 기준으로 삼고자 한다고 가정해 봅시다. 이 팩터를 주의 깊게 살펴봐야 하는 이유는 다음과 같습니다.

---

76 여기서 MCFR 값 5.76의 단위는 1,000 달러($1,000) 입니다.
77 정확히 말하면, 아직 해당 팩터들을 거래하지 않는다는 뜻입니다. 이후 섹션에서 헤징을 통해 어떻게 이런 거래가 가능해지는지 자세히 설명할 예정입니다.

1. 달러 기준 익스포저의 절대값이 사전에 설정된 12개월 모멘텀 팩터의 허용 한도를 초과했기 때문입니다. 단일 팩터 한도 설정에 대해서는 7.2.4절에서 자세히 설명합니다.

2. 12개월 모멘텀 팩터의 리스크 기여도가 다른 팩터들에 비교해 상대적으로 매우 높기 때문입니다. 예를 들어 표 7.1에서는 12개월 모멘텀 팩터가 전체 분산의 5.05%를 차지하고 있어, 상당히 큰 기여도를 나타냅니다.

종목	NMV	MCFR	12개월 모멘텀	추천의견
ADBE	123.3	-0.4	-0.32	매수
MSFT	-13.2	0.3	1	공매도
CSCO	38.2	0.5	0.5	비중 축소
IBM	-83.5	1.4	0.25	공매도
NVDA	5	-0.12	1.2	매매 금지
INTC	-51.9	-2.3	-0.52	숏커버링(공매도 포지션 청산)
…	…	…	…	…

표 7.2 종목별 순투자금액 (단위: 백만 달러), MCFR, 12개월 모멘텀 로딩값, 추천 의견.

표 7.2는 이와 관련된 추가 정보를 제공합니다.[78] 이 표는 포트폴리오의 리스크를 개별 주식 수준으로 분해한 것입니다. 각 주식은 포트폴리오의 팩터 리스크에 부분적으로 영향을 미칩니다. 이제 우리는 포트폴리오를 구성하기 위한 핵심 도구를 갖추었습니다. 이에 대한 절차는 절차 7.1에 요약되어 있습니다.

---

78 이 정보는 사용하는 분석 도구에 따라 형식이 다를 수 있습니다.

절차 7.1 전술적 포트폴리오 구성 절차

1. 펀더멘털 투자 아이디어를 수립합니다. (6.2절 참조)

2. 이 아이디어를 포지션(달러 단위 투자 규모)으로 전환합니다. (절차 6.2 참조)

3. 포트폴리오의 리스크를 구성 요소별로 분해합니다.

4. 개별 리스크(idiosyncratic variance)의 비중이 낮다면, 그 원인이 되는 팩터 그룹을 식별합니다. (허용 가능한 팩터 리스크 수준에 대한 기준은 7.2.1절을 참고)

5. 비중이 가장 큰 팩터 또는 리스크 기여도가 높은 팩터를 파악합니다. 또한, 단일 팩터 익스포저가 허용 범위를 초과한 팩터도 함께 확인합니다. (7.2.4절 참조)

6. 전체 팩터 리스크와 특정 팩터 익스포저를 동시에 줄일 수 있는 종목별 매매 후보를 선별합니다. 포지션 조정 시에는 단순히 리스크를 줄이는 데 그치지 않고, 투자 아이디어에 대한 확신은 물론, 포트폴리오의 총투자금액(GMV)을 줄이거나 늘리려는 목표와도 일치해야 합니다.

7. 포지션을 조정할 때는 다음 세 가지 조건을 만족해야 합니다. (a) 자신의 투자 아이디어와 일치할 것, (b) 팩터 리스크를 허용 가능한 수준으로 낮출 것, (c) 현재 리스크 관리 대상으로 삼고 있는 특정 팩터 익스포저를 줄일 것

7.1.1 꼭 필요하면 최적화하라 *(Optimize If You Must)*

포트폴리오는 때때로 본래의 구조에서 벗어날 수 있습니다. 다음은 그러한 상황이 발생할 수 있는 몇 가지 사례입니다.

- 시장에서 뚜렷한 팩터 로테이션이 발생하는 경우입니다. 특정 팩터가 급격히 하락하거나 급등하면 해당 팩터의 변동성이 업데이트되며, 이에 따라 팩터 리스크도 변화합니다. 변동성이 바뀌면 팩터 리스크도 함께 변하게 됩니다. 특히, 모멘텀이나 공매도 비율과 같은 팩터는 팩터 로딩값이 갑작스럽게 달라질 수 있습니다. 예를 들어, 최근 12개월간 하락한 종목이 갑자기 반등하거나, 공매도가 집중된 종목에서 숏 스퀴즈가 발생하면, 기존에 예상했던 팩터 노출과는 전혀 다른 방향으로 로딩이 이동합니다. 대표적인 사례로는 2007년 8월 8일~11일, 2008년 8월~12월, 2016년 2월 22일~3월 4일, 2018년 10월 8일~12월 1일, 그리고 2020년 2월 22일~3월 19일 기간에 발생했습니다. 이처럼 팩터 리스크와 익스포저가 동시에 급변할 경우, 포트폴리오 매니저는 신속하고 단호하게 대응할 필요가 있습니다.

- 포트폴리오 매니저가 식별한 알파가 강하고 지속적인 경우입니다. 이는 투자자들에게는 긍정적인 소식이지만, 동시에 특정 팩터 익스포저가 지나치게 확대될 위험도 존재합니다. 예를 들어, 수익률이 좋은 종목을 매수하고, 나쁜 종목을 매도하는 전략을 취하다 보면, 중장기 모멘텀 팩터에 대한 익스포저가 커지게 됩니다. 또한 베타나 변동성 팩터에 대한 익스포저도 함께 증가하는 경향이 있습니다. 이러한 팩터 노출 증가는 위험 신호가 될 수 있습니다. 특

히 모멘텀 팩터는 시장 반등 시 급격한 손실(모멘텀 폭락)을 초래할 수 있습니다. 가장 대표적인 사례는 2008년 4분기와 2009년 상반기로, 이 시기는 수익률은 좋았지만 리스크 관리가 매우 까다로웠던 시기입니다.

- 규모는 작지만 비슷한 사례로는 실적 발표 시즌(earnings season)을 들 수 있습니다. 실적 발표 전에는 보통 강한 확신을 가지고 종목을 보유하게 됩니다. 실적은 본질적으로 개별 기업 리스크의 영향을 받지만, 예상치 못한 팩터 수익률의 영향을 함께 받게 되면서 의도치 않게 과도한 팩터 리스크를 떠안게 될 수 있습니다.

- 마지막으로, 커스텀 팩터(custom factor)에 주목해야 하는 경우도 있습니다. 이에 대해서는 8.4절에서 자세히 다룹니다. 질적인 관점에서 보면, 커스텀 팩터는 표준 리스크 모델 외의 정보를 반영한 로딩값, 즉 개별 종목의 특성으로 나타납니다. 대표적인 예로는 ESG(환경, 사회, 지배구조) 점수를 들 수 있습니다.

전술적 포트폴리오 최적화의 목표는 단순히 몇 개 종목만 매매해서 리스크를 적정 수준으로 되돌릴 수 없을 때, 포트폴리오 전체를 조정하여 허용 가능한 리스크 수준으로 되돌리는 데 있습니다. 만약 적절한 매매 전략을 찾는 데 시간이 너무 오래 걸린다면, 그 전략은 효과적이지 않을 수 있습니다. 따라서 최적화는 앞에서 설명한 간단한 매매 규칙을 바탕으로 하되, 계산이 지나치게 복잡하지 않아야 합니다. 이 과정에서 '커스텀 팩터 로딩(custom factor loading)'이라는 개념이 필요합니다. 커스텀 팩터 로딩은 기존 리스크 모델에서 사용하는 팩터 로딩과 비슷하지만, ESG

점수와 같은 질적인 정보를 반영할 수 있게 해줍니다. 마지막으로, 포트폴리오가 특정 팩터에 과도하게 노출되지 않도록, 전통적 팩터와 커스텀 팩터 모두에 대해 노출 한도(익스포저 최대치나 최소치)를 설정할 수 있어야 합니다. 또한 현실적인 포트폴리오 최적화를 위해 꼭 필요한 두 가지 제약 조건이 있습니다. 첫째, 전체 팩터 리스크가 너무 커지지 않도록 제한을 두어야 하며, 둘째, 포트폴리오의 전체 규모가 너무 작아지지 않도록 최소 규모를 정해두어야 합니다. 이 두 번째 제약 조건이 없다면 최적화 모델은 단순히 투자 금액 자체를 줄여 팩터 리스크를 낮추려고 할 수 있습니다. 하지만 이렇게 되면 실제 투자 전략의 목적과 맞지 않기 때문에 바람직하지 않습니다.

한편 '포트폴리오의 규모(size)'에 대한 제약 조건은 생각보다 단순하지 않습니다. 일반적으로 포트폴리오가 너무 작아지지 않도록 일정 수준 이상의 리스크(변동성)를 유지 되어야 한다는 조건을 설정할 수 있지만, 이 조건을 포함하면 계산이 매우 복잡해져 최적화가 사실상 어려워집니다. 따라서 이러한 리스크 기반 제약 대신, 포트폴리오의 총투자금액(GMV)이 일정 수준 이상이어야 한다는 제약 조건을 두는 것이 현실적인 대안입니다. 이 방법은 계산이 용이하며, 포트폴리오의 실제 규모와도 직관적으로 연결된다는 장점이 있습니다. 마지막으로, 최적화에서 '무엇을 최적화할 것인가'에 대한 명확한 목표 설정이 필요합니다. 가장 일반적인 방법은 매매 시 발생하는 비용(예: 거래 수수료나 시장 충격 등)을 가능한 한 줄이는 것입니다. 즉, 포트폴리오를 조정하더라도 비용을 최소화하도록 설계하는 것이 목표입니다.

지금까지 다룬 여러 조건들을 종합하면, 전술적 포트폴리오 최적화 문제는 다음과 같이 수식 없이 개념적으로 요약할 수 있습니다.

목표   거래 비용의 최소화
조건   a. 최종 포트폴리오의 팩터 노출이 특정 범위 내에 있어야 함
　　　　 b. 커스텀 팩터에 대한 노출도 특정 범위(최소/최대) 내에 있어야 함
　　　　 c. 전체 팩터 리스크 역시 일정 수준 이하 또는 이상이어야 함
　　　　 d. 포트폴리오의 총 투자금액(GMV)은 일정 수준 이상이어야 함

상세한 수식에 대해서는 부록 11.7절에서 자세히 설명합니다. 최적화 결과물에는 최소한 다음과 같은 정보들이 포함되어야 합니다.

- 각 종목별 매매 내역과 해당 거래에 따른 예상 비용
- 전체 예상 거래 비용
- 조정 전 포트폴리오와의 차이 정도 (거리)
- 조정 전후의 전체 리스크, 개별 리스크, 팩터 리스크
- 조정 전후의 개별 리스크 비중 (% idiovar)
- 조정 전후의 포트폴리오 총투자금액 (GMV)

물론 지금까지 소개한 방식이 최적화의 유일한 방법은 아닙니다. 거래 비용이 크지 않은 경우, 포트폴리오를 지나치게 변경하지 않도록 처음 상태에서의 변화 정도를 최소화하는 접근법이 더 유용할 수 있습니다. 예를 들어, '거리(distance)'라는 개념을 쓸 수 있는데, 이는 종목별 매매 금액을 제곱한 뒤 모두 더한 값으로 정의됩니다. 또 다른 접근 방식으로는 '개별 추적 오차(idiosyncratic tracking error)'라는 지표를 사용할 수 있

습니다. 이 지표는 매매 후 종목별 리스크 변화 정도를 나타냅니다. 이러한 최적화 기준을 적용하면, 불필요하게 포트폴리오를 크게 변경하는 일을 피하면서도 리스크를 효율적으로 조절할 수 있습니다.

7.2 전략적인 팩터 리스크 관리 (Strategic Factor Risk Management)

단기적인 리스크 조정만으로는 충분하지 않습니다. 장기적으로도 리스크를 어떻게 관리할지에 대한 기준과 원칙이 필요합니다. 이제 다음과 같은 질문들에 대해 다뤄보려 합니다.

- 내 포트폴리오에서 팩터 리스크는 최대 어느 정도까지 허용할 수 있을까?
- 시장 전체 움직임과의 연관성(시장 익스포저)은 어느 정도까지 허용해야 할까? 만약 내가 여러 매니저가 함께 일하는 환경(멀티매니저 플랫폼)에 있다면 기준이 달라져야 할까?
- 한 종목에 과도하게 투자하면 어떤 문제가 발생할까?
- 특정 스타일 (예: 모멘텀, 가치)에 지나치게 집중된 포트폴리오는 괜찮을까?

7.2.1 팩터 리스크의 상한선 설정 (Setting an Upper Limit on Factor Risk)

지금까지는 원칙, 도구, 절차에 대해 이야기했지만, 실제 운용에서 더 중요한 것은 얼마나 많은 팩터 리스크를 감수할지에 대한 구체적인 기준을 정하는 일입니다. 이 기준을 수학적으로 표현하면 팩터 수익률의 변동성이 전체 포트폴리오 변동성의 일정 비율을 넘지 않도록 제한하는 것입니다. 다만 실무에서는 이를 조금 다르게 표현합니다. 이전 장에서 우리는 팩터 수익률과 개별 종목 수익률은 서로 상관관계가 없기 때문에, 둘을 더한 포트폴리오 전체 수익률의 분산은 단순히 각각의 분산을 더한 값이 된다는 사실을 알게 되었습니다.[79] 그래서 우리는 **팩터 분산이 전체 포트폴리오 분산의 일정 비율을 넘지 않아야 한다**고 표현합니다. 예를 들어 포트폴리오의 연간 변동성이 1,000만 달러 ($10M) 전체 분산의 20%까지만 팩터 리스크를 허용한다고 하면, 팩터 분산의 최대 허용치는 $0.2 \times (10M)^2 = \$20M^2$ 즉, 2,000만 달러의 제곱이 됩니다.[80] 따라서 팩터 변동성 (volatility)은 $\sqrt{20} \approx 450$만 달러 ($4.5M)가 됩니다.

그렇다면 팩터 리스크는 전체 리스크의 몇 퍼센트까지 허용하는 것이 적절할까요? 정답은 없습니다. 어떤 수준을 선택하든 장단점이 따르기 때문입니다. 팩터 리스크를 과도하게 허용하면, 손익 (PnL)의 일부를 우리가 통제할 수 없게 되어 위험조정수익률(샤프비율 등)이 낮아질 수 있습니다. 샤프비율이 낮아진다는 것은 포트폴리오에 사용할 수 있는 레버리지가 줄어든다는 뜻이기도 합니다.[81] 이제부터는 이러한 개념들을 수치를 활용해 설명하겠습니다. 이를 위해 몇 가지 정의를 소개합니다.

- 개별 리스크 비율 (% idio variance, 기호: p)은 포트폴리오의 전체 리스크(분산) 중 개별 종목 리스크가 차지하는 비율을 의미합니다. 수식으로는 다음과 같습니다.

$$\text{개별 분산} \ (\% \text{ idio var}) = \frac{\text{포트폴리오의 개별 분산 (idiosyncratic variance)}}{\text{전체 분산 (total variance)}}$$

---
[79] 변동성은 이렇게 더해지지 않지만, 분산은 더해집니다.
[80] 분산이므로 단위도 제곱입니다.
[81] 이 내용은 뒷부분에서 더 자세히 다루게 됩니다.

- 정보비율(IR)은 포트폴리오의 예상 개별 종목 손익(Expected Idio PnL)을 개별 리스크의 표준편차(변동성)로 나눈 값입니다.

여기서 우리는 하나의 가정을 둡니다. 펀더멘털 투자자는 팩터에 대한 투자 역량이 없다고 가정합니다. 물론 현실에서 일부 투자자는 스타일 팩터나 섹터/산업에 대한 통찰력을 어느 정도 가지고 있을 수도 있습니다. 하지만 실제 데이터에 따르면 대부분의 매니저는 팩터에 대한 예측 능력이 거의 없거나 매우 제한적이기 때문에, 포트폴리오의 전체 수익은 전적으로 개별 종목에 의한 수익으로 간주하겠습니다. 이러한 조건에서는 포트폴리오의 전체 리스크가 개별 리스크보다 항상 크기 때문에, 정보비율(IR), 샤프비율(SR), 개별 리스크 비율(p) 간의 관계를 다음과 같이 나타낼 수 있습니다.

$$\frac{\text{정보비율} - \text{샤프비율}}{\text{정보비율}} = 1 - \sqrt{\text{\% 개별 분산}}$$

$$p = \text{개별 분산 (\% idio var)}$$

팩터 리스크가 존재하면 샤프비율은 낮아집니다. 그렇다면 얼마나 낮아질까요? 표 7.3과 그림 7.1은 이에 대한 수치 예시를 제공합니다. 여기서 기억할 만한 경험 법칙은 개별 분산이 5% 줄어들 때마다 샤프비율이 약 2.5% 감소한다는 점입니다. 즉, 동일한 변동성(리스크) 예산을 쓰더라도 예상 수익률은 평균적으로 2.5% 낮아지는 셈입니다. 또한 개별 분산 비율(p)가 낮아질수록 샤프비율이 감소하기 때문에 레버리지 활용 가능성도 줄어듭니다. 그렇다면 p를 100%로 설정하는 것이 항상 최선일까요? 꼭 그렇지는 않습니다. 세 가지 문제가 있습니다.

- 개별 리스크를 100%로 유지하는 것은 비용이 많이 듭니다. 모든 개별 종목 리스크를 중립화하려면 포지션 크기를 정교하게 조정해야 하고 더 많은 거래를 해야 하므로 거래 비용도 증가합니다. 대규모 포트폴리오에서는 이 비용이 전체 수익의 5%를 초과할 수도 있습니다. (이번 분석에서는 이 거래 비용을 무시했습니다.)

표 7.3 개별 리스크 (개별 분산) 가 전체 리스크 (총 분산) 에 미치지 못할 때 발생하는 위험조정 수익률 손실

개별 분산 비율 (%)	정보비율 악화 (%)
95	2.5
90	5.1
85	7.8
80	10.6
75	13.4

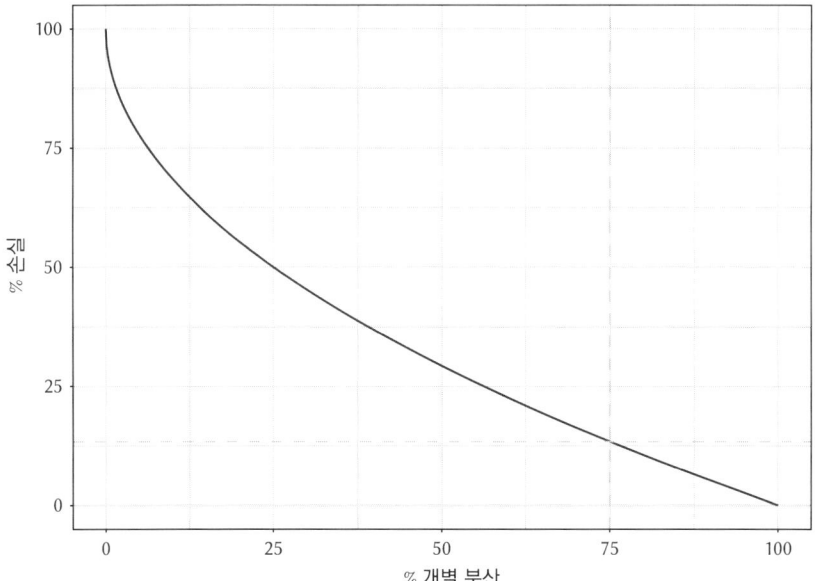

그림 7.1 개별 분산 비율과 위험조정수익률 감소 간의 관계

- 포트폴리오 리스크를 100% 개별 종목 리스크에 맞추려고 하면 비중 결정에 어려움이 생길 수 있습니다. 포트폴리오 매니저가 '나는 어떤 종목에 얼마나 투자해야 할지 잘 판단할 수 있다'고 생각한다고 해봅시다. 그러나 리스크를 줄이기 위해 포트폴리오를 조정하다 보면 원래 계획했던 투자 비중이 크게 달라질 수 있으며, 이로 인해 기대했던 수익을 제대로 달성하지 못할 가능성이 있습니다. 다시 말해, 이론적으로는 개별 종목 수익률과 팩터 수익률이 독립적이라고 가정하지만, 현실에서는 포트폴리오 조정 과정에서 두 요소 간에 어느 정도 상관관계가 발생할 수 있습니다. 그 결과, 개별 종목에 대한 확신이 제대로 반영되지 않는 왜곡된 포트폴리오가 될 수 있습니다.

- 포트폴리오를 100% 개별 리스크(idiosyncratic risk) 기반으로 만들겠다는 시도는 이론적으로는 그럴싸해 보이지만, 현실에서는 오히려 잘못된 전략이 될 수 있습니다. 우리는 리스크 모델이 포트폴리오의 진짜 팩터 리스크를 알려줄 거라 기대하지만, 현실 세계의 리스크 모델은 완벽하지 않습니다. 심지어 최신 리스크 모델조차도 동일한 포트폴리오에 대해 개별 리스크 비율(p)을 5~10% 정도 다르게 예측하기도 합니다. 그런데도 모델 제공자들은 '우리 모델이 전 세대보다 5% 더 정확하다'고 주장합니다. 결국 우리는 리스크를 제대로 관리하고 있다고 착각하지만, 실제로는 부정확한 모델에 맞춰 포트폴리오를 과도하게 조정하며 '진짜 리스크'가 아닌 '노이즈'를 관리하는 상황에 빠질 수 있습니다.

> **인사이트 7.1 개별 리스크 최소 비중** (Minimum Percent Idio Variance)
>
> 개별 리스크 비중을 너무 높이는 것도 한계가 있습니다. 보통 75%를 넘으면 추가적인 이득보다 거래 비용이나 관리 부담 같은 비용이 더 커질 수 있습니다.

그렇다면 최적의 개별 리스크 비중(p)은 얼마일까요? 여러분이 개별 종목 분석을 기반으로 투자하고 있으며, 좋은 리스크 모델을 사용하고 있다면, p를 75% 이상으로 억지로 맞출 필요는 없습니다. 특히 그 리스크가 주로 시장(Market), 장기 모멘텀(Long-Term Momentum), 변동성 팩터(Volatility Factor), 섹터 팩터(Sector Factors)처럼 모두가 인정하는 보편적인 팩터에서 비롯된 것이라면 굳이 높은 p를 고집할 이유는 없습니다. 이러한 팩터들은 리스크가 예측 가능하고, 일반적인 시장 리스크와 크게 다르지 않기 때문에, 일부 노출을 받아들여도 포트폴리오에 큰 영향을 미치지 않습니다. 만약 여러분의 포트폴리오가 이런 일반적인 팩터에 거의 노출되지 않으면서도 p가 75% 이상이라면, 스스로에게 다음과 같은 질문들을 해볼 필요가 있습니다.

- **여러분의 전략은 고레버리지를 필요로 하나요?**
  그렇다면 팩터 리스크를 감당할 여유가 줄어듭니다.

- **포트폴리오 내 보유 종목 수가 적은가요?**
  종목이 적을수록 높은 개별 리스크 비중(p)을 유지하기가 더 어려워집니다.

- **포지션 사이징 (비중 조절) 에 대해 확신이 있나요?**

  자신의 판단을 강하게 믿을수록, 리스크를 조정할 여지가 줄어듭니다.

- **최적화 툴이나 퀀트 전문가의 도움을 받고 있나요?**

  그렇다면 인지적 비용(cognitive cost)이 줄어들어 높은 p 를 관리할 여유가 생길 수 있습니다.

- **유동성이 낮은 종목 (illiquid stocks) 을 거래하나요?**

  그렇다면 높은 p 를 유지하는 데 드는 비용이 매우 클 수 있고, 리스크 모델의 신뢰도도 떨어질 가능성이 있습니다.

- **포트폴리오 구성과 상관없이 언제나 돈을 버나요?**

  그렇다면 p 에 대해 걱정할 필요가 없습니다. 그런 당신이라면…. 저는 평생 친구가 되고 싶네요!

7.2.2 시장 익스포저 한도 설정 (Setting a Limit on Market Exposure)

포트폴리오 구성에 따라 시장 노출(market exposure)을 일부 허용하는 것이 나을 때도 있습니다. 포트폴리오의 종목 수가 적고 샤프비율이 높지 않다면, 어느 정도 시장에 노출되는 것이 유리할 수 있습니다. 반대로, 종목 수가 매우 많고 (예: 1,000개 이상), 샤프비율이 1.5 이상이라면, 시장 중립(market-neutral) 전략이 더 적합합니다. 그렇다면 왜 시장 노출 여부를 고민해야 할까요? 이 질문에 대해 두 가지 상반된 입장이 존재합니다.

1. 포트폴리오 매니저는 종종 펀더멘털 관점을 바탕으로 시장에 대해

약간의 롱(long) 또는 숏(short) 포지션을 가지게 됩니다. 이런 시장 익스포저는 자연스러운 결과이며 강제로 시장 중립을 맞추려 하면 포지션 비중이 왜곡되거나 불필요한 조정이 필요할 수 있습니다.

2. 시장(지수)은 평균적으로 수익을 내는 자산입니다. 시장은 자체적으로 양(+)의 샤프비율을 갖고 있으므로, 시장 노출을 유지하는 것이 합리적일 수 있습니다. 냉소적으로 말하면, 굳이 어렵게 시장 중립을 추구하기보다는 수익을 내는 시장에 노출되는 것도 하나의 방법입니다.

첫 번째 주장은 생각보다 쉽게 반박할 수 있습니다. 우선, 포트폴리오에 20개 이상의 종목만 있어도 시장 중립을 맞추는 것은 어렵지 않습니다. 단지 숏 포지션에 대한 확신이 부족하거나, 포트폴리오 매니저가 롱-온리(long-only) 펀드[82] 출신이라 무의식적으로 시장 노출이 생긴 것일 가능성이 있습니다. 만약 여러분이 상대 가치(relative value)에 베팅하고 포트폴리오 내 충분한 종목을 보유하고 있다면, 시장 중립 전략이 잘 맞을 것이며 실제로도 실현 가능합니다. 설령 시장에 대한 노출이 일시적으로 발생하더라도, 저렴한 비용으로 충분히 헤지할 수 있습니다.

두 번째 이슈는 다소 복잡합니다. 제가 추천하는 접근법은 시장에 얼마나 노출될 것인지에 대한 적정 기준을 정하는 것입니다. 만약 정해진 변동성 한도(volatility budget) 내에서 투자해야 한다면, 목표는 그 한도 내에서 리스크 조정 수익률(샤프비율)을 최대화하는 것입니다. 이렇게 해야 가장 많은 수익을 낼 수 있습니다. 시장 노출이 허용된다면 투자할 수 있는 자산은 두 가지입니다. 첫 번째는 시장에 영향을 받지 않도록 구성된 시

---

[82] 역자주: 오로지 매수만 하는 전략을 사용하는 펀드

장 중립 포트폴리오(샤프비율$_{port}$)이고, 두 번째는 시장 전체(샤프비율$_m$) 입니다. 이 둘의 수익률은 거의 상관관계가 없다고 가정합니다.

시장 노출 비율을 계산하는 공식은 여러 가지 방식으로 표현할 수 있습니다.[83]

- 첫 번째 방식은 시장에 할당할 최적의 변동성 비중을 계산하는 공식입니다.

$$\frac{\text{시장 분산}}{\text{총 분산}} = \frac{1}{1 + \left(\frac{\text{샤프비율}_{port}}{\text{샤프비율}_m}\right)^2}$$

이 공식에 따르면, 포트폴리오의 샤프비율이 높을수록 시장에 대한 노출 필요성이 줄어듭니다. 예를 들어 포트폴리오의 샤프비율이 1.5이고 시장의 샤프비율이 0.5라면, 전체 리스크 중 시장에 노출될 수 있는 비중은 $1/(1+3^2) = 1/10$ 수준이 되어야 합니다. 큰 규모의 포트폴리오(예: 여러 매니저들의 포트폴리오를 합친 경우)는 일반적으로 샤프비율이 더 높기 때문에 이 비중은 더 작아집니다. 샤프비율이 2이면 시장 노출 비율은 약 5.9%, 샤프비율이 3이면 약 2.7%가 됩니다.

- 또 다른 방식은 포트폴리오의 총투자금액(GMV)을 기준으로 시장에 투자할 자금 비중을 계산하는 방법이 있습니다. 여기서 포트폴리오의 연간 달러 기준 변동성을 σ_{port}, 시장의 연간 변동성을 σ_m이라 하면 총 분산(전체 리스크)은 단순히 포트폴리오 분산(σ_{port}^2)과 시장 분산(σ_m^2)을 더한 값과 같습니다. 시장에 할당할 최적의 GMV 비율(최적 비중)은 다음과 같이 계산할 수 있습니다.

---

[83] 부록 11.3.1 참조

$$\frac{GMV_m}{GMV_{total}} = \frac{1}{1 + \frac{\sigma_m \times (\text{샤프 비율})_{port}}{\sigma_{port} \times (\text{샤프 비율})_m}}$$

수치 예시를 살펴보겠습니다. 포트폴리오의 연간 변동성(σ_{port})은 3%, 시장 변동성(σ_m)은 15%, 시장의 샤프비율(샤프비율$_m$)은 0.5, 포트폴리오의 샤프비율(샤프비율$_{port}$)은 1.5일 때, 시장에 투자해야 할 최적 비중은 약 6.25%가 됩니다. 즉, 포트폴리오의 총 리스크 중 6.25%를 시장에 할당하는 것이 가장 효율적입니다. 그런데 포트폴리오 규모가 매우 큰 경우(예: 종목 수 1,000개)에는 변동성이 훨씬 작아집니다. 예를 들어, 1,000개 종목으로 구성된 포트폴리오에서 각 종목의 변동성이 20%라고 가정하면, 전체 포트폴리오의 변동성(σ_{port})은 약 0.6% 까지 낮아질 수 있습니다. 이때 포트폴리오의 샤프비율을 2라고 가정하면, 시장에 투자할 GMV 비율(최적 비중)은 약 1%에 불과합니다.

소규모의 포트폴리오를 독립적으로 운용하는 포트폴리오 매니저들은 샤프비율을 극대화하기 위해 시장에 약간의 노출(익스포저)을 가질 수 있습니다. 이는 자산 규모가 작고 변동성이 상대적으로 크기 때문에, 시장에 일부 노출되는 것이 오히려 수익을 높이는 데 도움이 될 수 있기 때문입니다. 반면, 여러 매니저가 운용하는 대규모 포트폴리오(펀드)는 평균적으로 낮은 변동성과 높은 샤프비율을 보입니다. 이러한 포트폴리오는 이미 다양한 종목과 전략에 분산되어 있어서, 시장 전체의 방향성과 무관하게 자체적인 성과를 내는 것을 목표로 합니다. 따라서 시장 중립(market-neutral)을 유지하는 것이 바람직합니다. 이에 따라 대형 포트폴리오에 속한 포트폴리오 매니저들도 개별 포트폴리오를 운용할 때 시장 중립 전략을 기본 원칙으로 삼아야 전체 펀드의 전략 방향성과 일관성을 유지할 수 있습니다. 또한, 단순히 샤프비율을 높이기 위한 목적뿐만 아니라, 펀드가 공식적으로 시장과 상관없는 수익을 내겠다는 목표를 가지고 있다면 시장에 대한 노출(익스포저)을 의도적으로 줄여야 할 수도 있습니다. 예를 들어, 펀드가 시장과 무관한 수익을 약속한 경우, 시장 노출은 아예 없어야 합니다.

7.2.3 단일 종목 투자 비중 한도 설정
(Setting an Upper Limit on Single-Stock Holdings)

포트폴리오란 본질적으로 여러 자산으로 구성된 투자입니다. 잠시 멈추고 왜 우리가 여러 자산에 투자해야 하는지 생각해 봅시다. 실제로 원자재 트레이더들은 몇몇 자산에만 집중 투자하기도 합니다. 그런데 펀더멘털 투자자라면 왜 다르게 행동해야 할까요? 왜 한 기업에만 집중 투자하지 않는 걸까요? 그 이유는 여러 가지가 있습니다. 우선, 단일 기업에 대해 아무리 철저히 분석해도 예측에는 한계가 있기 마련입니다. 따라서 단일 종목에만 롱 또는 숏 포지션을 취하는 전략은 리스크를 키우는 동시에 수익 기회를 제한할 수 있습니다. 또한 같은 산업에 속한 기업들은 공통점이 많아, 여러 종목을 함께 분석하고 거래할수록 효율이 높아집니다. 이렇게 여러 종목을 비교하면서 상대적인 강약을 판단해 페어 트레이딩(쌍으로 매매)이나 바스켓 매매를 할 수 있습니다.

무엇보다 중요한 이유는 바로 **분산 투자 (diversification)**입니다. 여러 종목에 분산 투자하면 개별 리스크가 평균화되어 전체 리스크가 줄어듭니다. 모든 종목에 대한 확신이 비슷하다면, 수학적으로 최적의 포지션 크기를 계산했을 때, 자연스럽게 여러 종목에 고르게 분산된 포트폴리오가 만들어집니다.[84] 하지만 이야기는 여기서 끝나지 않습니다. 특정 종목에 대해 비정상적으로 강한 확신을 가진 포트폴리오 매니저가 있다고 가정해 봅시다. 하나의 종목에 포트폴리오 총투자금액(GMV)의 40%를 투자하는 것이 정당화될 수 있을까요? 상식적으로는 위험해 보이지만, 일부 헤지펀드에서는 이를 허용하기도 합니다. 그러나 대부분의 경우 적절한 상한선을 두며, 그 이유는 다음과 같습니다.

첫째, 주식은 언제든지 쉽게 사고팔 수 있는 자산이 아닙니다. 특히 시장이 불안정해질 때는 거래가 어려워지고 유동성이 악화될 수 있습니다. 이런 상황에서는 펀드가 정한 '최대 변동성 한도'나 '손절 규칙'을 지키기 위해 어쩔 수 없이 보유 자산을 줄여야 할 수도 있습니다. 심할 경우, 프라임 브로커(증권 대출을 제공하는 기관)의 마진 요구조건을 맞추기 위해 강제로 주식을 팔아야 할 수도 있습니다. 일반적으로 주식의 유동성은 **일평균 거래대금 (ADTV, Average Daily Trading Volume)** 으로 판단하며, 최근 1~6개월간 하루 평균 거래 규모를 참고합니다. 그리고 특정 종목을 얼마나 많이 보유하고 있는지에 따라, 해당 포지션의 유동성을 ADTV 대비 비율로 측정할 수 있습니다. 예를 들어 어떤 종목의 보유 금액이 2,000만 달러이고 하루 평균 거래대금이 1,000만 달러라면, 이 포지션은 '2일치 거래량(two-day volume)'에 해당합니다. 이는 투자자가 보유한 주식 수가 해당 종목의 평균 거래량의 2배에 해당한다는 의미입니다. 하루에 전체 거래량의 최대 4%까지만 거래할 수 있다고 가정하면, 이 포지션을 전부

---

[84] 이 내용은 6.3절에서 다룬 바 있습니다.

청산하려면 무려 50거래일이 소요될 수 있습니다. 이처럼 청산에 시간이 오래 걸리는 포지션은 위험할 수 있습니다. 예를 들어 펀드가 한 달 안에 투자자에게 자금을 반환해야 한다는 조건이 있다면, 50일이나 걸리는 청산 기간은 매우 부담스러운 리스크가 됩니다. 이런 경우 포트폴리오 매니저는 종목별로 더 엄격한 유동성 제한을 두게 되며, 이 제한은 보통 하루 평균 거래대금(ADTV) 대비 몇 퍼센트까지 보유할 수 있는지를 기준으로 정해집니다.

두 번째 이유는 아무리 실력이 뛰어난 포트폴리오 매니저라도 신이 아니기 때문입니다.[85] 실제로 그들의 투자 아이디어 중 절반 가까이는 수익을 내지 못합니다. 따라서 특정 종목에 너무 많은 자금을 배분하지 않도록 제한을 두는 이유는 투자 아이디어의 낮은 신뢰도(신호 대비 잡음 비율, signal-to-noise ratio)를 고려하여 한두 개의 베팅에 집중하기보다는 다양한 베팅을 분산해 실행하도록 유도하기 위함입니다. 극단적인 예를 들어보면, 어떤 트레이더가 특정 종목의 수익 방향(오를지 내릴지)은 어렴풋이 예측할 수 있다고 가정해 봅시다. 하지만, 어느 정도 오르거나 내릴지는 전혀 감을 잡지 못한다고 합시다. 이런 경우엔 각 종목에 동일한 비중으로 투자하는 것이 가장 현명한 전략입니다.

반대로, 어떤 포트폴리오 매니저는 수익 방향뿐만 아니라 수익률의 크기까지 정확히 예측할 수 있는 능력이 있다고 가정해 봅시다. 이럴 땐 포지션 사이징이 어떻게 달라져야 할까요? 이 질문에 명확한 답을 내리려면 몇 가지 추가적인 가정이 필요하지만, 적어도 확실한 건 포지션 비중이

---

85 프로메테우스(Prometheus)는 고대 그리스어 'pro-manthano'에서 유래된 말로, '미리 배우다'라는 뜻입니다. 그는 자기 확신이 지나친 투자자들의 수호성인입니다.

모든 종목에 균등하지는 않을 것이라는 사실입니다. 경우에 따라서는 예상 수익률에 비례해서 포지션을 조절하게 될 수도 있습니다.

이처럼 집중 투자와 포지션 조절 능력 사이의 균형을 수치로 이해하려면, 최소 몇 개의 종목에 투자해야 하는지를 따져보는 것이 하나의 방법입니다. 예를 들어, 투자 가능한 종목이 총 100개이고, 개별 종목당 최대 투자 비중이 총투자금액(GMV)의 20%로 제한되어 있다면, 한 포트폴리오에 들어갈 수 있는 최소 종목 수는 5개가 됩니다. 여기서, '확신이 강한 종목(high conviction stock)'에서의 평균 수익률을 α_h 라고 합시다.[86] 각 종목의 수익률은 서로 상관관계가 없다고 가정하고, 모든 종목의 변동성(σ)이 동일하다고 가정합시다. 포트폴리오의 변동성은 $(GMV/5) \times \sqrt{5}\sigma$ 가 되고 수익률은 $GMV \times \alpha_h$ 가 됩니다. 따라서 샤프비율은 이 둘을 나눈 값입니다.

$$(\text{높은 확신의 샤프비율}) = \frac{GMV \times \alpha_h}{(GMV/\sqrt{5}) \times \sigma} = \sqrt{5} \times \frac{\alpha_h}{\sigma}$$

이번에는 반대로 GMV(총 투자금)의 1%를 종목당 투자 한도로 설정하여 완전히 분산 투자하는 경우를 생각해 봅시다. 이처럼 '확신이 낮은 종목(low-conviction stocks)'의 기대수익률이 더 낮기 때문에, 이들의 평균 수익률을 α_ℓ이라 정의하고, 위와 같은 방식으로 샤프비율을 계산하면 다음과 같습니다.

$$(\text{낮은 확신의 샤프비율}) = \sqrt{100} \times \frac{\alpha_\ell}{\sigma}$$

---

[86] 우리는 현재 개별 수익만 고려하고 있으며, 종목간 서로 상관관계가 없다고 가정합니다.

이제 우리가 확인하고 싶은 것은 확신이 높은 종목이 보다 나은 성과를 내느냐는 점입니다. 수식으로 표현하면 $\alpha_h > \alpha_\ell \sqrt{100/5}$ 의 조건이 성립할 때만 가능합니다. 즉, 확신이 높은 아이디어(α_h)의 알파(초과수익률)가 평범한 아이디어(α_ℓ)보다 4.5배는 높아야만, 개별 종목에 최대 20%까지 투자하는 것이 정당화됩니다. 이 조건을 일반화하면 다음과 같은 형태로 표현할 수 있습니다.

$$\alpha_h > \alpha_\ell \sqrt{(\text{포트폴리오 내 종목 수})/(1/\text{최대 투자 비중})}$$

현재 α_ℓ와 α_h를 알고 있다고 가정하면, 한 종목에 투자 가능한 최대 비중은 다음 공식을 통해 계산할 수 있습니다.

$$\text{최대 투자 비중} = \left(\frac{\alpha_h}{\alpha_\ell}\right)^2 \times \frac{1}{(\text{포트폴리오 내 종목 수})}$$

이 결과는 포트폴리오 운용의 중요한 기준이 됩니다. 확신이 있는 종목과 확신이 없는 종목 간의 수익률 차이가 클수록, 포트폴리오를 더 집중적으로 구성할 수 있다는 뜻입니다. 우리는 이 비율을 **확신 수익성 비율(Conviction Profitability Ratio, CPR)** 이라고 부릅니다. 예를 들어, 포트폴리오에 20개 종목만 포함되어 있다면, 한 종목에 자산의 50%를 투자할 수도 있습니다. 하지만 200개 종목으로 구성된 경우에는 집중 투자가 어렵습니다. 책의 표 7.4에는 다양한 변수 조합에 따른 CPR 값이 제시되어 있습니다. 종목 수는 명확히 알 수 있지만, 실제로 α_h와 α_ℓ의 비율, 즉 CPR은 대부분 불확실합니다. 놀라운 사실은 대부분의 포트폴리오 매니저에게 이 비율이 1 이하이며, 최고의 매니저조차 2를 넘기기 어렵다는 점입니다. 예를 들어, CPR이 2인 상태에서 100개 종목으로 구성된 포트폴리오를 운용하면, 개별 종목당 투자 한도는 총투자금액(GMV) 기준으로 약 4%에 불과합니다.

마지막으로 강조하자면, α_h와 α_ℓ의 정의는 반드시 경험적 데이터를 바탕으로 해야 합니다. 이런 근거 없이 포지션 크기를 결정하면 매니저가 자신의 능력을 과대평가하는 경향이 생길 수 있습니다. 다음 장의 8.2.1절에서 이에 대해서 자세히 다루겠습니다.

표 7.4 투자 가능한 종목 수와, 확신이 높은 종목과 낮은 종목 간의 기대수익률 차이를 반영해 결정된 단일 종목 투자 비중 한도

α_h/α_ℓ	종목 수	최대 비중
1.0	50	2.0%
1.5	50	4.5%
2.0	50	8.0%
1.0	100	1.0%
1.5	100	2.2%
2.0	100	4.0%
1.0	150	0.7%
1.5	150	1.5%
2.0	150	2.7%

이번 절에서는 총투자금액(GMV)을 기준으로 투자 한도를 설정하는 방식을 사용했습니다. 이에 상응하는 또 다른 방식으로는, 개별 종목의 변동성(idiosyncratic volatility)을 금액 기준으로 측정하는 방법이 있습니다. 이 방법은 포트폴리오 내 종목들의 변동성 차이를 고려할 수 있다는 장

점이 있습니다. 그러나 제 생각에는 굳이 이렇게 복잡한 방법을 택할 필요는 없습니다. 그 이유는 두 가지입니다. 첫째, 6.3절에서 살펴본 것처럼, 개별 변동성이 클수록 기대수익률도 비례해서 커진다는 단순한 가정은 실제로 잘 들어맞지 않습니다. 이 가정을 정밀하게 적용하려면 훨씬 더 면밀한 분석이 필요합니다. 둘째, CPR (확신 수익성 비율)은 이론적으로 측정 가능하지만, 실제로는 포트폴리오 매니저마다 그 값의 편차가 매우 큽니다. 이 오차 범위는 개별 종목당 투자 한도의 설정에도 직접적인 영향을 미칩니다. 결국, 이렇게 근본적으로 해소하기 어려운 불확실성이 존재하는 상황에서는 수식을 아무리 정교하게 다듬어도 실익이 크지 않습니다.

7.2.4 단일 팩터 익스포저 한도 설정
(Setting an Upper Limit on Single-Factor Exposures)

7.2.1절에서는 팩터 리스크 전체에 대해 적절한 한도가 어느 정도인지 살펴보았고, 7.2.2절에서는 시장 리스크나 리스크 프리미엄이 존재한다고 믿는 경우 다른 주요 팩터들에 대해서도 그 한도를 어떻게 설정해야 할지 논의했습니다. 하지만 그 외의 나머지 팩터들에 대해서는 아직 언급하지 않았습니다. 이제 몇 가지 가능한 접근 방식을 살펴보겠습니다.

- **모든 팩터 노출을 0으로 유지하기** - 마치 비건 식단을 시작하거나 뉴욕 마라톤에 참가하는 것처럼, 이 방법은 실제로 시도해 보기 전까지는 매력적으로 들릴 수 있습니다. 하지만 팩터 노출에 제약을 둘수록, 투자자가 포트폴리오를 운용할 수 있는 자유도는 점점 줄어듭니다. 예를 들어, 15개의 스타일 팩터와 80개의 종목이 있다면,

실질적으로는 65개 종목만으로 포트폴리오를 구성해야 하는 셈입니다. 이 정도는 별 문제가 아닐 수 있지만, 더 큰 문제는 새로운 투자 아이디어를 추가하거나 기존 아이디어를 조정할 때마다 복잡한 계산 과정을 반복해야 한다는 점입니다. 여기에 거래 비용까지 고려하지 않으면, 불필요한 매매가 과도하게 발생할 가능성도 높습니다. 물론 거래 비용을 모델에 반영할 수는 있지만, 그러려면 포트폴리오 최적화 도구를 따로 사용해야 합니다. 결국 이쯤 되면, 복잡한 계산과 불필요한 리스크를 줄이기 위해 들이는 노력이 실제로 얻는 이익보다 더 커질 수 있습니다. 게다가 7.2.1절에서도 살펴봤듯이, 소량의 팩터 리스크를 감수하는 데 드는 비용은 생각보다 크지 않습니다. 이런 한계를 감안하면, 다음 대안을 검토해보는 것이 좋습니다.

- **팩터 리스크를 일정 범위 내로 유지하기** – 이 방법은 비교적 현실적인 대안으로 보입니다. 원치 않는 수익률의 변동성을 일정 수준에서 통제할 수 있으며, 개별 팩터의 노출이 조금씩 바뀌더라도, 매번 지나치게 개입하지 않고도 포트폴리오를 운용할 수 있습니다. 하지만 여기에도 한계는 존재합니다. 포트폴리오 매니저가 전지전능하지 않은 것처럼, 리스크 매니저나 리스크 모델을 만든 이들 역시 완벽하지 않습니다. 어떤 모델이든 현실의 중요한 일부만 포착할 수 있을 뿐, 전체를 설명하긴 어렵습니다. 결국 모델이 보여주는 건 빙산의 일각에 불과합니다. 시장은 항상 급변하고, 팩터 역시 고정된 분포를 따르지 않습니다. 마치 공정한 동전을 던지는 게임을 하다가, 어느 순간 편향된 동전으로 바뀌는 상황과 비슷합니다. 예를 들어, 지금은 연간 변동성이 1%에 불과한 공매도 관련 팩

터(Short Interest factor)가 단 일주일 만에 1% 이상 급등할 수도 있습니다. 리스크 모델이 예상한 변동성은 때때로 무너지고, 한 번 무너지기 시작하면 극적이고 큰 충격이 뒤따를 수 있습니다. 그렇다고 해서 리스크 모델이 쓸모없다는 뜻은 아닙니다. 오히려 좋은 모델은 실패했을 때에도 탈출구를 보여줄 수 있어야 합니다. 이 탈출구는 리스크 자체를 통제하는 것이 아니라, 노출(익스포저)을 관리하는 데 있습니다. 예측 불가능한 극단적 손실로부터 포트폴리오를 보호하려면, 모델이 틀릴 수 있다는 전제 하에 노출을 관리하는 것이 더욱 효과적일 수 있습니다.

- **팩터 익스포저를 일정 범위 내로 유지하기** - 극단적인 수익률이 언제 발생할지는 알 수 없지만, 그 규모를 대략적으로 추정할 수는 있습니다. 가장 먼저 해야 할 일은 과거 데이터를 참고하는 것입니다. 예를 들어, 최대 낙폭을 기준으로 최악의 시나리오를 모델링할 수 있습니다. 여기에 리스크 허용 범위나 전문가의 판단을 더하면 보다 현실적인 추정이 가능합니다. 예를 들어, 일부 국가에서 공매도가 일시적으로 금지되었다가 영구적으로 전환되거나, 마진 요건이 강화되는 상황을 생각해볼 수 있습니다. 이처럼 제도적 변화가 발생하면, 단순히 과거 데이터만으로는 충분하지 않기 때문에, 더 보수적이고 안전한 시나리오가 필요합니다. 이러한 분석을 활용해 우리는 특정 팩터에 대해 '최악의 경우 이 정도 손실이 발생할 수 있다'는 기준인 $r_{factworst}$를 설정하게 됩니다. 예를 들어, 한 달 동안 -5%의 손실이 날 수 있다고 설정할 수 있습니다. 그 다음에는 내 포트폴리오 전체에서 이 팩터로 인해 감내할 수 있는 최대 허용 손실 비율인 $r_{portloss}$를 정합니다. 그러면 이 두 값을 이용해, 해당 팩터에 대해 얼마까지 투자할 수 있는지 b_{max}를 계산할 수 있습니

다. 이 결과는 $b_{max} \times r_{factworst} = GMV \times r_{portloss}$ 조건을 만족해야 합니다. 즉, 이 팩터에 얼마나 투자할 수 있을지는 내가 감당할 수 있는 손실 비율을 해당 팩터의 위험도를 기준으로 나눠서 계산할 수 있습니다.

$$\frac{b_{max}}{GMV} = \frac{r_{portloss}}{r_{factworst}}$$

이 방식은 단순하면서도 고정적인 한도 설정 방법으로, 포트폴리오의 예측 리스크나 팩터의 변동성에 영향을 받지 않습니다. 손실을 감내할 수 있는 범위가 작거나 해당 팩터의 수익률이 극단적으로 변동할 가능성이 클수록, 이 한도는 더 보수적으로 적용됩니다. 하지만 실제로는 대부분 팩터에서 이 한도가 운용에 직접적인 제약을 주는 경우는 많지 않습니다. 시장 팩터나 일부 산업 팩터처럼 변동성이 큰 경우에는 이 한도에 도달하기 전에 전체 팩터 리스크 한도에 의해 노출이 먼저 제한 되기 때문입니다. 반면, 변동성과 극단적인 손실 가능성이 모두 낮은 팩터의 경우에는 분모인 최악의 수익률인 $r_{factworst}$ 값이 작게 추정되므로 계산된 한도가 느슨하게 나올 수 있습니다. 다만 주의할 점은, 예상 변동성은 낮지만 큰 손실이 발생할 수 있는 팩터들도 존재한다는 것입니다. 예를 들어, 공매도 비중, 헤지펀드 보유 비중, 유동성, 그리고 일부 가치 팩터들은 시장 상황에 따라 포트폴리오 운용에 실질적인 제약 요인이 될 수 있습니다. 마지막으로 강조하고 싶은 점은, 이러한 노출 한도를 지키는 운용상의 규율은 시간이 지나 결국 반드시 보상을 가져다준다는 것입니다. 이는 구체적인 수치나 데이터보다는 다양한 실제 사례에서 얻은 경험을 바탕으로 한 조언입니다.

7.3 체계적 헤징과 포트폴리오 관리
(Systematic Hedging and Portfolio Management)

포트폴리오를 수작업으로 관리하는 것은 비효율적이거나 사실상 불가능한 경우가 있습니다.

- 여러 명의 애널리스트가 하나의 포트폴리오를 공동으로 관리하면서, 각자 다른 종목군이나 섹터를 맡는 경우가 있습니다. 예를 들어, A는 기술주를, B는 헬스케어를 담당하는 경우입니다. 이때 각 애널리스트가 개별적으로 거래 권한을 가지고 운용한다면, 서로 조율되지 않은 포지션들이 합쳐지면서 전체 포트폴리오의 팩터 노출(예: 시장 리스크, 스타일 리스크 등)이 과도하게 커질 위험이 있습니다. 특히 애널리스트 간 커버리지가 겹치는 종목이 있는 경우, 하나의 종목에 포지션이 여러 번 중복되어 쌓이면서 의도치 않게 해당 종목에 대한 과도한 집중이 발생할 수 있습니다.

- 포트폴리오를 한 명 또는 한 팀이 중앙에서 통제하고 있고, 보유 종목 수가 매우 많은 경우(예: 200개, 500개, 1000개 종목), 전체 팩터 리스크(예: 시장 리스크, 스타일 리스크 등)에 과도하게 기여하는 일부 종목이 생기기 마련입니다. 이럴 때 관리자들은 보통 팩터 리스크 기여도가 큰 몇몇 종목을 골라 매매를 통해 조정하려고 합니다. 하지만 종목 수가 너무 많다 보니, 소수 종목만 사고파는 방식으로는 전체 팩터 리스크를 효과적으로 조정하기 어렵습니다. 반면, 많은 종목을 소규모로 나눠서 매매하는 방식은 거래 비용이 상대적으로 낮고, 베타, 가치, 성장 등 여러 팩터에 대한 동시 노출 효과를 함께 고려할 수 있습니다. 따라서 소수 종목을 이용해 리스크를 조정하는 방식은 비효율적이며, 다수 종목을 소폭으로 조정하는 방식이

거래 비용 절감과 리스크 관리 측면에서 더 유리한 결과를 가져올 수 있습니다.

- 포트폴리오의 규모가 커지면, 예를 들어 총투자금액(GMV)이 크거나 변동성이 클 경우에는 단순한 투자 아이디어만으로는 효과적인 운용이 어렵습니다. 이럴 때는 아이디어 자체뿐만 아니라, 다음과 같은 여러 가지 제약 조건들을 함께 고려하며 운용해야 합니다.

    a. 거래 비용: 실제 트레이딩에 소요되는 비용
    b. 포지션 크기: 특정 종목에 과도한 비중이 쏠리지 않도록 제한
    c. 공시 요건: 특정 종목을 일정 수준 이상 보유할 경우 발생하는 법적 보고 의무
    d. 규제 요건: 예를 들어, 시가총액 대비 최대 보유 비율 제한 등
    e. 팩터 익스포저 리스크: 시장 베타나 스타일 팩터에 대한 과도한 노출

    이 모든 조건을 동시에 고려하고 관리하는 일은 매우 복잡하며, 많은 시간이 소요됩니다. 특히 포트폴리오 규모가 클수록, 매주 몇 시간씩 전담해서 이 작업을 수행해야 할 정도로 부담이 커집니다. 이러한 관리를 소홀히 하면, 시장 급락이나 규제 변화와 같은 예외적 이벤트 발생 시 포트폴리오가 예상치 못한 큰 손실을 입을 수 있습니다.

- 여러 명의 포트폴리오 매니저가 함께 헤지펀드를 운용하는 '멀티 PM 체계'에서도 비슷한 문제가 발생할 수 있습니다. 각 매니저가 자율적으로 포트폴리오를 운용하게 되면, 펀드 전체 차원에서 리스크가 통합적으로 관리되지 않아 다양한 운영상의 문제가 동시에 발생할 가능성이 있습니다. 물론, 각 매니저의 독립성과 자율성을

존중해 '펀드 오브 펀드(Fund of Funds)'[87] 형태로 운용하는 방식도 가능합니다. 하지만 이 경우, 리스크 관리나 자산 배분 최적화와 같은 체계적인 기법을 도입하지 않으면, 숨은 비용(기회비용)이 발생하게 됩니다. 이는 포트폴리오 매니저들의 운용 효율성뿐만 아니라 펀드 전체의 수익성에도 부정적인 영향을 미치며, 더 나은 성과를 낼 수 있는 기회를 놓치는 결과로 이어질 수 있습니다.

우리는 이러한 문제들을 해결하고 포트폴리오 관리에 필요한 노력을 줄이기 위한 세 가지 접근법을 제안합니다. 첫 번째 방법은 자동 헤징 프로그램을 운영하는 것입니다. 실제 운용에서는 최적화 프로그램을 정기적으로(보통 하루 단위) 실행하여, 거래 비용을 최소화하면서도 포트폴리오의 팩터 익스포저, 팩터 리스크, 개별 팩터 노출이 미리 정한 허용 범위 안에 머무르도록 조정합니다. 이때, 포트폴리오 매니저가 설정한 개별 종목 비중은 최대한 유지되며, 최적화는 담당 종목이나 특정 섹터에 국한되지 않고, 유동성이 충분하고 더 넓은 종목 범위를 대상으로 이루어집니다. 거래 가능한 종목군의 범위를 넓힐수록, 최적화는 더 정교한 헤지 결과를 낼 수 있고, 거래 비용도 더욱 효과적으로 절감할 수 있습니다. 이 방식은 구조 자체는 비교적 단순하지만, 수학적으로 정식화하는 과정에서는 몇 가지 세부적인 고려 사항이 필요하며, 이에 대한 자세한 내용은 11.8절에서 다룹니다.

두 번째 방법은 팩터 모방 포트폴리오(factor-mimicking portfolios)를 구축하는 것입니다. 팩터 모방 포트폴리오는 특정 팩터의 수익률을 최대

---

[87] 역자주: 주식이나 채권 같은 개별 자산에 직접 투자하는 대신, 다른 여러 개의 펀드에 분산 투자하는 구조의 펀드를 말합니다.

한 정확히 모방하는 합성 자산(synthetic assets)으로 볼 수 있습니다. 이 방식을 활용하면, 포트폴리오 매니저는 개별 종목을 직접 매매하지 않고도 내부 시스템에서 원하는 팩터에 대한 노출을 즉시 조정할 수 있는 구조를 갖출 수 있습니다. 마치 잘 설계된 팩터 ETF를 거래하듯, 팩터 모방 포트폴리오를 활용하면 팩터 리스크를 손쉽게 줄일 수 있으며, 이 과정에서도 기존 포트폴리오의 핵심 종목 비중은 그대로 유지됩니다.

세 번째 방법은 포트폴리오 구축의 전 과정을 자동화하는 방식입니다. 이 접근법에서는 포트폴리오 매니저가 투자 아이디어만 입력하면, 최적화 시스템이 자동으로 포트폴리오를 구성합니다. 이 시스템은 (a) 거래 비용을 효율적으로 관리하고, (b) 애널리스트들의 핵심 아이디어를 포지션 비중 조정에 반영하며, (c) 팩터 리스크를 허용 범위 내에서 유지하도록 설계되어 있습니다. 이 자동화 구조는 단일 포트폴리오 최적화를 체계적이고 지속적으로 적용하는 방식으로 볼 수 있으며, 포트폴리오는 (1) 새로운 투자 아이디어가 유입되거나, (2) 시장 상황이 변할 때 (로딩이나 변동성이 달라지는 경우), (3) 또는 이 두 가지가 동시에 발생할 때 자동으로 업데이트됩니다.

지속적인 포트폴리오 관리를 위한 방법은 복잡도 순으로 다음과 같이 다섯 가지가 있습니다.

1. 한계 리스크 감소 트레이드 (가장 단순)
2. 단일 포트폴리오 최적화
3. 체계적인 팩터 헤징
4. 팩터 포트폴리오 거래

5. 완전 자동화된 포트폴리오 관리 (가장 복잡)

 어떤 방식을 채택할지는 아래 네 가지 요소를 종합적으로 고려해 결정해야 합니다.

- **포트폴리오의 복잡성** – 종목 수나 담당 애널리스트 수가 많을수록 체계적이고 정교한 관리 방법이 필요합니다.

- **퀀트 기법에 대한 신뢰도와 수용도** – 퀀트 기법은 '투자판 자율주행 기술'이라 할 수 있습니다. 어떤 운전자는 자율주행차를 반기지만, 어떤 이는 기계를 신뢰하지 못하거나 직접 운전하는 즐거움을 중시합니다. 퀀트 기법도 마찬가지로 투자자에게 억지로 강요되어서는 안 됩니다. 하나씩 테스트하고 익숙해지는 과정을 거쳐 자연스럽게 받아들여져야 합니다.

- **리소스의 구현 가능성** – 한계 리스크 감소 트레이드(Marginal risk-reducing trades)[88] 같은 간단한 전략은 엑셀로도 실행할 수 있습니다. 그러나 단일 포트폴리오 최적화부터는 사용자 인터페이스(GUI)를 갖춘 상용 소프트웨어가 필요합니다. 팩터 포트폴리오 거래나 완전 자동화 시스템처럼 고도화된 전략은 전담 퀀트 팀과 내부 개발 역량이 필수적입니다.

- **자본 활용도** – 팩터 모방 포트폴리오 구축이나 시스템 헤징을 수행하려면 기존 포지션만 조정할 때보다 더 많은 자본이 요구됩니다. 하지만 장기적으로는 거래 비용 절감과 정교한 리스크 관리 덕분에 그 이상의 가치를 창출할 수 있습니다. 다만, 처음 전략을 설계할 때부터 추가 자본 필요성을 고려하여 전략을 짜야 합니다.

---

[88] 전체 포트폴리오의 구조를 크게 바꾸지 않으면서 리스크를 조금씩 줄이기 위한 미세한 조정 거래

7.4 핵심 정리 (Takeaway Messages)

1. 기본적 분석을 바탕으로 투자에 대한 확신을 먼저 구축하라.
2. 확신이 생겼다면, 이를 포지션으로 전환하되 '비례 배분' 또는 '변동성 조정(volatility scaling)' 규칙을 활용하라.
3. 포트폴리오 전체 리스크를 분해하고, 팩터 리스크까지 반영해 체계적으로 관리하라.
4. 일상적인 포트폴리오 관리는 복잡도 순으로 다음 다섯 가지로 나뉜다
    a. 한계 리스크 감소 트레이드
    b. 단일 포트폴리오 최적화
    c. 체계적 팩터 헤징
    d. 팩터 포트폴리오 트레이딩
    e. 완전 자동화된 포트폴리오 관리
5. '한계 리스크 감소 트레이드'는 다음과 같은 절차를 따른다.
    a. 새로운 투자 아이디어를 포트폴리오 초안(pro-forma)에 반영한다.
    b. 개별 리스크(개별 변동성의 비중)가 어떻게 바뀌는지 점검한다.
    c. 리스크 변화가 크다면, 그 원인이 되는 팩터(산업, 국가, 스타일 등)를 분석한다.
    d. 해당 팩터에 가장 많이 노출된 종목의 비중을 기본적인 투자 확신을 훼손하지 않는 범위 내에서 조정한다.

6. 리스크 한도 설정 시 다음을 유의하라.

    a. 자신의 투자 스타일에 맞게 개별 리스크, 스타일 리스크, 팩터 리스크에 대해 각각 별도로 한도를 설정하고, 이를 철저히 준수하라.

    b. 전체 리스크에서 개별 리스크가 차지하는 비중(% idio var)은 최소 70% 이상을 유지해야 하며, 절대 50% 이하로 떨어지지 않게 해야 한다. 50% 아래로 내려가면 포트폴리오가 시장 방향성에 지나치게 노출되며, 이는 반드시 피해야 할 위험 신호이다.

    c. 자신이 가진 높은 확신과 종목 선별 능력에 따라 단일 종목에 더 높은 비중을 줄 수 있지만, 포트폴리오에 포함된 종목 수가 많아질수록 한도는 점점 낮아져야 한다.

    d. 자신의 손실 감내 수준과 해당 팩터가 과거에 기록한 최악의 수익률을 함께 고려해, 특정 팩터(예: 가치, 성장, 모멘텀 등)에 과도하게 몰리지 않도록 제한을 둬야 한다.

7. 복잡한 리스크 관리가 필요한 경우, 자동 헤징 프로그램을 고려하라. 내부 역량과 리소스가 갖춰져 있다면, 자동 헤징 시스템을 구축하는 것이 유리하다. 자동 헤징은 리스크가 과도해졌을 때, 포트폴리오에 최적화된 헤징 포지션을 신속히 추가할 수 있는 유연성을 제공하며, 리스크 관리의 일관성과 정확성을 크게 향상시킨다.

8장
나의 투자 성과 이해하기
Understand Your Performance

📝 무엇을 배우게 될까요?

자신의 실현 수익률을 어떻게 해석하고 활용할 것인지 배우게 됩니다. 즉, 어떤 투자 결정이 효과적이었는지와 개선이 필요한 부분을 객관적으로 분석하는 방법을 다루게 됩니다.

📝 왜 필요할까요?

더 나은 포트폴리오 매니저가 되기 위해서는 과거 성과가 단순히 운에 의한 것인지, 아니면 실력에 기반한 것인지 구분할 수 있어야 합니다. 구체적으로는 수익이 시장 요인에 따른 것인지, 아니면 개별 종목 선택의 결과인지 파악해야 합니다. 또한 종목 선정, 투자 비중 조절, 매매 타이밍이 전체 성과에 어떤 방식으로 기여했는지를 종합적으로 평가하는 것도 매우 중요합니다.

📝 언제 필요할까요?

성과 분석은 매월 또는 분기별로 정기적으로 실시하는 것이 좋습니다. 이는 전략의 강점과 약점을 점검하고, 운용 성과를 객관적으로 평가하는 데 필수적인 과정입니다.

8.1 팩터 (Factor)

지구는 시속 약 67,000마일 (약 107,000km)의 속도로 태양 주위를 공전하고 있습니다. 제가 가끔 조깅을 나갈 때도, 사실은 이와 같은 속도로 움직이고 있는 셈입니다. 그런 의미에서 '나는 매일 시속 67,000마일로 달린다'고 말해도 틀린 말은 아닙니다. 하지만 이는 어디까지나 '태양을 기준으로 한 속도'일 뿐입니다. 이 좌표계에서 본다면 저와 우사인 볼트의 속도 역시 별 차이가 없어 보입니다. 그렇다고 해서 우리 둘 사이의 큰 실력 차이가 사라지는 것은 아닙니다. 이 차이를 정확히 이해하려면 좌표계 자체를 바꿔야 합니다. 투자도 마찬가지입니다. 포트폴리오의 전체 손익 (PnL)은 마치 태양 기준 좌표계에서 본 성과와 같습니다. 이 수치만 보면 우리가 마치 슈퍼맨처럼 뛰어난 투자자인 것처럼 착각하기 쉽습니다. 반면, 개별 수익률(idiosyncratic returns)이나 실제 전략에서 발생한 손익은 지구 기준 좌표계에서 본 결과에 더 가깝습니다. 진짜 투자 실력을 평가하려면, 나 자신이나 동료들과의 비교도 이 '지구 기준 좌표계'에서 이뤄져야 합니다. 그리고 바로 이 관점을 전환할 수 있게 도와주는 도구가 팩터 기반 성과 분석 (factor-based performance attribution) 입니다.

8.1.1 성과 분석 (Performance Attribution)

우리는 이미 3.4.2절에서 간단한 성과 분석 개념을 다룬 바 있습니다. 이번에는 그보다 더 일반적인 형태의 성과 분석을 살펴보겠습니다. 기본이 되는 식은 식 7.1이며, 이를 약간 수정하여 특정 기간 동안의 총 손익 (total PnL)을 계산합니다.

$$\text{total PnL}(T) = \sum_{t=1}^{T} \text{idio PnL}(t) + \text{factor PnL}(t)$$

그리고 팩터 손익(factor PnL)은 다시 개별 팩터들의 손익으로 세분화할 수 있습니다.

$$\text{factor PnL}(t) = \sum_{t=1}^{T} [\text{factor PnL}_1(t) + \text{factor PnL}_2(t) + \ldots]$$

즉, 어떤 전략의 전체 수익률 흐름은 개별 손익(idio PnL)과 팩터 손익(factor PnL)의 합으로 구성됩니다. 또한 팩터 손익은 더 세분화하여 국가(country), 산업(industry), 스타일(style) 팩터 등으로 더 세분화할 수 있습니다.

그림 8.1 성과 분석 예시. 위 그래프는 총 손익, 개별 손익, 그리고 시장 및 산업 팩터 기반 손익, 스타일 팩터 기반 손익을 보여줍니다.

그림 8.2 성과 분석 예시. 위 그래프는 시장 팩터 제외한 총 손익, 개별 손익, 그리고 스타일 팩터에 의한 손익을 보여줍니다.

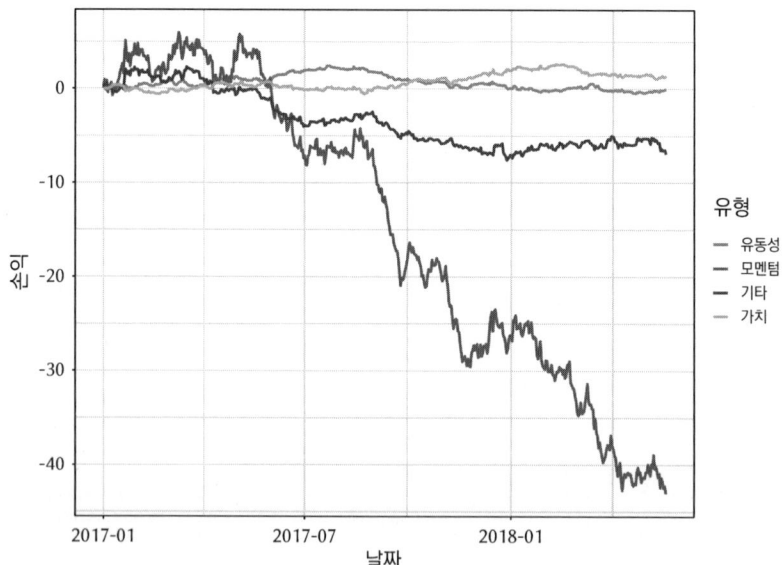

그림 8.3 성과 기여 분석 예시. 위 그래프는 스타일 팩터 손익에 가장 크게 기여한 팩터를 보여줍니다.

표 8.1 포트폴리오 팩터 익스포저

팩터	익스포저($M)	팩터 분산 %
모멘텀	124	30
가치	-15	9
유동성	48	7.3
...	...	...

미국 주식 순매수(Net Long) 포트폴리오(롱 포지션 400개, 숏 포지션 100개)를 운용하는 포트폴리오 매니저의 구체적인 사례를 살펴봅시다. 그림 8.1은 총 손익(total PnL)과 그 구성요소인 국가 및 산업 팩터 손익(country + industry factor PnL), 스타일 팩터 손익(style factor PnL), 그리고 개별 손익(idio PnL)을 보여주며,[89] 총 손익의 샤프비율 1.56입니다. 겉으로는 이 수치가 우수한 운용 성과처럼 보일 수 있지만, 실제로는 상당 부분 시장 전반 수익률의 영향이라는 점을 시계열 성과 분석(time-series attribution)에서 확인할 수 있습니다. 많은 전략이 시장 베타와 벤치마크 대비 초과 수익은 보고하지만, 전체 성과를 시간에 따라 팩터별로 분해한 시계열 성과 분석까지 제공하는 경우는 드뭅니다.

투자 전략의 성과를 제대로 파악하려면, 단순한 총 수익률만 보는 것에서 한 걸음 더 나아가, 시장과 산업 팩터 같은 외부 팩터의 영향을 제거한 '순수 수익'을 들여다보는 것이 중요합니다. 그림 8.2를 보면, 시장 팩터를 제거한 수익률은 평범해 보이지만, 개별 수익은 매우 뛰어나고 샤프비율도 2.4로 높습니다. 흥미로운 점은 스타일 팩터(예: 가치, 모멘텀, 비중)가 이 개별 수익을 상당 부분 상쇄하고 있다는 점입니다. 그러나 이는 오히려 긍정적으로 볼 수 있습니다. 스타일 팩터는 시장이나 산업 팩터처럼 고정된 외부 요인이 아니며, 전략적으로 충분히 관리할 수 있기 때문입

---

[89] 단일 국가 모델의 경우 '국가' 팩터는 '시장'팩터로 대체될 수 있습니다.

니다. 이 책에서 일관되게 강조하는 메시지도 바로 이것입니다. 팩터 리스크와 수익은 피할 수 없는 운명이 아니라 능동적으로 관리하고 통제할 수 있는 요소라는 것입니다. 이제 이 문제를 더 깊이 살펴보기 위해 그림 8.3을 보면, 포트폴리오 수익에 가장 큰 영향을 미친 요인이 모멘텀 요인이라는 점이 분명해집니다. 표 8.1을 보면, 분석 기간 동안 포트폴리오가 꾸준히 모멘텀에 긍정적으로 노출되어 있었고, 모멘텀이 전체 팩터 변동성에서 차지하는 비중도 상당히 컸다는 사실을 확인할 수 있습니다.

8.2 개별 종목 수익률 (Idiosyncratic)

팩터 리스크를 잘 관리하는 것만으로 뛰어난 펀더멘털 투자자가 될 수 있다면, 저는 아마 지금 이 책을 쓰는 대신 직접 포트폴리오를 운용하고 있었을 것입니다. 하지만 현실은 그렇게 간단하지 않습니다. 팩터는 우리의 성과를 방해할 수는 있어도, 어떻게 하면 수익을 낼 수 있는지는 알려주지 않습니다. 진정한 성과를 높이기 위해서는 개별 성과(idiosyncratic performance)에 대한 이해가 필수적입니다. 여기서 이런 의문이 들 수 있습니다. '개별 손익은 다른 요인들과 거의 상관관계가 없고, 오롯이 나의 통찰로 만들어낸 수익인데, 굳이 따로 분석할 필요가 있을까요?' 맞는 말처럼 들립니다. 실제로 포트폴리오 안의 개별 종목 수익률은 서로 상관관계가 거의 없습니다. 하지만 이 질문에도 저는 분명히 말할 수 있습니다. 실상은 그렇게 단순하지 않습니다. 이제 우리는 겉보기에는 단순하지만 매우 중요한 몇 가지 질문을 함께 살펴볼 것입니다.

- 개별 종목의 수익률 간 상관관계는 거의 없더라도, 각 종목에 투자

할 때 감수해야 하는 리스크의 크기는 제각각입니다. 앞서 6.3절에서는 포트폴리오 내 비중 조정에 대해 설명하며, 우리가 가진 알파(alpha)가 신뢰할 만하다는 전제를 바탕으로 논의를 진행했습니다. 이번 절에서는 실제 포트폴리오의 성과 데이터를 바탕으로, 우리가 비중 조정 측면에서 정말로 의미 있는 판단을 해왔는지, 그 능력을 검토해보려 합니다.

- 포트폴리오를 하루하루 따로 떼어 보는 경우가 많습니다. 오늘의 구성과 손익만 보고, 내일은 또 내일대로 따로 판단하는 식입니다. 하지만 실제 포트폴리오는 시간의 흐름 속에서 움직이며, 그 안의 투자 아이디어들도 매일 조금씩 달라집니다. 따라서 시간이 지나며 어떤 아이디어가 점점 약해지는지 그 과정을 이해하는 것이 중요합니다.

- 위의 두 가지 관점을 결합하여, 우리는 성과를 다음의 세 가지 구성 요소로 분해할 것입니다: 종목 선정(selection), 비중 조정(sizing), 타이밍(timing). 이 세 가지는 우리가 어떤 투자 스타일과 강점을 갖고 있는지를 잘 보여주는 핵심 지표입니다.

- 마지막으로, 포트폴리오의 분산 투자(diversification)와 성공 확률(hit rate) 간의 관계에 대해서도 간단히 짚고 넘어가겠습니다.

8.2.1 종목 선정, 비중 조정, 타이밍 (Selection, Sizing, Timing)

이 절의 목표는 개별 손익(idiosyncratic PnL)을 세 가지 명확한 요소로 나누어 해석하는 데 있습니다.

$$PnL(Idio) = (Selection\ PnL) + (Sizing\ PnL) + (Timing\ PnL)$$

(개별 손익) = (종목 선정 손익) + (비중 조정 손익) + (타이밍 손익)

종목 선정은 방향성 판단이 정확했는지를 의미합니다. 비중 조정은 종목별 수익률의 크기를 얼마나 정확히 예측하고, 그에 맞춰 자금을 잘 배분했는지를 보여줍니다. 타이밍은 좋은 투자 아이디어가 있을 때 적절한 시점에 리스크를 감수했는지를 평가합니다. 우선 종목 선정과 비중 조정부터 살펴보겠습니다.

종목 선정과 비중 조정 과거에 실행한 투자 전략은 보통 날짜, 종목 코드, 그리고, 순투자금액(NMV)으로 구성된 표 형태로 정리됩니다. 여기서 순투자금액(NMV)은 특정 날짜에 해당 종목에 투자된 금액의 장 마감 시점 기준 시장 가치를 뜻합니다. 예를 들어, 몇 개 종목에 대해 2일간의 데이터를 정리한 예시는 표 8.2에 나와 있습니다. 하지만 전략을 더 쉽게 이해하거나 성과를 수정하고 평가하려면 데이터를 '와이드 포맷(wide format)' 형태로 바꾸는 것이 좋습니다. 와이드 포맷은 종목을 열(column)로, 날짜를 행(row)으로 배치한 뒤, 각 칸에 해당 날짜의 종목별 순투자금액을 표시하는 방식입니다(표 8.3 참고). 이렇게 표 형태를 바꾸면 과거 포트폴리오 구성을 수정해보면서 다양한 가정 하에 시나리오 분석을 훨씬 쉽게 할 수 있습니다. 가장 기본적인 방법은 **각 날짜별로 투자 규모를 동일하게 맞추되 롱/숏 방향은 그대로 유지하는 것입니다.** 예를 들어, CVX는 2018년 1월 4일에 약 1억 3,700만 달러가 투자된 반면, WMB는 겨우 1,100만 달러에 불과했습니다. 이렇게 투자 금액 차이가 큰 종목들을 동일한 수준으로 맞출 수 있습니다. 다만 전체 포트폴리오의 총투자금액(GMV)은 조정 전과 동일하게 유지합니다.
1월 5일에도 같은 방식으로 조정합니다.

이런 방식으로 종목 간 투자 비중을 동일하게 조정한 결과는 표 8.4에 정리되어 있습니다. 이렇게 구성한 전략을 우리는 '횡단면-비중 균등화 전략(XSE, cross-sectional equalized strategy)'이라고 부릅니다. 이제 이 XSE 전략을 바탕으로 2018년 전체 기간 동안의 손익과 샤프비율을 새롭게 계산해볼 수 있습니다. 다만 본격적인 분석에 들어가기 전에 몇 가지 유의할 점들이 있습니다.

1. **포트폴리오 내 모든 종목을 분석 대상에 포함시켜서는 안 됩니다.** 일부 종목은 순투자금액(NMV)이 너무 작아서 경제적으로 큰 의미가 없을 수 있습니다. 예를 들어, 청산 중인 종목, 유동성이 낮아 매매를 꺼리는 종목, 혹은 단순히 깜빡 잊고 보유한 종목(좋은 습관은 아닙니다!) 등이 그에 해당합니다. 이러한 종목들을 걸러내기 위해선 최소 투자금액 기준(GMV 기준)을 설정하는 것이 바람직합니다. 일반적으로 총 GMV가 5억~10억 달러이고 약 70~80개 종목을 포함하는 포트폴리오라면, 최소 100만 달러 정도의 GMV 기준을 설정하는 것이 합리적으로 보입니다. 물론 최종 판단은 투자자 본인이 해야 합니다.

2. **오직 개별 성과만 분석하면 됩니다.** 균등 포트폴리오는 팩터 리스크를 고려해 구성된 것이 아니지만, 그건 전혀 문제되지 않습니다. 팩터 모델의 가장 큰 장점 중 하나는 중요한 요소들을 분리해 살펴볼 수 있다는 점입니다. 먼저 개별 손익(idio PnL)만 따로 떼어내어 우리가 정말 실력이 있는지를 점검할 수 있습니다. 만약 이 균등 포트폴리

오가 괜찮은 성과를 낸다면, 너무 큰 변화를 주지 않으면서도 팩터 리스크를 줄인 포트폴리오를 설계할 수 있습니다.

3. **거래 비용(transaction costs)은 현재 분석에서 제외되어 있습니다.** 또한, 전략 내 일부 소규모 포지션은 투자에 대한 강한 확신에서 비롯된 것이 아니라, 아이디어를 포트폴리오에 온전히 반영하기 어려운 현실적 제약으로 인해 생긴 경우일 수 있습니다. 예를 들어, WMB 종목에 4,000만 달러를 투자하고자 했지만, 이 종목의 일일 거래대금은 2,000만 달러에 불과해 다른 에너지 종목들에 비해 유동성이 부족합니다. 따라서 WMB에 5,500만 달러 규모의 포지션을 구성하는 것은 비현실적입니다. 이러한 유동성 제약 문제는 이후 분석 단계에서 따로 다루겠습니다. 지금은 이러한 제약이 존재한다는 점만 알고 있으면 충분합니다.

4. **포트폴리오 크기를 '총투자금액(GMV)'이 아닌 '달러 기준 개별 변동성(idio dollar volatility)' 기준으로 설정하는 방식도 고려할 수 있습니다.** 각 종목의 개별 수익률 변동성이 동일한 수준이 되도록 포트폴리오를 리밸런싱하고, 전체 포트폴리오의 개별 변동성이 기존 포트폴리오와 같도록 조정하는 방식입니다.

2번째와 3번째 항목은 구현이 조금 더 까다롭긴 하지만, 상업용 리스크 모델이 있다면 엑셀로도 충분히 구현할 수 있습니다. 이제 이러한 균등화 전략이 실제 포트폴리오 성과에 어떤 영향을 미치는지 간단한 시뮬레이션을 통해 살펴보겠습니다.

표 8.2 종목/날짜/순투자금액(NMV) 리스트

날짜	티커	순투자금액($M)
2018-01-04	CVX	137
2018-01-04	MRO	-75
2018-01-04	OXY	-12
2018-01-04	WMB	11
2018-01-04	XOM	52
2018-01-04	CVX	-122
2018-01-05	MRO	-176
2018-01-05	OXY	-64
2018-01-05	WMB	-40
2018-01-05	XOM	51

표 8.3 종목/날짜/순투자금액(NMV)을 행렬 형태로 배열

티커	2018-01-04	2018-01-05
CVX	137	-122
MRO	-75	-176
OXY	-12	-64
WMB	11	-40
XOM	52	51

표 8.4 종목/날짜/순투자금액(NMV)을 각 날짜별로 순투자금액이 균등하도록 행렬 형태로 재배열

티커	2018-01-04	2018-01-05
CVX	54.4	-90.6
MRO	-54.4	90.6
OXY	-54.4	-90.6
WMB	-54.4	-90.6
XOM	-54.4	90.6

포트폴리오	유형	샤프비율
롱	초기 포트폴리오	2.9
롱	균등화 포트폴리오	3.4
롱 & 숏	초기 포트폴리오	3.2
롱 & 숏	균등화 포트폴리오	3.4
숏	초기 포트폴리오	1.9
숏	균등화 포트폴리오	1.5

그림 8.4의 상단 그래프는 이 시뮬레이션 결과를 보여줍니다. 차트와 표를 보면, 포트폴리오 내 종목 비중을 더 균등하게 나눴을 때 전반적인 성과가 더 좋아졌다는 것을 알 수 있습니다. 수익률 자체는 기존 전략보다 다소 낮지만, 샤프비율은 약간 더 높습니다. 이는 전혀 이상할 일이 아닙니다. 균등 포트폴리오는 여러 종목에 고르게 분산되어 있어서 전체 변동성이 줄어듭니다. 그리고 샤프비율이 더 높아진 덕분에 동일한 리스크 한도 내에서 총투자금액(GMV)을 확대하면 더 높은 수익을 달성할 수 있습니다. (자세한 내용은 6.1절과 10장에서 다룹니다)

또 눈에 띄는 점은 롱 포지션은 비중을 균등하게 조정했을 때 샤프비율이 확연히 좋아진 반면, 숏 포지션은 오히려 원래 전략이 더 성과가 좋았다는 것입니다. 이런 차이를 보면 질문이 생깁니다. 왜 이런 결과가 나왔을까요? 아마도 포트폴리오 매니저가 숏(공매도) 종목을 잘 골라내는 실력을 갖췄거나, 운 좋게 몇 번의 대단한 숏 기회를 잡았을 지도 모릅니다. 아니면 순전히 운이었을 수도 있습니다. 예를 들어, 아무도 예상하지 못한 소송 때문에 어떤 주식이 급락하거나, 시장이 부정적으로 받아들인 인수 소식, 혹은 회계 문제 등이 원인이 될 수 있습니다. 그림 8.4 하단의 히트맵(heatmap)은 이런 개별 종목들의 상대적 성과를 한눈에 보여줍니

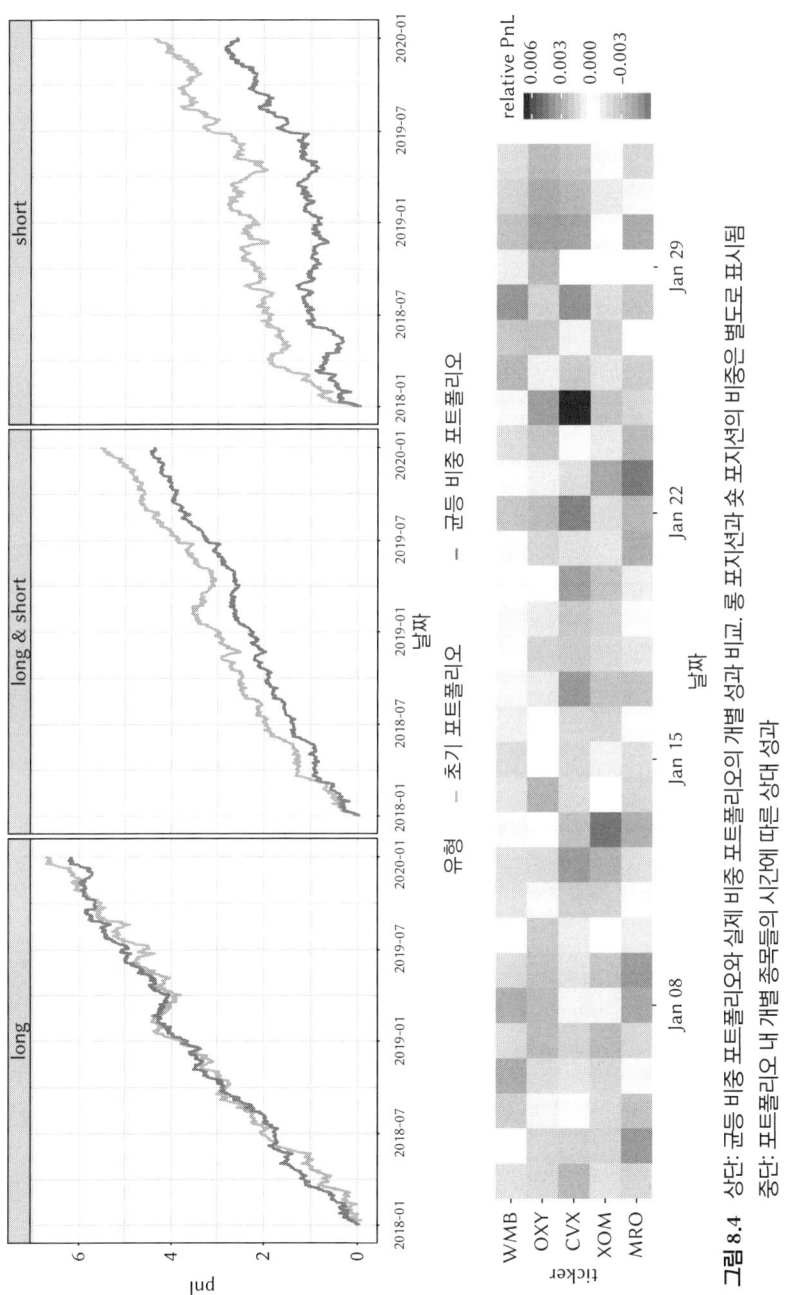

그림 8.4 상단: 균등 비중 포트폴리오와 실제 비중 포트폴리오의 개별 성과 비교. 롱 포지션과 숏 포지션의 비중은 별도로 표시됨
중단: 포트폴리오 내 개별 종목들이 시간에 따른 상대 성과
하단: 포트폴리오와 균등 비중 포트폴리오 간의 리스크 조정 성과 비교 - 전체 롱/숏 합산 및 롱/숏 각각의 기준으로 구분

8장 나의 투자 성과 이해하기

다. 파란색 칸은 해당 종목에서 균등 전략이 더 좋은 성과를 냈다는 뜻입니다.

여기서 강조하고 싶은 핵심은 숫자 분석 자체도 유용하지만, 실제로는 이러한 분석이 세부적인 질적(qualitative) 분석과 결합될 때 진정한 효과를 발휘한다는 점입니다. 이러한 결과에 대한 해석은 앞으로 롱/숏 아이디어의 비중을 어떻게 조정할지 결정하는 데 중요한 역할을 합니다. 물론 이런 수치를 그대로 믿어서는 안 되지만 만약 그대로 받아들인다면, (a) 롱 포지션의 투자 금액을 좀 더 고르게 나누고, 롱 북 전체의 투자금액(GMV)을 늘리거나, (b) 숏 포지션은 기존 방식을 유지하고, (c) 롱 비중이 늘어난 만큼 S&P 500 선물(SPX futures) 숏 포지션을 추가하거나, 팩터 노출을 줄이는 방향으로 숏 포지션을 조정하는 등의 전략적 대응이 가능할 것입니다.

유동성의 중요성 포트폴리오에서 비중 조절(sizing) 능력은 매우 중요합니다. 실제로 학계에서도 수학적으로 깊이 연구될 만큼 비중 조절은 중요한 주제입니다. 하지만 여기서 꼭 짚고 넘어가야 할 문제가 하나 있습니다. 바로 **유동성 제약**(liquidity constraints) 입니다. 유동성은 앞서 언급한 주의사항 중 세 번째 항목으로, 유동성에 문제가 생기면 지금까지의 분석 자체가 무의미해질 수 있습니다. 특히 총투자금액(GMV)이 크거나, 수익이 거래 타이밍에 따라 크게 달라지는 전략일수록 더 큰 영향을 받습니다. 예를 들어, 일부 펀드는 단 50개 종목으로도 수십억 달러 규모의 포트폴리오를 운용합니다. 이러한 경우, 아무리 유동성이 높은 종목이라도 실제로 포지션을 모두 구축하는 데 몇 달이 걸릴 수 있습니다. 그런데 분석 시 첫날부터 모든 포지션을 이미 다 보유하고 있었다고 가정하고 손익(PnL)을 시뮬레이션하면, 실제 성과와는 완전히 동떨어진 결과가 나올 수밖에 없습니다. 심지어 포트폴리오 규모가 크지 않더라도, 종목 선정과 비중 조절만으로 성과를 분석하는 방식은 충분하지 않을 수 있습니다. 펀더멘털 주식 전략의 수익 대부분은 실적 발표 전후 며칠 사이에 집중적으로 발생하는데, 이런 상황에서 무리하게 포지션을 빠르게 구축하면, 거래 비용 때문에 알파(초과수익률)가 사라질 수 있습니다.[90] 이처럼 모든 종목의 투자 규모를 동일하게 맞추는 가정 자체가 비현실적이며 잘못된 접근입니다. 그렇다면 지금까지 만든 분석 결과나 예쁜 차트들이 모두 무용지물이 되는 걸까요? 다행히도, 꼭 그런 것은 아닙니다. 이유는 두 가지입니다.

이런 이상적인 시나리오 분석이 여전히 유용한 첫 번째 이유는, 실제 포트폴리오 규모나 실행의 제약을 배제하고, 오직 종목 선정 능력이나 비중 조절 능력을 순수하게 평가할 수 있기 때문입니다. 만약 이렇게 이론적으로는 좋은 성과가 나왔는데 실제 포트폴리오에서는 그렇지 않다면, 그건 전략 자체의 문제가 아니라 실행 과정에 문제가 있다는 뜻입니다. 예를 들어, 전략의 수용 범위를 넘는 금액이 투자되었거나, 매매 참여비율(participation rate)[91]이 지나치게 높아져서 매매 가격이 불리해지고, 거래 비용까지 늘어나면서 수익률이 떨어졌을 수도 있습니다.

---

90 이 문제는 책 뒷부분에서 간단한 경험 법칙으로 다시 정리해 설명하겠습니다.
91 역자주: 참여 비율은 하루 거래량 대비 내가 실제로 거래한 금액의 비율을 의미하며, 시장 유동성의 한계를 반영합니다. 예를 들어 하루 거래량이 10억인 종목에서 내가 3억원을 매매했다면 참여율이 30%인 것입니다. 시장에 너무 많은 매수/매도 주문을 넣으면 가격에 영향을 미칠수 밖에 없습니다.

낙담할 필요가 없는 두 번째 이유는, 이 분석을 현실에 맞게 보완할 방법이 있기 때문입니다. 지금까지 설명한 방식은 사실상 거래 비용이 전혀 없다고 가정한 단순화된 사례입니다. 이번에 소개할 보완 방법은 생각보다 간단합니다. 종목별 투자 비중을 동일하게 유지하되, 하루에 매매할 수 있는 금액을 '해당 종목의 '일일 거래량의 일정 비율'로 제한하는 조건을 추가하는 것입니다. 이런 방식은 실제 운용에서도 널리 사용됩니다. 많은 펀드가 거래 비용을 최소화하기 위해 포트폴리오 매니저에게 참여 비율 한도를 설정하며, 일정한 참여 비율로 거래하는 것이 운용 상의 모범 사례로 여겨지기도 합니다.

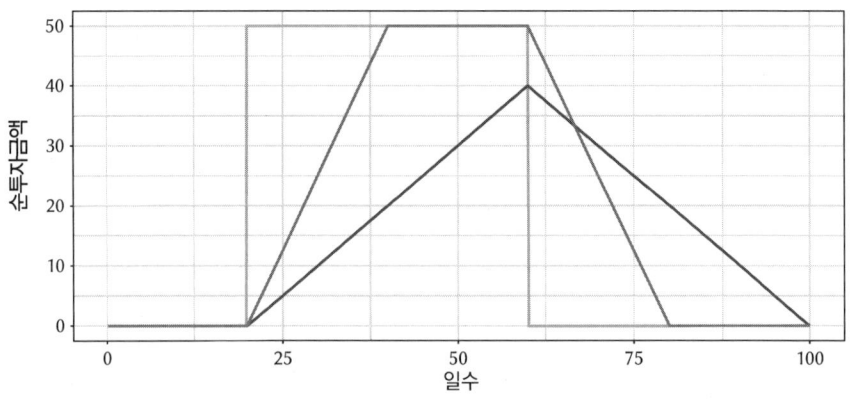

그림 8.5 유동성 제약을 반영한 시뮬레이션

그림 8.5는 유동성 제약이 실제 거래에 미치는 영향을 보여줍니다. 가장 위에 위치한 '이상적 시나리오'는 거래 비용이 없다고 가정하며, 5,000만 달러 규모의 포지션을 한 번에 모두 구축하는 상황을 나타냅니다. 그 아래에 위치한 선은 '높은 유동성 시나리오'로 하루에 최대 250만 달러까지만 매매할 수 있는 제한이 있는 경우를 가정합니다. 이 경우 포지션

을 완전히 구축하는 데 20일, 청산에도 20일이 소요됩니다. 가장 아래쪽 선은 '낮은 유동성 시나리오'로 하루에 100만 달러만 거래 가능한 경우를 나타냅니다. 이 경우 포지션을 모두 구축하기도 전에 펀더멘털 관점이 바뀌어 전략 자체가 유효하지 않게 될 위험이 존재합니다. 이처럼 유동성 제약을 반영한 전략을 시뮬레이션하려면 추가적인 작업이 필요합니다. 이에 대한 구체적인 최적화 방식과 시뮬레이션 절차는 11.6.1절에서 다룹니다.

타이밍 직관적으로 보면, '타이밍' 능력이 있다는 것은 특정 종목이 오를 때 매수하고, 내릴 때 매도 포지션을 취해 수익을 낸다는 뜻입니다. 주가의 장기적인 추세를 읽는 것은 전략적인 능력인 반면, 타이밍을 맞추는 것은 단기적인 감각이 필요한 전술적 능력입니다. 펀더멘털 투자자는 보통 장기적인 관점을 갖고 있기 때문에, 타이밍이 어려운 것은 당연하며, 대부분의 투자자도 마찬가지입니다. 그렇다고 타이밍을 무시할 수는 없습니다. 비중 조절처럼 타이밍 감각도 개선될 수 있습니다. 또한, 과거보다 타이밍을 잘 맞추고 있는지, 혹은 더 나빠지고 있는지를 점검하는 것도 중요합니다. 예를 들어, 이전에는 포지션을 2주 정도 유지했을 때 수익이 났지만, 최근에는 일주일도 안 돼 빠르게 청산해야 수익이 나는 경우가 생길 수 있습니다. 전략이 시장 변화에 맞게 잘 작동하고 있는지, 내 아이디어가 예전보다 더 오래 효과를 내고 있는지 따져봐야 합니다. 결국 중요한 것은 지금보다 전략의 수익률을 높이기 위해 어떤 부분을 바꿔야 할지 끊임없이 고민하는 것입니다. 이러한 고민이 성과 개선의 출발점입니다.

표 8.5 종목/날짜/순투자금액(NMV)을 행렬 형태로 배열

티커	2018-01-04	2018-01-05
CVX	73	-73
MRO	-73	73
OXY	-73	-73
WMB	-73	-73
XOM	-73	73

비중 분석의 핵심은 실제 포트폴리오의 성과를 시점별 비중 정보를 제거한 포트폴리오와 비교하는 것입니다. 이 개념을 확장하면, 한 번이라도 보유한 종목들을 전체 기간 동안 매일 동일한 비중으로 유지하도록 포트폴리오를 구성할 수 있습니다. 표 8.5는 앞서 소개한 간단한 예제를 활용하여, 종목별 비중이 같고 시간 전체에 걸쳐 비중이 일정하게 유지되도록 만든 포트폴리오를 보여줍니다. 이렇게 만든 전략의 수익률도 계산해볼 수 있습니다. 이 전략은 '횡단면-시간-비중 균등화(XSTSE, Cross-Sectional Time-Size Equalized) 전략'이라고 불리며, 앞서 다룬 '횡단면-비중 균등화(XSE, Cross-Sectional Equalized) 전략'과 한 가지 중요한 차이가 있습니다. XSTSE 전략은 어느 날이든 총투자금액(GMV)이 항상 같지만, XSE 전략은 날마다 GMV가 달라질 수 있습니다.

참고 사항

- 포트폴리오에 포함된 종목 수가 일정하다면, 총투자금액(GMV)도 일정하게 유지되는 것이 자연스럽습니다. 실제로 이러한 가정은 대체로 잘 들어맞습니다. 시간이 지나면서 종목 수가 늘어나거나

줄어들면 그에 따라 투자금도 함께 조정되는 것이 논리적으로 타당합니다.

- 비중 조정 분석과 마찬가지로, 총투자금액(GMV)을 고정하는 대신, 포트폴리오의 변동성을 일정하게 유지하는 방식도 사용할 수 있습니다. GMV를 기준으로 분석하면 수익률에 초점을 맞추는 것이고, 변동성을 기준으로 하면 위험 대비 수익 효율, 즉 샤프비율(Sharpe Ratio)을 중심으로 분석하게 됩니다.
- 또한, 유동성을 고려한 타이밍 분석도 수행할 수 있습니다.[92] 즉, 실제 시장에서 매매 가능한 범위 내에서 타이밍 능력을 평가하는 것도 현실적인 접근 방식입니다.

요약하면, 실제 전략의 손익(PnL)은 더 단순한 전략들과 단계적으로 비교함으로써, 수익이 어디에서 발생했는지를 세 가지 요소로 나눠 분석할 수 있습니다.

$$PnL(\text{Idio}) = [PnL(\text{Idio}) - PnL(\text{XSE})]$$
$$+ [PnL(\text{XSE}) - PnL(\text{XSTSE})]$$
$$+ PnL(\text{XSTSE})$$

(개별 종목 수익) = (비중 조절 효과) + (타이밍 효과) + (종목 선정 효과)

실무에서는 많은 포트폴리오 매니저들이 타이밍에 뚜렷한 강점이 없고 비중 조정 능력도 평범한 편이어서 실제 성과는 대부분 종목 선정에서 나오는 경우가 많습니다. 만약 자신의 비중 조정이나 타이밍 능력이 뛰어나다면, 그 강점을 전략에 적극 반영해야 합니다. 반대로 그러한 능

---

[92] 예를 들어 '하루 거래량의 10% 이상은 매매하지 말자' 같은 현실적인 조건을 추가하는 식입니다.

력이 부족하다면, 날짜별 또는 전체 기간에 걸쳐 비중을 균등하게 조정하는 방식으로 포트폴리오 성과를 개선할 수 있습니다.

8.2.2 성과와 분산 투자의 관계
(The Relationship Between Performance and Diversification)

분산 투자는 특별한 재능이 없어도 가능합니다. 계획적으로 종목 수를 늘려가면 누구나 실천할 수 있지만, 저절로 이루어지지는 않습니다. 이는 리스크를 줄이고 성과를 안정적으로 만드는 데 큰 도움이 되는 전략입니다. 모든 포트폴리오 매니저는 분산 투자의 이점을 제대로 이해하고 적극적으로 활용해야 합니다.

예를 들어, 어떤 투자자가 종목별 및 날짜별로 주가 흐름을 맞출 확률이 있다고 가정해 봅시다. 여기서 '맞췄다'고 보는 기준은 포지션이 '롱'일 때 해당 종목의 개별 수익률(idiosyncratic return)이 양(+)이었거나, '숏'일 때 개별 수익률이 음(-)인 경우를 말합니다. 이러한 경우의 수를 모두 합산한 뒤, 전체 포지션 수(날짜 × 종목 수)로 나누면 주가 흐름을 얼마나 자주 맞췄는지를 확률로 계산할 수 있습니다. 이 확률은 일반적으로 50%를 약간 상회하지만, 월등히 높은 수준은 아닙니다. 부록에서는 정보비율이 다음 공식으로 계산된다는 것을 보여줍니다.

$$(정보비율) = [2 \times (성공\ 확률) - 1] \times \sqrt{252 \times (유효\ 종목\ 수)}$$

포트폴리오의 유효 종목 수(effective number of stocks)는 모든 종목의 비중이 동일할 경우 실제 종목 수와 같아집니다. 그러나 특정 종목에 비중이 집중되면 유효 종목 수는 실제 종목 수보다 줄어들게 됩니다. 유효 종목 수를 정확히 계산하는 방법은 절차 8.1에 자세히 설명되어 있지만, 여기서는 간략한 설명을 위해 모든 종목의 비중이 동일하다고 가정하겠습니다. 이 공식이 전달하는 핵심 내용은 두 가지입니다. 첫째, 분산 투자는 리스크를 조정한 성과를 크게 향상시킵니다. 포트폴리오 전체 손익은 종목별 손익의 합으로 계산되지만, 포트폴리오의 손익 변동성은 종목 간 상쇄 효과로 인해 평균화됩니다. 둘째, 예측 정확도가 매우 높지 않더라도 우수한 성과를 얻을 수 있습니다. 예를 들어, 포트폴리오 내 종목 수가 70개라면 성공 확률이 51%만 되어도 정보비율(IR)은 $(2 \times 0.51 - 1) \times \sqrt{252 \times 70} = 2.6$으로 매우 뛰어난 수준입니다. 심지어 성공 확률이 50.5%만 되어도 정보비율(IR)은 1.3으로 여전히 준수한 편입니다. 이 공식은 왜 통계적 차익거래(statistical arbitrage) 전략이 높은 위험조정수익률을 달성할 수 있는지도 설명해 줍니다. 통계적 차익거래는 수천 개 종목에 분산하여 투자하는데, 종목 수가 3,000개에 달하는 전략이라면, 단지 50.5%의 맞출 확률만으로도 IR이 8에 이를 수 있습니다. 이처럼 분산 투자의 힘은 매우 강력합니다. 분산은 어떤 특별한 기술이라기보다는, 아주 작은 성공 확률의 차이도 수익률로 크게 증폭시키는 '승수 효과'를 제공합니다. 제대로만 활용한다면 분산 투자를 마다할 이유는 전혀 없습니다.

그러나 분산 투자가 중요하다고 해서 펀더멘털 투자자에게 만능 해결책이 되는 것은 아닙니다. 지금까지는 포트폴리오 매니저의 성공 확률(hitting probability)이 종목 수와 무관하게 일정하다고 가정했지만, 현실은 그렇지 않습니다. 포트폴리오의 범위를 넓히면 성공 확률이 오히려 떨어질 수 있습니다. 분석해야 할 종목이 많아질수록 추가적인 인력 투입이 필요하고, 팀 전체를 조율하는 시간이 증가하여 개별 종목에 대한 분석의 질과 정확도가 낮아지기 때문입니다.

종목 수를 어디까지 늘리는 것이 가장 효과적인지는 판단하기 어렵습니다. 같은 기간 내에서도 성공 확률은 크게 변동할 수 있기 때문에, 해마다 성과를 비교하는 것도 쉽지 않습니다. 예를 들어, 어떤 포트폴리오 매니저가 전략 초기 단계에서 80개 종목으로 구성된 포트폴리오를 운용하며 샤프비율 1.4를 기록했다고 가정해 보겠습니다. 이때의 성공 확률은 약 50.5%입니다. 이후 이 매니저가 다음 해에 포트폴리오를 100개 종목으로 확대하고, 유효 종목 수도 평균 90개로 늘어났다고 해도, 성공 확률이 그대로 유지된다면, 정보비율(IR)의 상승 폭은 고작 6%에 불과합니다. 문제는 이런 성과 비교가 보통 1년이라는 짧은 기간을 기준으로 이루어진다는 점입니다. 기간이 짧고, 관측 가능한 날짜와 종목 수가 제한되어 있다 보니, 실제 성공 확률을 정확히 알아내기가 어렵습니다. 관측 자체에 오차가 생기기 때문입니다. 예를 들어, 단 한 번의 거래만 있었다면 그 결과는 0% 또는 100%처럼 극단적으로 나올 수밖에 없습니다. 실제로 1년치 데이터를 기준으로 성공 확률을 계산하면, 그에 따른 표준 오차는 약 0.33%입니다.[93] 그런데 이 오차 범위가 우리가 기대하는 전략 우위(0.5%)와 거의 비슷한 수준입니다. 결국 이렇게 작은 차이를 가지고 전략의 성과를 판단하다 보면, 단순한 데이터 오차로 인해 실제보다 성과가 낮게 나올 수 있습니다. 따라서 종목 수를 늘렸더라도 정보비율(IR)이 오히려 낮게 나타날 가능성이 무려 50%에 이를 수 있습니다. 즉, 분산 전략

---

93 $\sqrt{0.505 \times (1 - 0.505)/(90 \times 252)} = 0.33\%$

이 실제로 효과가 있더라도 통계적으로 그 효과가 잘 드러나지 않을 수 있다는 의미입니다.

그렇다고 종목 수 확대가 무의미하다는 뜻은 아닙니다. 커버리지를 5개에서 50개 종목으로 넓히는 것은 정보비율을 확실히 높여줍니다. 50개에서 70개로 늘리는 것도 장기적으로 보면 정보비율이 약 20% 개선되므로 충분히 가치가 있습니다. 특히 신규 애널리스트를 추가해 종목 수를 확장할 경우, 성공 확률이 유지된다는 전제 하에 성과 개선이 확실히 가능합니다. 그러나 기존 매니저가 더 많은 종목을 직접 관리하려고 한다면, 분석의 질이 저하될 위험이 커지므로 성과 개선 효과는 제한적일 수 있습니다. 아인슈타인의 유명한 표현을 빌리면, 여기서 얻을 수 있는 교훈은 다음과 같습니다.

> "분산은 가능한 한 많이 하되, 그 이상은 하지 말라."
> "Increase diversification as much as you can, but not more."

> **절차 8.1 포트폴리오의 유효 종목 수 계산 방법**
>
> - 포트폴리오 내 각 종목에 대해, 총투자금액(GMV) 대비 해당 종목에 투자된 비중(%)을 계산합니다.
> - 이 비중들의 제곱을 모두 합산합니다.
>
> $$H = \sum [\%GMV^2(\text{종목 } i)]$$
>
> - 유효 종목 수는 다음과 같이 계산됩니다.
>
> $$\text{유효 종목 수} = 1/H$$

> **인사이트 8.1 분산투자의 장점**
>
> 포트폴리오의 범위가 넓어질수록(유효 종목 수가 많아질수록), 종목별 수익 예측 능력이 훼손되지 않는다는 전제하에, 리스크 조정 성과(risk-adjusted performance)는 유효 종목 수의 제곱근에 비례하여 향상됩니다.

8.3 이벤트를 효율적으로 거래하기 (Trade Events Efficiently)

이 책의 대부분은 자산의 가격 책정 오류(mispricing)에 대한 펀더멘털 관점을 기반으로 포트폴리오를 구성하는 방법에 초점을 맞추고 있습니다. 포트폴리오 매니저는 자신의 투자 판단이 바뀔 때마다 이에 맞춰 포트폴리오를 조정합니다. 일반적으로 기업의 가치는 미래에 예정된 특정 이벤트와 직접적으로 연결되지 않습니다. 이는 특정 이벤트를 중심으로 전략을 세우는 다른 투자 방식과 차별화되는 점입니다. 예를 들어, 매크로 투자(Macro Investing), 위험 차익거래(Risk Arbitrage), 지수 차익거래(Index Arbitrage) 등은 이벤트 중심의 전략이 핵심이 됩니다.

그러나 펀더멘털 투자에서도 이벤트 기반 트레이딩은 중요한 역할을 합니다. 특히, 실적 발표는 많은 포트폴리오 매니저에게 있어 중요한 수익원입니다. 전체 손익(PnL)에서 실적 발표 전후의 수익이 차지하는 비중은 시기와 업종에 따라 달라집니다. 예를 들어, 금융주는 실적 발표에 덜 민감한 반면, 바이오텍이나 제약주는 훨씬 더 큰 영향을 받습니다. 또한, 시장 변동성이 낮은 시기에는 실적 발표의 영향이 상대적으로 더 커집니다. 일반적으로 실적 관련 포지션에서 전체 수익의 약 25~50%가 나올 수 있습니다. 따라서 실적 시즌을 앞두고 어떻게 포지션을 구축할 것인지에 대해, 감에 의존하기보다는 합리적이고 체계적인 기준을 갖추는 것이 중요합니다.

가장 단순한 사례를 생각해 봅시다. 여러분은 포트폴리오 매니저로서, 어떤 종목이 실적 발표일에 4% 정도 상승할 것이라는 투자 아이디어를 갖고 있습니다. 실적 발표일까지는 2주가 남았습니다. 이 상황에서 다음과 같은 질문이 생깁니다.

1. 포지션은 얼마나 크게 잡아야 할까?
2. 비중을 정할 때 리스크는 얼마나 고려해야 할까?
3. 남은 2주 동안 포지션을 어떻게 구축해야 할까?
4. 거래 비용은 어떤 식으로 반영되어야 할까?

실무에서 자주 쓰이는 기본 원칙 몇 가지는 다음과 같습니다.

1. 기대 수익이 클수록 포지션도 크게 잡는 것이 좋다.
2. 다른 조건이 같다면, 거래 비용이 클수록 포지션을 줄이는 것이 바람직하다.
3. 투자 아이디어를 세운 시점과 실적 발표일 사이의 시간이 짧을 경우, 포지션을 충분히 구축할 시간이 부족하므로 포지션 크기를 줄이는 것이 좋다.
4. 실적 발표가 끝난 후에는 해당 포지션을 정리하는 것이 좋다. 계속

보유하면 리스크와 자본을 낭비할 수 있기 때문이다.

이러한 규칙들은 직관적으로 그럴듯해 보이지만, 실제로 근거가 있는 것일까요? 그리고 이 규칙들을 바탕으로 실제 투자에 활용할 수 있는 간단한 수치 기준을 만들 수 있을까요? 여기서 우리가 시도하려는 방식은 (a) 아주 단순한 모델을 하나 세워보고, (b) 위에서 언급한 직관적인 규칙들이 실제로도 타당한지를 확인하며, (c) 실제 현업에서 활용 가능한 간단한 수치 기준을 함께 제시해보는 것입니다.

성공적인 트레이딩 전략을 만들기 위해서는 몇 가지 핵심 요소가 필요합니다. 첫 번째는 이벤트 당일에 발생할 수익률입니다. 이 부분은 단순합니다. 이벤트 당일 포지션이 크면 클수록 기대되는 수익(PnL)도 비례하여 커집니다. 두 번째는 매매 과정에서 발생하는 거래 비용입니다. 여기에는 수수료나 호가 차이(bid-ask spread)도 포함되지만, 실제로 가장 큰 부분을 차지하는 건 바로 시장 충격(market impact)입니다. 실적 발표처럼 특정 이벤트를 앞두고 거래할 때는 시장 충격이 특히 더 크게 나타납니다. 사실 이러한 현상은 이벤트 매매뿐만 아니라 평소 거래에서도 마찬가지입니다. 시장 충격을 이해하려면, 주가를 용수철처럼 생각해보면 됩니다. 우리가 매수나 매도 주문을 넣을 때마다 이 스프링을 한쪽으로 잡아당기는 것과 같습니다. 주문이 끝나면 스프링은 다시 제자리로 돌아오지만, 잡아당긴 데 들어간 힘은 보상받지 못합니다.[94]

---

94 역자주: 일반적으로 거래 비용이라고 하면 떠올리는 것은 커미션(수수료)이나 호가 차이입니다. 예를 들어, 주식을 매수할 때 매도호가가 10,010원이고 매수호가가 10,000원이라면, 이 10원의 차이가 바로 호가 스프레드이며, 눈에 보이는 비용입니다. 하지만 실제로 큰 금액을 거래하거나 기관 투자자처럼 시장에 영향을 주는 규모로 매매할 때는 이러한 '표면적인 비용'보다 훨씬 더 큰 비용, 즉 시장 충격(market impact)이 발생합니다.

이 비유를 현실에 적용해보면, 실제 시장에서는 내가 어떤 종목을 사고팔기만 해도 그 거래 자체가 가격에 조금씩 영향을 미칩니다. 같은 방향으로 계속 거래를 하면, 내가 만들어낸 가격 움직임 위에서 주문이 체결되기 때문에 결국 처음보다 불리한 가격으로 평균 거래가 이루어지게 됩니다. 거래가 모두 끝난 후 나면 주가는 원래 수준으로 돌아갈 수 있지만, 내가 실질적으로 체결한 가격은 이미 불리해진 상태이므로 이 과정에서 발생한 손실은 피할 수 없습니다. 물론 실제 시장에서는 이러한 흐름이 수많은 잡음(noise)에 섞여 눈에 잘 띄지 않지만, 많은 거래 데이터를 분석해 보면 이 현상은 매우 일관되게 나타나며, 절대 간과해서는 안 되는 중요한 요소입니다.

그렇다면 시장 충격에 대한 공식이 있을까요? 여러 실증 연구 결과에 따르면 거래 비용은 단순히 거래 규모에 비례해 선형적으로 증가하지 않고, $\sqrt{(거래\ 규모)^3}$ 에서 $(거래\ 규모)^2$ 사이의 속도로 증가하는 경향이 있다고 밝혀졌습니다. 또한 종목의 변동성이 크거나 거래량이 적을수록, 시장 충격은 더 크게 나타납니다. 이러한 점들을 바탕으로 실적 발표나 이벤트를 앞두고 매매 규모를 어떻게 정해야 할지에 대한 간단한 기준을 세워볼 수 있습니다. 예를 들어, 오늘부터 실적 발표일 전까지 일정한 비율로 주식을 매수하고, 발표 이후에도 같은 속도로 포지션을 청산한다고 가정해 봅시다. 이때 거래 비용을 감안한 순수익이 가장 커지도록 하려면, 어느 정도 규모로 거래해야 할까요? 만약 시장 충격이 거래 규모의 제곱에 비례한다고 본다면, 최적화 문제는 다음과 같이 표현됩니다.

최적화할 식[95]

$$(\text{기대수익률}) \times (\text{거래 규모}) - (\text{상수} \div 2) \times (\text{거래 규모})^2$$

이 식을 통해 얻을 수 있는 결론은 간단합니다. 기대 수익이 크고 시장 충격이 작을수록 거래 규모를 더 키울 수 있다는 것입니다. 복잡한 수학은 생략하고, 주식의 특성을 활용해 간단한 공식으로 정리하면 다음과 같습니다

$$(\text{최적 거래 규모}) = C \times \frac{\alpha \times V \times T}{2\sigma}$$

α 는 기대 수익률 (expected return)
V 는 일일 거래 금액 (daily dollar volume)
T 는 이벤트까지 남은 시간 (거래 일 수 기준)
σ 는 일일 변동성 (daily volatility)
C 는 경험적으로 결정되는 보정 상수

여기서 C 값은 시장별로 다르게 설정되지만, 종목 고유의 특성과는 무관합니다. C 값을 정확히 추정하려면 최근 데이터를 기반으로 한 시장 충격 모델(market impact model)이 필요합니다. 위의 공식은 단순하지만 여전히 몇 가지 중요한 질문들이 남아 있습니다.

- 이 모델이 현실적인 가정을 바탕으로 하고 있는가?
- 시장 리스크(시스템 리스크)에 대해서는 어떻게 고려할 것인가?
- 이벤트 이후 보유 종목은 어떻게 청산할 것인가?

---

[95] 역자주: 여기서 말하는 상수(constant)는 거래 규모가 커질수록 시장 가격이 얼마나 영향을 받는지를 수치로 나타낸 시장 충격 민감도입니다.

이러한 질문에 답하는 것은 쉽지 않습니다. 그러나 거래 비용이 거래량의 제곱에 비례한다는 가정과 개별 종목 리스크에 따른 제약 조건을 함께 고려하면 최적의 방식을 계산할 수 있습니다. 핵심 내용은 다음과 같습니다:

- **거래량 가중평균가격 (VWAP)**[96]으로 거래하는 방식은 가장 효율적인 접근법입니다. 다만, 특정 종목에 포지션이 과도하게 몰리는 상황은 피해야 합니다. 특히 실적 발표를 앞둔 시점에서는 일시적으로 리스크 한도를 초과할 수 있으므로, 이러한 경우 초과 리스크가 짧은 시간 내에 해소될 수 있는지, 예외를 허용할 만한 상황인지 신중히 판단해야 합니다.

- 포트폴리오가 소수 종목에 집중되어 있거나, 몇몇 대형 이벤트에 집중 투자하고 있다면 리스크 관리는 더욱 중요해집니다. 이럴 때는 단순히 기대수익률에 따라 포지션을 설정하는 방식이 효과적이지 않을 수 있으며 리스크 페널티를 반영해 거래 규모를 줄이는 보수적인 전략이 필요합니다. 또한 이벤트가 가까워질수록 매수 속도를 점차 높이고, 이벤트가 끝난 후에는 신속히 포지션을 청산하는 것이 좋습니다. 초기부터 누적된 리스크를 너무 오래 끌고 가지 않기 위해서입니다.

결론적으로, 거래 규모가 크거나 이벤트 중심의 전략일수록 전략은 더 복잡해집니다. 이런 상황에서는 부록의 내용을 참고하되, 실전에서는 반

---

[96] 역자주: VWAP는 일정 기간 동안 체결된 전체 거래대금을 총 거래량으로 나눈 값으로, 말 그대로 '평균 체결 가격'을 의미합니다. 이벤트 트레이딩에서 VWAP을 기준으로 매일 주식 거래량의 일정 비율로 천천히 진입하거나 청산하는 전략은, 시장에 미치는 충격을 최소화하기 위한 대표적인 방식입니다.

드시 충분한 시뮬레이션과 상황별 조정이 필요합니다.

8.4 ★ 대체 데이터를 활용하라 (Use Alternative Data)

지난 20년 동안 비즈니스와 금융 분야에서 가장 두드러진 변화 중 하나는 새로운 데이터 소스의 등장입니다. '데이터는 새로운 석유다'라는 말처럼, 데이터를 효과적으로 추출할 수 있는 기술만 갖추면 그 활용 가능성은 무궁무진합니다. 데이터는 다양한 형태의 상품으로 변환될 수 있으며, 이러한 상품이 기존 산업을 혁신하거나 새로운 시장을 창출하기도 합니다. 금융 분야도 예외는 아닙니다. 매일 테라바이트에서 엑사바이트 규모의 방대한 데이터가 생성되고 있으며, 그 형태도 점점 다양해지고 있습니다. 단순한 재무제표나 공시 정보뿐만 아니라, 카드 거래 내역이나 위성 사진처럼 비정형 데이터도 중요한 정보로 활용되고 있습니다. 이러한 데이터를 전문적으로 수집해 제공하는 업체들이 증가하고 있으며, 이러한 흐름은 앞으로 더욱 가속화될 것입니다. BattleFin 같은 컨퍼런스에서는 최신 데이터 서비스를 소개하고 있으며, 은행들도 자체적으로 데이터를 구축해 제공하고 있습니다. 대체 데이터는 초기에는 주로 퀀트 전략에서 활용되었지만, 최근에는 펀더멘털 전략에서도 점차 활발히 도입되고 있습니다.

그러나 이러한 데이터를 어떻게 받아들이고 활용할지에 대한 명확한 기준은 아직 없습니다. 데이터를 수집하고 저장하며 처리하는 기술적 문제 외에도, 포트폴리오 매니저는 다음과 같은 질문에 직면하게 됩니다.

1. 빅데이터가 답이라면, 우리는 어떤 질문을 던져야 할까? 즉, 이 데

이터는 어떤 문제를 해결할 수 있는가? 알파 예측? 리스크 측정? 꼬리위험 예측?

2. 데이터를 어떻게 시각화하고, 어떤 방식으로 받아들여야 할까? 숫자가 너무 많으면 해석이 어렵고, 너무 단순하면 정보가 부족하다.

3. 이 새로운 데이터가 실제로 유용한지를 어떻게 판단할 수 있을까? 모든 데이터 공급업체는 자사 데이터가 엄청난 가치를 준다고 주장하지만, 이는 항상 시간이 지난 후에야 그렇게 보일 때가 많다.

4. 펀더멘털 분석 과정에 이 데이터를 어떻게 통합할 수 있을까?

통계학과 머신러닝 분야의 대가 브래들리 에프론(Bradley Efron)은 이런 상황을 다음과 같이 요약했습니다.

- 19세기: 데이터는 많았지만 질문은 단순했다.
- 20세기: 데이터는 적었지만 질문은 여전히 단순했다.
- 21세기: 데이터는 많고 질문도 복잡해졌다.

금융에서 말하는 '복잡한 질문'은 단순히 알파나 리스크를 예측하는 데 그치지 않습니다. 최근에는 투자 프로세스 전반을 '데이터 입력 → 전략 출력'으로 이어지는 '엔드-투-엔드 학습(end-to-end learning)' 구조로 자동화하려는 시도가 활발히 이루어지고 있습니다. 이 과정에는 리스크 추정, 거래 비용 계산, 알파 예측, 포트폴리오 최적화 등 여러 단계가 자동화 모듈로 포함됩니다.[97] 그러나 이처럼 완전한 자동화를 구현하기까지는 아직 갈 길이 멉니다. 그 전까지는 기존의 팩터 모델 프레임워크를 확

---

[97] [Buehler et al., 2019]

장하여, 대체 데이터를 실질적으로 활용할 수 있는 현실적인 접근 방식을 시도할 수 있습니다. 그 방식은 다음과 같습니다.

1. 대체 데이터는 주로 알파 리서치(초과 수익 예측)와 성과 분석에 유용하며, 리스크 예측에도 일부 활용될 수 있습니다.
2. 팩터 로딩처럼 데이터를 개별 종목 특성으로 요약하고, 각 종목의 특성을 수치로 표현합니다. 종목별 특성을 시각화하고, 포트폴리오가 이러한 데이터에 얼마나 노출되어 있는지 보여주는 방식은 기존 팩터 모델과 유사합니다.
3. 새롭게 만든 특성이 모델의 잔차수익률(residual return)을 예측하는지를 확인합니다. 즉, 기존 팩터로 설명되지 않는 수익률을 설명하는 능력을 평가합니다.
4. 예측력이 높다면 해당 특성을 실제 투자 프로세스에 통합합니다.

이 모든 과정이 저절로 이루어지는 것은 아닙니다. 성공적인 결과를 얻기 위해서는 데이터 과학자와 투자 애널리스트 간의 긴밀한 협업이 필수적입니다. 데이터 과학자는 기술적·통계적 전문성을 제공하고, 투자 애널리스트는 업계에 대한 이해와 구체적인 해석을 담당하게 됩니다. 특히 이 협업은 두 가지 측면에서 중요합니다.

첫째, 가공되지 않은 데이터가 실제 투자 성과에 도움이 될 수 있는지를 판단하는 과정입니다. 경우에 따라선 명확한 판단이 가능할 때도 있습니다. 예를 들어, 선진국의 온라인 쇼핑몰 데이터를 보면 분기별 주문 수나 카드 결제 건수만으로도 매출 흐름을 잘 파악할 수 있습니다. 그러나 대부분의 경우는 그렇게 단순하지 않습니다. 예를 들어, 데이터 과학자가 정보공개청구(FOIA)를 통해 대형 산업 기업의 정부 조달 데이터를 확보했다면, 이 정보는 공공 부문 매출 추정에 도움이 될 수 있지만, 민간 부문 매출 추정치와 함께 살펴봐야 전체 매출을 제대로 판단할 수 있습니다.

둘째, 선별된 데이터를 실제 투자에 활용할 수 있는 정보로 변환해야 합니다. 어떤 경우는 'Z-스코어'처럼 표준화된 수치가 중요하고 (리스크 모델에서 흔히 사용됨), 또 어떤 경우는 성장률이 더 많은 정보를 담고 있습니다. 데이터를 변환하는 방식은 무척 다양하며, 부록 11.5에서 그 예시들을 소개합니다. 그리고 무엇보다 중요한 것은 어떤 정보를 조합하느냐입니다. 어떤 데이터는 산업, 섹터, 국가 단위에서만 의미가 있으며, 무작정 많은 변수를 만들어내는 것은 오히려 혼란과 과적합(데이터 마이닝)을 초래할 수 있습니다.

마지막으로 중요한 점은 대체 데이터를 활용한다고 해서 반드시 투자 성과가 개선된다고 볼 수는 없다는 점입니다. 이 절에서 소개한 접근법은 대체 데이터를 활용하는 여러 방식 중 하나일 뿐이며, **수익률의 횡단면 예측 (cross-sectional return prediction)** 에 초점을 둔 방법입니다. 물론 대체 데이터를 활용할 수 있는 다른 방법들도 많이 존재하지만, 그에 대한 논의는 이 책의 범위를 넘어서는 관계로 자세히 다루지는 않습니다.

그러나 이 방식은 포트폴리오 매니저에게 단순히 가공된 데이터를 제공하는 것보다 훨씬 실용적일 수 있습니다. 여기서 일부 독자는 '횡단면 예측만으로는 충분한가? 시계열 예측도 해야 하지 않나?'라는 의문을 가질 수 있습니다. 하지만 실제로 횡단면 예측과 시계열 예측은 서로 밀접하게 연결되어 있으며, 시계열 초과 수익의 대부분은 시장 타이밍 전략으로 설명됩니다.[98] 또한, 8.2.1절에서 다룬 바와 같이, 시장 타이밍은 생각보다 훨씬 어렵습니다.

지금까지는 전체 과정을 큰 흐름 위주로 설명했습니다. 구체적인 구현 방법은 부록 11.5에 정리되어 있으며, 전체 절차는 그림 8.6에서 확인할 수 있습니다. 이제부터는 이론과 실무를 연결하는 실제 사례로, 공매도 잔량 데이터를 활용한 분석 절차를 단계별로 살펴보겠습니다.

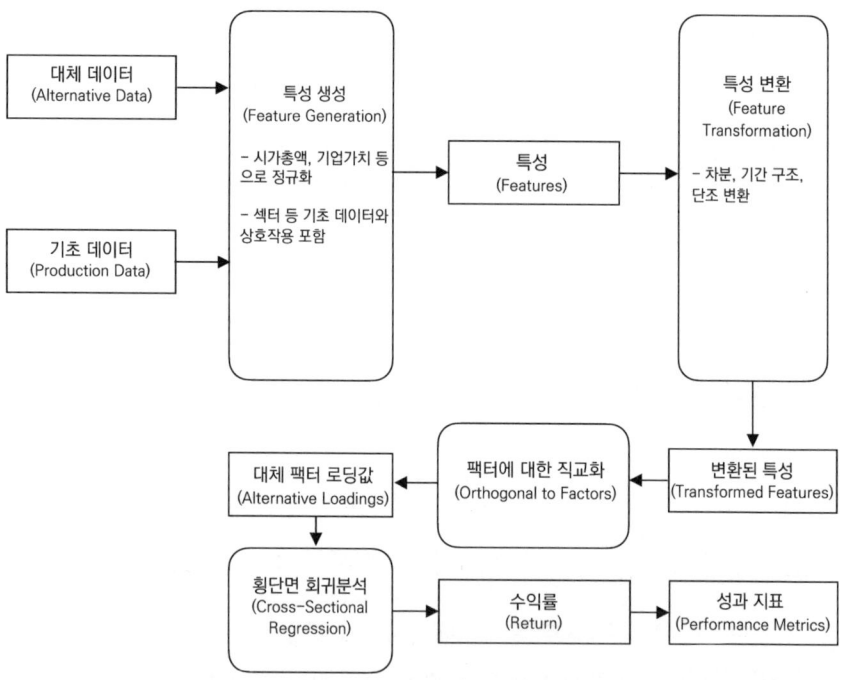

그림 8.6 대체 데이터를 알파(초과 수익) 가능성이 있는 종목 특성으로 연결하는 과정을 보여주는 흐름도

---

98 [Goyal & Jegadeesh, 2018]

공매도 잔고 데이터는 여전히 대부분의 상업용 리스크 모델에 포함되지 않고 있습니다. 왜 그런지 살펴보면 다음과 같습니다. 우선 2007년 3월 이전까지 SEC(미 증권거래위원회)는 거래소 회원사에 한 달에 한 번만 공매도 데이터를 제출하도록 요구했습니다. 이로 인해 데이터가 신속히 업데이트되지 않아 실시간 투자 판단에 활용하기 어려웠습니다. 또한, Data Explorers와 같은 글로벌 공매도 데이터 제공업체가 본격적으로 등장한 것도 그 무렵이었습니다. 즉, 신뢰할 수 있는 공매도 데이터가 실제로 활용되기 시작한 것은 비교적 최근의 일입니다. 게다가 공매도 잔고가 실제로 리스크를 설명할 수 있는지에 대해서는 여전히 의견이 분분합니다. 일부 리스크 모델에서는 공매도 잔고가 팩터로 채택되기 위한 통계적 기준을 충족하지 못하기도 합니다. 이런 이유로 현재 대부분의 상업용 모델에는 제대로 반영되지 않고 있습니다. 그러나 공매도 잔고는 오랫동안 검증된 대체 데이터로 평가받아 왔습니다. 과거에는 공매도 비중이 높은 종목이 낮은 종목보다 수익률이 낮은 경향이 뚜렷하게 나타났습니다. 비록 이러한 효과는 2017년 이후 다소 약해졌지만, 공매도 잔고는 포트폴리오 매니저들에게 10년 이상 꾸준히 활용되어 온 데이터입니다. 이제 공매도 잔고 데이터를 대체 데이터로 처리하는 방법과 그 절차를 단계별로 살펴보겠습니다.

1. **특성 생성 (Feature Generation)** 이 내용은 5.2절에서 이미 다룬 바 있습니다. 일반적으로 공매도 이자율(borrow rate)이나 공매도 비율(short ratio)을 사용합니다. 경우에 따라 섹터를 나타내는 더미 변수와 공매도 잔고를 곱해 종목 특성을 나타내는 지표를 만들기도 합

니다.[99]

2. **특성 변환 (Feature Transformation)** 이 단계는 생략되는 경우도 있습니다. 가장 단순한 방법은 공매도 비율의 최신 값을 그대로 사용하는 것입니다. 그러나 경우에 따라 현재 공매도 비율과 과거 평균값(예: 최근 3개월 평균)을 비교해 보는 것이 더 의미 있을 수 있습니다.

3. **팩터 직교화 (Orthogonalization)** 이 단계는 일종의 데이터 정제 과정입니다. 공매도 관련 지표를 기존 리스크 모델의 팩터에 대해 회귀분석한 후, 설명되지 않는 부분(잔차)만 따로 추출해 새로운 팩터로 사용하는 방식입니다. 즉, 공매도 수치에서 기존 리스크 모델이 설명할 수 있는 부분을 제거하고, 그 영향을 제외한 '순수한 공매도 정보'만 남기는 것입니다. 이러한 데이터 정제 작업을 수행하는 이유는 해당 지표가 알파(초과 수익)를 만들어낼 가능성이 있는지를 사전에 평가하기 위해서입니다.

4. **횡단면 회귀분석 (Cross-Sectional Regression)** 이 과정은 일반적인 팩터 모델을 추정할 때와 같은 방식으로 진행됩니다. 핵심은 공매도 관련 지표가 종목 수익률과 어떤 관계가 있는지를 확인하는 것입니다. 만약 두 변수 사이에 뚜렷한 상관관계가 나타난다면, 공매도가 실제 수익률에 영향을 미친다고 볼 수 있으며, 공매도 팩터는 투자에 활용할 수 있는 신뢰할 만한 지표가 됩니다.

5. **성과 평가 (Performance Metrics)** 마지막으로 공매도 팩터의 투자 성

---

99 역자주: 더미 변수(dummy variable)는 종목이 어떤 산업에 속하는지를 숫자 0이나 1로 표시한 것입니다. 예를 들어 어떤 종목이 헬스케어 섹터에 있으면 헬스케어 변수는 1, 아니면 0이 됩니다. 이렇게 표시해두면, 예를 들어 공매도 비율 같은 데이터를 섹터별로 나눠서 분석할 수 있습니다. 공매도 비율이 5%인 종목이 헬스케어 섹터에 있으면 5%가 그대로 반영되고, 다른 섹터에 있으면 0으로 처리돼 해당 섹터에는 영향을 주지 않습니다. 즉, 공매도 효과를 섹터별로 따로 살펴볼 수 있게 해주는 방법입니다.

과를 평가합니다. 기대수익률이 0보다 충분히 큰지, 샤프비율이 높은지, 로딩 값이 지나치게 자주 바뀌어 해석이나 활용에 혼란을 주지는 않는지 등을 확인합니다. 이러한 요소들을 종합적으로 고려하여 해당 팩터가 실제 전략에 통합할 만큼 안정적이고 신뢰할 수 있는 정보인지 최종적으로 판단합니다.

8.5 ★ 성과에 대해 자주 묻는 질문
(Frequently Asked Questions About Performance)

Q: 성과 분석 결과가 OMS (주문 관리 시스템) 나 재무팀의 보고서와 다르게 나옵니다. 왜 그런가요?

A: 여러 가지 이유가 있을 수 있습니다. 우선, 성과 분석은 보통 종가 기준의 일일 수익률과 포지션을 기준으로 계산됩니다. 하지만 실제 주문은 장중에 발생합니다. 예를 들어, 어떤 종목을 하루 동안 사고 팔아 장 마감 시점에 포지션이 남아 있지 않았다면, 성과 분석에서는 해당 종목의 수익이 0으로 계산됩니다. 이러한 차이는 보통 '트레이딩 손익 (trading PnL)' 항목으로 따로 분류됩니다. 또 다른 원인은 표시 통화의 차이입니다. 예를 들어 손익을 달러 기준으로 표시되는데, 유럽이나 일본처럼 달러가 아닌 통화로 거래되는 종목에 투자했다면, 해당 종목의 손익은 **현지 통화 기준 수익 + 환율 변동에 따른 수익**으로 구성됩니다. 이때 환율 손익이 완전히 헤지되지 않았거나, 따로 표시되지 않는다면, 실제 손익과 성과 분석 간에 차이가 생길 수 있습니다.

Q: 오늘 내가 보유한 주식이 4% 올랐고, 이 종목의 베타는 1입니다. 시장은 1% 올랐는데, 왜 이 종목에서 나오는 개별 수익 (idiosyncratic PnL) 이 마이너스인

가요?

A: 다른 팩터가 해당 종목에 영향을 미쳤기 때문입니다. 예를 들어, 이 종목이 에너지 섹터에 속한 주식이고, (a) 오늘 에너지 섹터 전체가 하루 만에 5% 상승한 반면, (b) 스타일 팩터는 영향이 거의 없었다면, 시장 수익률 (1%) + 섹터 수익률 (5%) = 총 6%가 팩터로 설명되는 수익률입니다. 그런데 실제 주가 상승률이 4%에 불과 하므로, 나머지 -2%는 개별 요인 (idio PnL)에서 손실을 본 것으로 해석됩니다. 팩터가 여러 개 있을 경우, 모든 팩터의 기여도를 합산하면 총 수익률과 개별 손익의 차이를 명확히 이해할 수 있습니다.

Q: 시뮬레이션 전략의 샤프비율이 기존 전략과 차이가 있습니다. 이 차이가 얼마나 의미가 있나요? 측정 기간이 길어지면 더 믿을 만한 건가요?

A: 이 주제는 상당히 복잡하며, 학계에서도 여전히 논의 중입니다. 두 가지 관점에서 답할 수 있습니다. 첫째, 특정 분야에 깊은 전문성을 가진 포트폴리오 매니저라면, 새로운 데이터를 활용하는 목적은 기존 전략을 '검증'하는 데 가깝습니다. 예를 들어, 신용카드 결제 데이터로 기업의 매출을 더 정확히 추정할 수 있다고 판단하면, 이 데이터를 주가 예측 모델에 반영해 성과가 개선되는지를 확인해볼 수 있습니다. 이런 방식은 처음부터 여러 조합을 시도해 새로운 전략을 찾는 접근과는 다릅니다. 둘째, 백테스트 결과의 샤프비율에 할인(Sharpe haircut)을 적용해 신뢰도를 보수적으로 조정하는 방법도 고려할 수 있습니다.[100] 이 부분은 퀀트 분

---

[100] 역자주: '헤어컷(haircut)'이란 수치를 보수적으로 조정하는 개념으로, 백테스트에서 과도하게 나타난 샤프비율에 현실적인 리스크 (과적합 문제, 거래 비용 등)를 반영해 일정 비율로 낮추는 것을 말합니다.

석 영역에 해당하며, 어떤 기준을 적용할지 퀀트 애널리스트와 함께 논의하는 것이 좋습니다.[101]

🎯 8.6 핵심 정리 *(Takeaway Messages)*

1. 손익(PnL)의 시계열 데이터를 팩터 손익(factor PnL)과 개별 손익(idiosyncratic PnL)으로 나눠 분석하라.

2. 팩터 손익이 크다는 것은 포트폴리오가 특정 팩터에 많이 노출되어 있다는 뜻이다. 리스크를 줄이려면 최적화, 전술적 매매(팩터 노출을 줄이는 매매), 또는 헤지를 활용하라.

3. 개별 손익(idio.PnL)은 다시 타이밍, 비중 조정(sizing), 종목 선택(selection)으로 세분화하여 분석하라.

4. 만약 타이밍이나 비중 조정에서 긍정적인 성과가 반복된다면, 그것이 당신의 강점이다. 그 강점을 계속 살려라.

5. 반대로, 타이밍이나 비중 조정이 지속적으로 손실을 낸다면, 그 영향을 줄이기 위해 포지션을 균등화(equalize)하라.

6. 포트폴리오 규모가 크거나 거래 비용이 높다면 자동 최적화 도구를 활용하라. (부록 11.6.1 참고)

7. 최적화를 두려워할 필요는 없다. 잘 활용하면 판단력을 강화할 수 있다. 하지만 지나치게 의존하면 오히려 판단이 흐려질 수 있다는 점을 명심하라.

---

101 연구 논문 참고 [White, 2000, Hansen and Lunde, 2005, Romano and Wolf, 2005, Harvey and Liu, 2015a, b, Harvey et al., 2016]

> 8. 당신의 알파(초과 수익)가 언제 나타나는지, 또 얼마나 지속되는지에 맞춰 포지션을 일관되게 구성하라. 거래량 가중평균가격(VWAP)이 유용한 기준이 될 수 있다. 현재 당신의 시장 참여 비율이 과도하게 높을 가능성이 크다.
> 9. 포트폴리오는 최대한 분산하되, 불필요하게 복잡하게 만들지 마라.
> 10. 이 모든 원칙보다 더 중요한 것은 비합리적인 행동을 하지 않는 것이다.[102]

---

102 [Orwell, 1946]

9장
손실 관리하기
Manage Your Losses

📝 무엇을 배우게 될까요?

이 장에서는 손절매(Stop-loss) 규칙이 정말 필요한지, 필요하다면 어떻게 설정해야 하는지, 그리고 그 결정이 투자 성과의 어떤 요소에 따라 달라지는지를 배우게 됩니다.

📝 왜 필요할까요?

장기적으로 펀드 매니저나 포트폴리오 매니저가 시장에서 살아남을 수 있는지는 효과적인 손절매 기준을 세웠는지에 달려 있습니다. 따라서 이 주제는 결코 가볍게 넘길 수 없습니다.

📝 언제 필요할까요?

이러한 손절 규칙은 대부분 펀드 차원에서 한 번 정하면 변경하지 않습니다. 포트폴리오 매니저의 입장에서도 실제로 이 규칙이 발동되는 경우는 1년에 한 번도 없을 정도로 드뭅니다.

많은 사람들에게 리스크 관리란 결국 손실을 관리하는 일입니다. '팩터', '알파', '최적화', '리스크 한도' 같은 개념들은 어디까지나 모델링을 위한 기술적 도구에 불과합니다. 반면, 손익 (PnL)은 실제로 펀드의 생존을 좌우하는 현실입니다. 큰 손실 하나로 펀드가 무너질 수도 있습니다. 이러한 위협에 가장 단순하게 대응하는 방법은 손실을 피하는 것입니다. 투자 전략에서는 보유 주식을 일부 또는 전부 정리하는 방식으로 흔히 **손절매 (stop-loss)**라고 부릅니다. 일정 수준의 손실이 발생하면 포지션을 청산하는 이 방식은 구조가 단순하고, 복잡한 모델 없이도 작동하며, 인간의 본능적인 행동과도 잘 맞습니다. 직관적으로도 꼭 필요한 전략처럼 보입니다.

하지만 현실에서는 손절매에 대한 의견이 분분하며, 모두가 받아들이는 명확한 기준이나 합의된 정의는 없습니다. 그렇기 때문에 손절매의 타당성과 개념을 명확히 이해하려면, 먼저 다양한 관점과 논리를 살펴볼 필요가 있습니다. 이 장의 첫 번째 절에서는 손절매에 찬성하는 입장과 반대하는 입장을 각각 정리합니다. 두 번째 절에서는 손절매 규칙을 설계할 때 고려해야 할 주요 요소들이 투자자의 성향과 목표와 어떻게 연결되는지를 설명합니다. 마지막으로, 손절매 규칙의 다양한 응용 방식과 실제 적용 사례들을 함께 살펴보겠습니다.

9.1 손절매가 작동하는 법 (How Stop-Loss Works)

헤지펀드에 새로 합류한 포트폴리오 매니저가 가장 먼저 결정해야 할 두 가지가 있습니다. 첫째는 자신이 운용할 수 있는 자본 규모, 즉 사용할 수 있는 자금이나 허용 가능한 변동성 범위이고, 둘째는 손실 관리 기준입니다. '포트폴리오 리뷰'나 '투자 추천' 같은 절차를 모두 제쳐두고 보면, 결국 가장 핵심적인 질문은 '최대 얼마까지 손실이 발생하면 포트폴리오를 청산할 것인가?'입니다. 이 기준을 넘기면 포트폴리오는 전량 청산됩니다. 보통 포트폴리오 매니저도 함께 해고되지만, 운이 좋거나 과거 실적이 매우 뛰어났던 경우에는 두 번째 기회를 얻기도 합니다.

가장 단순한 형태의 손절매 규칙은 '이만큼 손실이 나면 종료한다'는 식의 명확한 기준입니다. 하지만 이렇게 단순해 보이는 정의 안에도 여러 세부적인 요소가 숨어 있습니다. 그중 핵심은 손실을 어느 시점을 기준으로 계산하느냐는 점입니다. 보통은 과거 최고 수익 시점(high watermark)부터 손실을 따지는 방식이 많이 쓰이며, 경우에 따라 연 단위로 측정하거나 최근 12개월 기준을 적용하기도 합니다. 이 장에서는 이들 가운데 가장 널리 쓰이는 방식인 '과거 최고 수익 시점'을 기준 방식을 중심으로 살펴봅니다.

손절매 규칙에는 한 번에 전량 청산하는 단일 손절매 방식 외에도, 두 개의 손실 기준을 설정하는 **이중 손절 규칙 (two-threshold stop-loss)** 이 널리 사용됩니다. 이 방식에서는 손실이 첫 번째 손실 기준에 도달하면 보통 포트폴리오 규모를 절반 정도 줄이고, 이후 손실이 더 커져 두 번째 기준에 도달하면 전체 포지션을 청산합니다. 사실 이 방식도 단일 손절매와 본질적으로 크게 다른 건 아닙니다. 신중한 포트폴리오 매니저라면 손실이 커질수록 포지션을 점점 줄이다가 결국 전량 청산하는 흐름으로 가기 마련입니다.

손절매에 관한 주요 연구[103]에 따르면, 포트폴리오 매니저가 손실 한도에 도달하지 않으면서 수익률을 극대화하려면, 수익이 가장 좋을 때 자산을 최대한 보유하다가 손실이 커질수록 비중을 점차 줄여 나가며, 손실이 정해진 한도에 이르면 전량 매도하고 현금화하는 것이 가장 효과적인 전략입니다.[104] 더 복잡한 방식이 사용되는 이유는 투자자가 이러한 원칙을 실제로 따르도록 강제하는 효과가 있기 때문입니다.

손절매 절차는 운용 방식에 따라 크게 두 가지로 나눌 수 있습니다.

- **손절 후 종료 (Stop-and-Shutdown)** 손실 한도에 도달하면 포트폴리오를 완전히 청산하고, 해당 전략 역시 영구적으로 종료합니다.

- **손절 후 재시작 (Stop-and-Restart)** 손실 한도에 도달하면 일단 전량 청산하지만, 이후에도 가상의 성과를 계속 추적합니다. 전략의 성과가 일정 기준 이상으로 회복되면 다시 자금을 투입해 운용을 재개합니다.

물론 현실에서는 이 두 방식이 엄격히 구분되지는 않습니다. 경험이 풍부한 포트폴리오 매니저는 일시적으로 직무가 정지되었다가 성과가 회복되면 다시 기회를 얻기도 하지만, 신입 매니저는 대부분 바로 해고되는 경우가 많습니다.

---

103 [Grossman & Zhou, 1993]

104 참고로 알아둘 만한 점이 두 가지 있습니다. 첫째, 총투자금액(GMV)을 줄이는 최적의 전략은 이론상 정확히 비례하진 않지만, 실제에선 거의 비례하는 방식만으로도 충분히 효과적으로 작동합니다. 둘째, 이 모델은 이상적인 가정에 기반하고 있기 때문에, 실제로는 손실 한도에 도달하거나 자산이 완전히 0이 되는 상황이 발생하지 않습니다.

9.2 왜 손절매 규칙이 필요한가? (Why a Stop-Loss Policy ?)

이 절에서는 손절매의 필요성과 그에 따른 한계를 검토합니다. 먼저, 손절매가 왜 필요한지 알아보겠습니다.

- **손절매는 '명시적'이든 '암묵적'이든 어떤 형태로든 항상 존재합니다.** 공식적으로 손절매 기준을 갖춘 펀드도 있고, 겉으로는 그런 기준이 없다고 주장하는 펀드도 있지만, 실제로는 모두 일정 수준의 손실이 발생하면 자산 규모를 줄이거나 포트폴리오 매니저를 교체하는 식으로 대응합니다. 즉, '손절 규칙이 없다'는 말은 단지 외부에 드러나지 않았을 뿐이고, 실제로는 암묵적인 기준이 작동하고 있다는 뜻입니다. 따라서 정말 중요한 것은 손절 규칙이 있느냐 없느냐가 아니라, 그 기준이 투명하게 공개되어 투자자도 알고 있는가입니다. 경험상, 대부분의 포트폴리오 매니저는 기준이 명확하게 공개되는 걸 선호합니다. 반면, 헤지펀드 매니저들은 대체로 그런 기준을 싫어합니다. 그러면서 꼭 이렇게 말합니다. "우리는 그런 거 없어요. 그리고 그게 당신한테 더 좋은 겁니다." 만약 어떤 헤지펀드 매니저가 여러분에게 '이게 당신에게 더 좋습니다'라고 말한다면, 그 사람이 여러분의 어머니가 아닌 이상, 그 말을 반드시 다시 생각해볼 필요가 있습니다.[105] 결국 손절매 기준이 어떤 형태로든 존재하는 이상, 중요한 것은 그 기준이 나의 투자 성향과 잘 맞는지를 정확히 아는 것입니다. 이 점은 이 장의 후반부에서 다룰 핵심 주제이기도 합니다.

---

[105] 당신 어머니가 당신 이름으로 계약서에 사인하라고 하는 경우도 조심해야 합니다.

- **손절매는 포트폴리오 매니저가 가진 일종의 '콜옵션'을 제한하는 역할을 합니다.** 포트폴리오 매니저가 손실에 대한 환수 조항(clawback)[106]이나 이연 보상이 없이 매년 성과에 따라 전액 보상을 받는 구조라면, 이는 사실상 자신이 운용하는 전략에 대해 콜옵션을 가진 것과 같습니다. 이때 옵션의 기준점(행사가격)은 단순히 초기 자산 수준이 아니라, 운용에 들어간 각종 비용까지 회수할 수 있는 더 높은 수준으로 설정됩니다. 또한 매니저는 포트폴리오에서 발생한 수익을 전부 가져가는 것이 아니라, 정해진 비율만 성과 보수로 받고, 성과가 매우 좋거나 위험 대비 수익이 높을 경우에만 추가 보상을 받는 구조입니다. 이처럼 보상 구조가 콜옵션처럼 설계되어 있다면, 전략의 수익 변동성이 클수록 옵션의 기대 수익도 커지기 때문에, 매니저는 본인의 운용 실력과는 무관하게 더 큰 변동성을 추구하고 싶어질 수 있습니다. 손절매 규칙은 이러한 충동을 억제하는 역할을 합니다. 손익(PnL)이 손절 기준에 가까워지면, 강제 청산을 피하려고 매니저가 스스로 리스크를 줄이게 되고, 그에 따라 변동성도 자연스럽게 낮아집니다. 이런 현상은 이론적으로 설명이 가능할 뿐만 아니라, 실제 운용 현장에서도 자주 관찰됩니다. 그리고 변동성이 줄면, 매니저가 보유한 콜옵션의 기대 수익도 그만큼 줄어듭니다.

- **손절매는 일종의 포트폴리오 보험 역할을 합니다.** 일정 수준 이상의 손실이 발생하면 포지션을 줄이거나 전부 청산하는 전략은 마치 포트폴리오에 풋옵션을 매입하는 것과 비슷한 효과를 제공합니다. 손실이 커질수록 위험 자산 비중을 줄이고 현금 비중을 늘리는 구

---

[106] 포트폴리오 매니저가 손실을 기록할 경우, 약속된 이연 보상(deferred compensation)의 일부 또는 전부가 삭감되는 조건을 말합니다.

조이기 때문입니다. 이러한 손절매 전략에는 여러 방식이 있으며, 대표적으로 비례 감소 규칙(Proportional Policy), 옵션 기반 규칙(Policy via Put Option), 그리고 이중 손절 규칙(Two-Threshold Policy)[107] 등이 있습니다. 이 전략들의 차이는 그림 9.1에서 확인할 수 있습니다. 이 중 Grossman-Zhou의 비례 감소 규칙은 매우 빠르고 공격적인 전략으로, 손실이 발생하는 즉시 포트폴리오 규모를 줄이기 시작합니다.[108] 옵션 기반 규칙은 전략의 변동성 수준에 따라 다르게 작동합니다. 변동성이 큰 전략일수록 손실 폭이 클 수 있지만 회복 가능성도 높아 자본을 좀 더 오래 유지하는 방향으로 움직입니다. 반면, 변동성이 낮은 전략은 일단 줄이기 시작하면 빠르게 청산되는 경향이 있습니다. 마지막으로, 이중 손절 규칙(two-threshold policy)은 두 단계로 리스크를 관리하는 방식입니다. 일정 수준에서 포지션을 먼저 줄이고, 손실이 더 커지면 다시 한 번 더

---

[107] 포트폴리오의 최고점 가치가 S_0라고 가정해 봅시다. 손실 비율이 r일 때 손절매를 실행한다는 것은, 포트폴리오를 그대로 유지하면서 행사가격이 $K = S_0(1 - r)$인 풋옵션을 함께 매수하는 것과 같은 효과를 냅니다. 시점 t에서 포트폴리오의 현재 가치가 S, 해당 풋옵션의 가치가 $V(S)$일 때, 이 풋옵션은 현금 포지션과 동일한 역할을 하며, 현금 포지션의 크기는 다음과 같이 계산됩니다.

$$\delta(S) = \frac{\partial V}{\partial S}(S)$$

따라서 실질적인 포트폴리오 규모는 $S + \delta(S)$가 됩니다. Grossman-Zhou의 비례 감소 규칙 모델에서는 $f = S_0(1 - r/(S_0 - S))$ 같은 형태를 따릅니다. 손절 규칙을 설명할 때 '감마가 음수'라는 표현을 쓰기도 합니다. 여기서 감마는 기초자산 가격 변화에 따라 옵션의 민감도가 얼마나 빨리 바뀌는지를 나타내는 옵션 가치의 두 번째 미분값입니다. 옵션은 일반적으로 볼록하고 비선형적인 특성(convexity)을 가지며, 감마가 음수일 경우 자산 가격이 떨어질수록 옵션 가치가 더 빠르게 증가합니다. 손절 규칙도 비슷한 성격을 갖습니다. 자산 가격이 일정 수준 이하로 하락하기 시작하면, 처음에는 천천히 포지션을 줄이다가, 손실이 커질수록 더 빠르게 줄이게 되는 구조입니다. 이러한 특성은 대개 손실이 시작되는 초반 구간에서만 두드러지지만, 실무에서는 손절매가 대부분 손실 초기에 집중적으로 발생하기 때문에, 현실적인 투자 전략에서도 중요한 요소로 작용합니다.

[108] [Grossman & Zhou, 1993]

줄이는 식입니다. 이는 앞서 소개한 두 전략의 장점을 절충해 보다 유연하게 대응할 수 있도록 설계되었습니다.

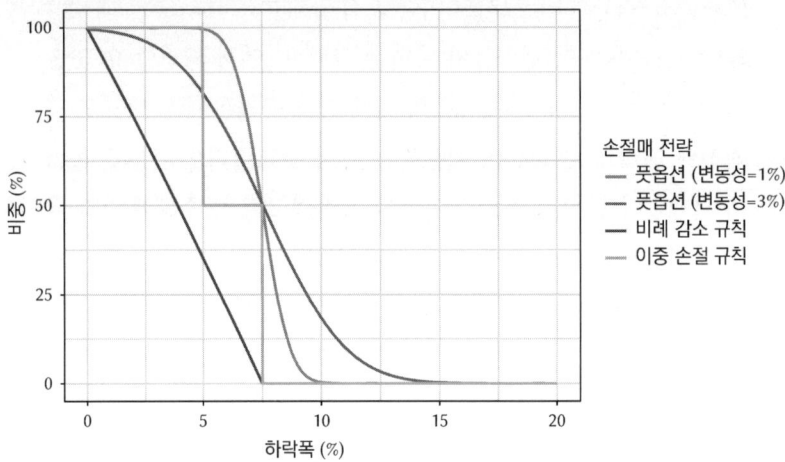

그림 9.1 하락폭 수준에 따른 운용 자본의 변화. Grossman-Zhou의 비례 감소 규칙, 일일 변동성이 각각 1%와 3%일때의 옵션 기반 규칙(풋옵션 손절매), 그리고 많은 헤지펀드에서 채택하고 있는 이중 손절 규칙 비교

요약하면, 명확한 손실 한도를 정해두고 손실이 커질수록 단계적으로 포트폴리오 규모를 줄여나가는 전략은 직관적으로 이해하기 쉬울 뿐 아니라, 여러 퀀트 모델에서도 그 타당성이 입증된 접근입니다. 그렇다면, 손절매 규칙에 대한 반론은 무엇일까요?

- **첫째, 손절매 전략은 거래 비용이 많이 들 수 있습니다.** 손절매는 단지 손실이 났다는 이유만으로 자산을 줄이는 전략입니다. 일정 수준의 손실이 발생하면 포트폴리오 매니저는 시장 상황이나 기업의 펀더멘털과 상관없이 전체 투자 규모(GMV)를 줄여야 합니다. 이처럼 투자 판단과 무관하게 기계적으로 이뤄지기 때문에, 평소보다 더 많은 거래 비용이 들 수 있습니다. 예를 들어, 연간 회전율이 12회

인 포트폴리오가 있다고 가정해 봅시다. 손실이 발생해 총투자금액(GMV)을 50% 줄였고, 한 달 뒤 다시 원래 수준으로 복구했다고 가정하면, 평소처럼 운용한 11개월간의 회전율 11회, 절반 자산으로 운용한 한 달간의 회전율 0.5회, 그리고 자산을 줄였다가 다시 늘리는 과정에서 발생한 거래 1회가 더해져, 총 회전율은 12.5회가 됩니다. 그런데 단순히 회전율이 조금 늘어나는 것보다 더 중요한 점은, 이 과정에서 한 번에 움직이는 금액이 크기 때문에, 실제 체감되는 거래 비용이 훨씬 더 클 수 있다는 것입니다. 물론 손절매가 매년 반복되는 것은 아니지만, 장기적으로 보면 이 전략을 운영하는 데 들어가는 비용은 결코 가볍지 않습니다. 따라서 도입 전에는 반드시 시뮬레이션 등을 통해 그 효과와 비용을 꼼꼼히 따져봐야 합니다.

- **둘째, 손절매 전략은 기회비용이 매우 클 수 있습니다.** 이것은 손절매 전략에 제기되는 가장 중요한 반론입니다. 손실이 발생했을 때 자산을 줄이면, 이후 시장이 반등할 경우 충분한 자산을 보유하지 못해 수익을 얻을 기회를 놓칠 수 있습니다. 다시 말해, 회복 구간에서의 수익을 스스로 포기하게 되는 셈입니다. 일부 이론 중심 논문에서는 특정 조건이 충족될 경우, 손절매 전략이 오히려 장기적으로 수익을 높일 수 있다고 주장하기도 합니다. 예를 들어, 과거 수익률이 미래 수익률을 어느 정도 예측한다고 가정하면, '현재 손실 중이라면 앞으로도 손실이 이어질 가능성이 높으니, 미리 자산을 줄이는 것이 낫다'는 논리를 펼 수 있습니다. 그러나 이러한 주장은 손절매의 본질을 잘못 이해한 것입니다. 손절매의 핵심은 수익률을 극대화하는 것이 아니라, 펀드와 조직의 생존 가능성을 확보하는데 있습니다. 따라서 손절매 전략을 실행하면 일정 부분 성과

를 희생하는 대가를 감수해야 합니다. 중요한 것은 그 대가가 지나치게 크지는 않은지, 그리고 손절매가 주는 안정성과 잃게 되는 수익 사이에서 균형을 잘 잡고 있는지 꼼꼼히 따져봐야 한다는 점입니다.

9.3 손절매의 비용과 이점 (The Costs and Benefits of Stop-Loss)

손절 기준이 너무 낮으면 수익성이 크게 떨어지고, 반대로 너무 높으면 위험 관리가 제대로 이루어지지 않습니다. 그렇다면 성과를 유지하면서도 리스크를 효과적으로 줄여주는, 이른바 '골디락스(Goldilocks) 구간'이 정말 존재할 수 있을까요? 이 질문에 답하기 위해 간단한 시뮬레이션을 진행해 보겠습니다. 여기서는 여러 명의 가상의 포트폴리오 매니저들이 같은 연간 변동성과 동일한 달러 기준 리스크 한도를 갖고 전략을 운용한다고 가정합니다. 이 조건 아래에서 다양한 샤프비율과 손절 기준 조합을 실험해 보고, 각각의 조합이 전략의 수익성에 어떤 영향을 미치지 살펴봅니다. 그리고 각 매니저가 장기간 전략을 운용했을 때의 결과는 다음 두 가지 핵심 지표로 평가합니다.

- **효율성 (efficiency)** 전략은 실제로 운용된 기간 동안 얼마나 효율적으로 수익을 냈는지를 보여주는 지표입니다. 구체적으로는, 말하면, 전략이 운용된 기간 동안의 연평균 수익을 해당 기간 동안 감수한 변동성(달러 기준)으로 나눈 값을 의미합니다. 이 지표는 단순한 샤프비율과는 다릅니다. 샤프비율은 전략이 매년 정상적으로 운용되었다는 전제를 기반으로 하지만, 실제로는 손절매 등으로 인해 전략이 중간에 종료되는 경우가 많습니다. 예를 들어, 어

면 매니저가 1년 차에 손실을 크게 입고 전략을 중단했다면, 이후 2~10년 차에는 전략이 운용되지 않으므로 해당 기간의 수익과 변동성은 모두 0으로 기록됩니다. 이 경우 샤프비율은 전략이 실패했다는 사실을 제대로 반영하지 못합니다. 반면, 효율성 지표는 전략이 실제로 운용된 구간만을 고려하여 그 기간 동안 어느 정도 수익을 냈고, 어떤 수준의 리스크를 감수했는지를 평가합니다. 따라서 전략이 언제 종료되었는지와 관계없이 현실적인 관점에서 전략의 성과를 측정할 수 있습니다.

- **변동성 대비 손절 기준 (The ratio of stop-loss limit to allocated vol.)** 포트폴리오 매니저가 전략을 운용할 때 어느 정도 손실이 발생하면 전략을 중단할지를 미리 정해두는 기준입니다. 이 기준을 '손절 한도(stop-loss limit)'라고 합니다. 또한 각 전략에는 감수할 수 있는 위험의 범위, 즉 달러 기준 변동성 한도도 함께 설정됩니다. 이때 손절 한도를 변동성으로 나눈 값은 어느 정도 손실까지 견딜 수 있도록 설계되었는지를 보여주는 지표입니다. 예를 들어 변동성이 1,000만 달러이고 손절 한도가 2,000만 달러라면, 이 비율은 2가 됩니다. 이런 경우를 흔히 '두 시그마 손실(two sigma loss)'이라고 부릅니다. 여기서 시그마(σ)는 통계에서 말하는 표준편차, 즉 변동성을 뜻합니다. 이 비율이 클수록 더 큰 손실을 감내하는 구조이며, 작을수록 보수적인 손절 기준을 적용하고 있다는 뜻입니다.

시뮬레이션의 현실성과 적용 범위를 높이기 위해 운용 기간을 5년과 10년으로 나누어 분석했습니다. 실제로 포트폴리오 매니저가 동일한 환경에서 한 전략을 10년 동안 운용하는 경우는 드물지만, 투자 기간의 길이가 결과에 미치는 영향을 살펴보는 것은 매우 중요합니다. 손절매 규칙은 두 가지 방식으로 비교했습니다. 하나는 **단일 손절 규칙 (single-threshold)** 으로, 손실이 x%에 도달하면 전략을 즉시 완전히 청산하는 방식입니다. 다른 하나는 **이중 손절 규칙 (two-threshold)** 으로, 손실이 (x/2)%에 도달하면 자산을 절반으로 줄이고, 이후 x%에 도달하면 전략을 완전히 청산하는 구조입니다. 또한 손절매 전략의 성과에 영향을 줄 수 있는 극단적 수익 분포(heavy-tailed)의 특성을 반영하기 위해, 수익률 분포는 일반적인 정규분포(Gaussian)가 아닌, 자유도 6의 스튜던트 t-분포 (Student-t distribution)를 사용했습니다.[109] 이러한 설정 하에서 수행된 시뮬레이션 결과는 그림 9.2에 제시되어 있으며 여러 가지 의미 있는 인사이트를 제공합니다.

- 손실 한도를 연간 변동성 기준으로 고정하면, 수익을 허용된 변동성으로 나눈 값은 항상 샤프비율보다 낮게 나타납니다. 이유는 간단합니다. 손실을 통제하려면 어느 정도 수익을 포기해야 하기 때문입니다.

- 수익 대비 변동성 비율은 10년 시뮬레이션에서 5년보다 더 낮게 나타납니다. 샤프비율이 같은 매니저라 하더라도 운용 기간이 길수록 중간에 전략이 종료될 경우 놓치게 되는 수익이 더 커지기 때문입니다.

- 샤프비율이 낮은 매니저일수록, 손절 규칙 도입으로 인한 수익 감소가 더 큽니다. 그래프에서 샤프비율이 높은 매니저의 곡선 기울기가 더 가파른 것도 이 때문입니다. 성과가 좋은 매니저는 전략이

---

[109] 역자주: 스튜던트 t-분포는 정규분포보다 극단적인 수익이나 손실이 더 자주 발생하도록 설계된 분포로, 현실의 금융 시장을 더 잘 반영합니다. 그리고 자유도 6은 정규분포보다 꼬리가 두껍지만, 지나치게 극단적이지는 않은 중간 수준의 꼬리 분포를 의미합니다.

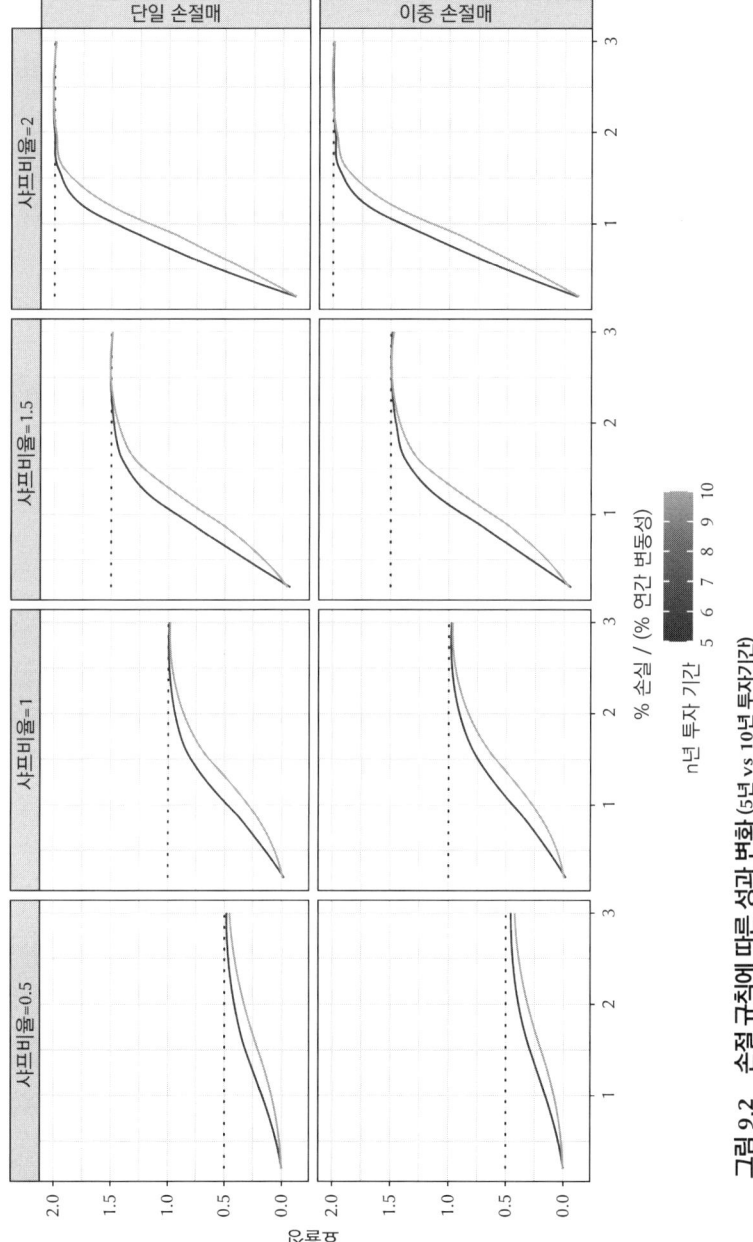

그림 9.2 손절 규칙에 따른 성과 변화 (5년 vs 10년 투자기간)

중단되는 일이 드물기 때문입니다.

- 마지막으로, 단일 손절 규칙과 이중 손절 규칙의 성과 차이는 거의 없습니다. 이중 손절 규칙의 본질은 성과를 끌어올리는 데 있는 것이 아니라, 포지션을 줄여 나가는 과정을 좀 더 질서 있게 만들기 위한 수단이라는 점이 드러납니다. (% 손실 / % 연간 변동성)

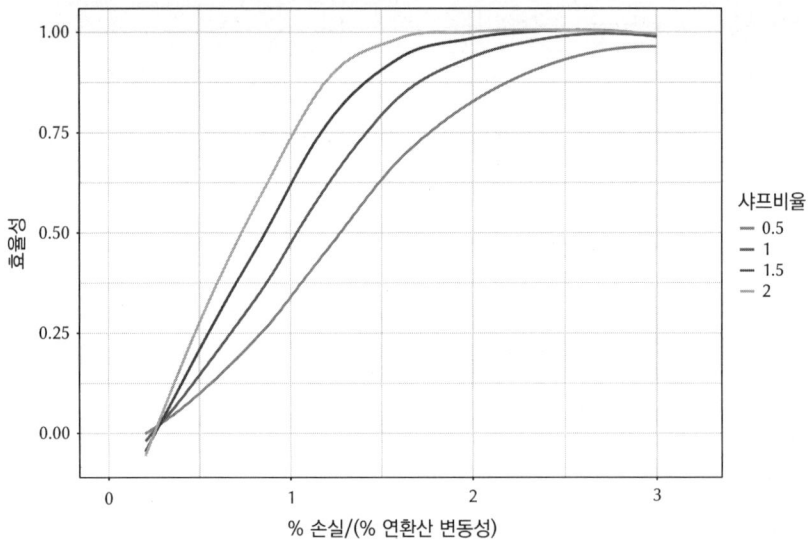

그림 9.3 손절 기준에 따른 전략 효율성 변화 (5년 기존)

그림 9.2는 손절매 외에도 실현 수익률에 영향을 주는 다양한 요소들이 서로 어떻게 작용하는지를 전체적으로 이해하는 데 도움을 줍니다. 그러나 이 그림만으로는 실제로 적용 가능한 수치나 구체적인 실행 기준을 얻기에는 한계가 있습니다. 그래서 이를 보완하고자 제시된 것이 그림 9.3입니다. 여기서는 운용 기간을 5년으로 고정하고, 단일 손절 기준만을 분석 대상으로 삼았습니다. 5년이라는 기간은 실제 포트폴리오 매니저가 한 조직에서 전략을 운용하는 기간으로 현실적일 뿐 아니라, 샤

프비율 또한 일반적으로 3~5년 단위로 재평가되기 때문에, 이 설정은 실무에서도 자주 사용됩니다. 그래프의 세로축(y축)은 그림 9.2에서 사용된 실현 수익률을 이론상 샤프비율로 나눈 값으로, 손절 규칙의 효율성(efficiency)을 나타냅니다. 가로축(x축)은 손절 기준이 매니저의 변동성 대비 몇 배인지 나타내며, 값이 클수록 손절 기준이 느슨하다는 의미입니다. 이 그래프에서 확인할 수 있는 핵심 포인트는 다음과 같습니다. 손절 기준이 엄격해질수록 효율성은 떨어지지만, 그 감소 폭은 일정하지 않고 초기에 더 크게 나타납니다. 즉, 손절 기준을 조금만 강화해도 성과가 급격히 나빠질 수 있다는 뜻입니다. 효율성 감소 폭은 매니저의 샤프비율에 따라 크게 달라집니다. 예를 들어, 손절 기준을 변동성의 1.4배로 설정하면, 샤프비율이 2인 매니저는 효율성이 96%로 거의 영향을 받지 않지만, 샤프비율이 0.5인 매니저는 효율성이 58%까지 떨어집니다. (표 9.1 참고) 그림 9.3의 곡선 기울기에서도 이 차이를 확인할 수 있습니다. 샤프비율이 높은 매니저일수록 효율성 곡선이 초반에는 더 가파르게 반응하지만, 실제로 손절 기준에 도달할 가능성은 낮아 전략 중단으로 이어질 가능성도 낮습니다. 반대로, 샤프비율이 낮은 매니저는 손절 기준을 아무리 느슨하게 설정해도 실제로 자주 손절 상황에 놓이기 때문에 성과가 크게 악화됩니다.

표 9.1 샤프비율과 손실/변동성 비율에 따른 효율성 비교

샤프비율	손실/변동성					
	1	1.2	1.4	1.6	1.8	2
0.50	0.33	0.47	0.58	0.69	0.76	0.83
1.00	0.47	0.62	0.75	0.85	0.90	0.93
1.50	0.64	0.79	0.88	0.93	0.97	0.98
2.00	0.78	0.88	0.96	0.98	0.99	1.00

이 분석에서 얻을 수 있는 중요한 교훈은 손실을 확실히 막기 위한 조치가 전략의 전체 수익률을 크게 희생시킬 수 있다는 점입니다. 예를 들어, 본래 샤프비율이 1인 포트폴리오 매니저가 손절 기준을 자신의 변동성의 1.5배로 설정하면 실현 샤프비율은 0.8까지 떨어집니다. 이는 손실을 제한할 수는 있지만, 수익을 회복할 기회도 함께 차단되기 때문입니다. 이러한 효과는 개인뿐만 아니라 팀 단위에서도 동일하게 나타납니다. 예를 들어, 샤프비율이 1인 매니저 4명이 있고 이들의 전략이 서로 겹치지 않고 독립적으로 운용된다면, 수수료 차감 전 기준으로 팀 전체의 샤프비율은 2에서 1.6으로 낮아집니다.

9.4 핵심 정리 (Takeaway Messages)

1. 손절매 규칙은 명시적이든 암묵적이든 거의 모든 전략에서 사용되며 필수적인 요소이다.

2. 손절매는 다음과 같은 기능을 수행한다.

    a. 포트폴리오 매니저의 콜옵션 구조에 대응하는 일종의 풋옵션 역할

    b. 극단적인 손실에 대비하는 꼬리 리스크 보험(tail portfolio insurance) 기능을 제공

3. 손절매 규칙에는 두 가지 단점이 있다.

    a. 포트폴리오를 줄였다가 다시 확대하는 과정에서 발생하는 거래 비용

    b. 전략이 반등하기 전에 종료되어 수익 회복 기회를 잃게 되면서 수익률이 낮아지는 문제

4. 단일 손절 규칙(single-threshold rule)과 이중 손절 규칙(two-threshold rule)은 성과 측면에서 실질적인 차이가 거의 없다.

5. 거래 비용보다 더 중요한 문제는 손절매로 인해 성과 자체가 희석된다는 점이다. 따라서 이 장에서 제시한 '성과와 안정성 간의 균형 곡선(trade-off curve)'을 참고하여, 전략의 특성과 매니저의 성향에 가장 적합한 손절 기준을 신중하게 설정하는 것이 중요하다.

10장
지속 가능한 운용을 위한
레버리지 비율 설정
Set Your Leverage Ratio for a Sustainable Business

📝 무엇을 배우게 될까요?

당신의 펀드에 적합한 레버리지 비율은 무엇일까요?

📝 왜 필요할까요?

펀드를 시작할 때 가장 중요한 것은 레버리지를 결정하는 일입니다. 레버리지는 펀드가 목표 수익률과 리스크 수준을 달성할 수 있을지를 좌우하는 핵심 요소입니다.

📝 언제 필요할까요?

펀드를 새로 시작할 때뿐만 아니라, 펀드의 구조적 변화가 있을 때도 필요합니다. 예를 들어, 운용 인력이 늘어나거나 투자 지역, 자산군, 전략이 확대될 경우, 이 장의 내용은 반드시 참고해야 합니다.

레버리지 결정은 일반적으로 포트폴리오 매니저의 권한 밖에 있는 사안입니다. 단, 포트폴리오 매니저가 동시에 회사의 주요 의사결정권자(대표 파트너나 창업자)인 경우는 예외입니다. 따라서 10장의 내용은 대부분의 독자에게는 직접적인 관련이 없을 수 있습니다. 그러나 만약 당신이 경영진의 일원이라면 10장이 이 책 전체에서 가장 중요한 내용이 될 수도 있습니다. 그렇다면 수학적인 내용이 다소 복잡하더라도 차근차근 따라가 보시길 권합니다. 10장에서는 레버리지를 오직 리스크 관점에서 분석하지만, 실제 레버리지 결정에는 훨씬 더 많은 요소들이 작용합니다. 우선 회사의 재무팀은 필요한 자금을 얼마나 안정적으로 조달할 수 있는지 점검하고, 마진 요건과 최악의 시나리오를 가정한 스트레스 테스트를 바탕으로 거래 상대방(카운터파티)과 체결할 수 있는 계약 조건에 따라 레버리지의 상한선을 정합니다.[110] 전략적 관점에서도 레버리지는 매우 중요합니다. 업계 내에서 어떤 포지션을 취하느냐에 따라 회사의 성공이 좌우되며, 회사의 핵심 가치 제안(value proposition)은 현재의 레버리지 수준뿐만 아니라 향후 리스크 전략의 방향까지 좌우합니다. 리스크 관점에서만 보더라도 레버리지는 매우 복잡한 문제입니다. 그렇다면 질문을 이렇게 바꿔볼 수 있습니다. 레버리지 비율은 어떻게 정의해야 할까요? 그리고 이 비율을 결정짓는 핵심 변수는 무엇일까요? 이 질문에 답하려면 몇 가지 전제를 바탕으로 모델을 구성해야 합니다.

---

110 역자주: 펀드가 돈을 빌릴 때, 그 자금을 제공하는 기관(카운터파티)이 리스크 관리를 위해 설정한 레버리지 사용의 한도를 의미합니다.

1. 포트폴리오의 팩터 리스크는 무시할 수 있을 정도로 작다.
2. 모든 종목은 동일한 비율의 개별 변동성(idiosyncratic volatility)을 가지며, 이를 σ로 표기한다.
3. 포트폴리오의 샤프비율은 s 이다.
4. 모든 종목에 동일한 금액이 투자되어 있다.
5. 차입 비용은 0이다.

이 모델은 필요에 따라 얼마든지 확장할 수 있습니다. 예를 들어, 종목마다 개별 변동성이 다르다면, 현실적인 추정 방식이나 시뮬레이션을 통해 보완할 수 있습니다. 차입 비용이 0이 아닌 경우에도 수식을 적절히 조정하면 됩니다. 이처럼 단순한 가정을 선택한 이유는 레버리지를 고민할 때 필요한 최소한의 틀을 제공하기 위해서입니다. 계산 과정이 너무 어렵게 느껴진다면, 먼저 식 10.5를 보고 그 과정을 거꾸로 따라가는 것도 하나의 방법입니다. 인생과 마찬가지로 수학은 적용은 앞으로 하지만 이해는 거꾸로 할 수도 있습니다.[111]

10.1 레버리지 결정 프레임워크 (A Framework for Leverage Decisions)

레버리지는 총투자금액(GMV)을 운용 자산(AUM)으로 나눈 비율 L로 정의됩니다.

$$L = \frac{GMV}{AUM}$$

---

[111] "Mathematics, like life, must be applied forward, but can be understood backward." - Søren Kierkegaard

다른 정의 방식들도 있지만, 대부분은 일정한 상수 차이만 있을 뿐입니다. (예: 롱 포지션 총액을 AUM으로 나눈 비율 등)

포트폴리오의 달러 기준 변동성을 총투자금액(GMV)으로 나눈 비율은 다음과 같습니다.[112]

$$\frac{(단일\ 종목\ 개별\ 변동성)}{\sqrt{(종목\ 수)}} = \frac{\sigma}{\sqrt{n}}$$

여기서 σ는 각 종목의 개별 변동성을 의미하며, n은 포트폴리오에 포함된 종목 수를 나타냅니다. 예를 들어, 70개 종목으로 구성된 포트폴리오에서 각 종목의 개별 변동성이 20%라면, 달러 기준 변동성은 GMV의 약 2.4%에 해당합니다. 즉, GMV가 10억 달러일 경우 달러 기준 변동성은 약 2,400만 달러가 됩니다.

포트폴리오의 기대 손익(PnL)은 다음과 같이 계산됩니다.

$$s \times (포트폴리오\ 달러\ 기준\ 변동성)$$

여기서 s는 샤프비율입니다. 따라서

$$(기대수익률) = s \times \frac{\sigma}{\sqrt{n}} \times GMV$$

수익률은 기대 손익(PnL)을 운용 자산(AUM)으로 나눈 값입니다.

$$\begin{aligned}(수익률) &= s \times \frac{\sigma}{\sqrt{n}} \times GMV \times \frac{L}{GMV} \\ &= s \times \frac{\sigma}{\sqrt{n}} \times L\end{aligned} \qquad (10.1)$$

---

112 부록 참고

따라서 수수료 차감 전 최소 수익률을 달성하려면 기대 수익률이 그보다 높아야 합니다. 이를 위해 다음 조건을 만족해야 합니다.

$$L \geq \frac{\sqrt{n}}{\sigma} \times \frac{(최소\ 수익률)}{s} \quad \begin{array}{l} L: 레버리지\ 비율 \\ n: 종목\ 수 \\ \sigma: 변동성 \\ s: 샤프비율 \end{array} \quad (10.2)$$

예를 들어, $n=500, \sigma=20\%, s=1.5$ 인 전략이 연 15%의 수익률을 목표로 한다면, 필요한 최소 레버리지는 $L \geq 5$ 입니다. 또 다른 예로, $n=500, \sigma=20\%, s=2.5$일 때도 같은 목표 수익률을 가진 전략이라면 최소 레버리지는 $L \geq 6.7$이 되어야 합니다. 만약 종목 수가 500개로 분산도는 높지만, 샤프비율이 1.5에 불과한 롱/숏 헤지펀드라면, 최소 레버리지는 무려 11.2를 넘어야 합니다. 이 예시와 식 10.2의 핵심 메시지는 다음과 같습니다.

- 이 식은 필요한 최소 레버리지 수준을 제시합니다.
- n, σ, s 는 전략의 고유한 특성이므로 임의로 변경할 수 없습니다.
- 최소 수익률이 높아질수록 필요한 레버리지는 비례하여 증가합니다.
- 나머지 조건이 동일하다면 샤프비율이 높을수록 요구되는 레버리지는 낮아집니다.

레버리지가 높아질수록 가장 큰 문제는 대규모 손실 위험이 커진다는 점입니다. 전략의 연간 수익률은 식 10.1에 따라 $s \times (\sigma/\sqrt{n}) \times L$ 을 평균으로 하고, 변동성이 $(\sigma/\sqrt{n}) \times L$ 인 정규분포로 근사될 수 있습니다. 하지만 실제로 대규모 손실이 발생하는 상황에서는, 실현 변동성이 예상보다 훨씬 커지는 경우가 대부분입니다. 투자자들은 2시그마, 3시그마, 심지어 6시그마 수준의 이벤트를 경험하게 됩니다. 특히 개별 종목 리스크는 상대적으로 충격이 작지만, 팩터 리스크는 훨씬 큰 충격을 받을 수 있다는 점은 7.2절에서도 언급한 바 있습니다. 이러한 이유로 이론적인 모델에서 벗어나 실현 변동성이 예측치보다 일정 배율만큼 더 커질 수 있다고 가정해야 합니다. 즉, 실현 변동성은 다음과 같이 표현됩니다.

$$(\text{포트폴리오 변동성}) = \kappa \times \sigma \times L/\sqrt{n}$$

L : 레버리지 비율
n : 종목 수
σ : 변동성
κ : 경험기반계수

여기서 κ(카파)는 실현 변동성이 이론적으로 예측된 수준을 얼마나 초과할 수 있는지를 나타내는 경험 기반의 계수입니다. 모델을 신뢰한다면 1로, 보수적으로 접근한다면 3 정도로 설정합니다.

그렇다면, 연간 기준으로 최대 얼마까지 손실을 감수할 수 있으며, 그 손실이 발생할 확률은 어느 정도여야 할까요? 이 질문에 대한 답은 펀드 투자자의 리스크 성향과 과거 성과(운용 이력)에 따라 달라집니다. 예를 들어, 펀드가 설립 첫 해에 운용 자산(AUM)의 5%를 잃는 것은, 10년간 안정적인 실적을 낸 펀드가 20%를 잃는 것보다 훨씬 더 치명적일 수 있습니다. 일반적으로 허용 가능한 손실을 입을 확률인 p_{loss}는 1%, 또는 더 보수적으로 0.1% 수준으로 설정합니다. 결국, 레버리지가 높을수록 펀드는 더 위험해지며, '허용 가능한 손실 한도'와 '손실 발생 확률' 조건을 초과하지 않도록 레버리지의 상한선을 설정해야 합니다.

최대 레버리지의 상한을 정하는 공식은 다음과 같습니다.[113]

$$L \leq \frac{\sqrt{n}}{\sigma} \times \frac{(\text{최대 손실폭 \%})}{-\kappa F^{-1}(p_{\text{loss}}) - s} \quad (10.3)$$

L : 레버리지 비율
F : 정규분포의 누적분포함수
p_{loss} : 허용 가능한 손실 확률
n : 종목 수
σ : 변동성
κ : 경험기반계수

여기서 $F^{-1}(p)$는 표준 정규분포의 분위수 함수(quantile function)로, 확률이 50% 미만일 경우, 음수 값을 가집니다. 예를 들어, $F^{-1}(0.05) = -1.6$, $F^{-1}(0.01) = -2.3$, $F^{-1}(0.001) = -3.1$ 입니다. 실무에서는 보통 $-\kappa F^{-1}(p_{\text{loss}})$ 값을 4에서 6 사이로 설정합니다.

이 공식은 다음과 같은 점에서 직관적입니다.

- 최대 레버리지가 최대 낙폭에 비례하는 것은 당연한 결과입니다.
- 샤프비율이 높을수록 허용 가능한 레버리지도 증가합니다.
- 샤프비율이 $-\kappa F^{-1}(p_{\text{loss}})$ 보다 높다면, 이론적으로 레버리지 상한은 없어집니다.

---

113 손실 확률이 p_{loss} 보다 작도록 하려면 다음 부등식이 성립해야 합니다.

$$P\left(\frac{s\sigma L}{\sqrt{n}} + \frac{\kappa \sigma L}{\sqrt{n}}\xi \leq -(\text{최대 손실폭 \%})\right) = P\left(\xi \leq -\frac{s}{\kappa} - \frac{\sqrt{n}}{\kappa \sigma L}(\text{최대 손실폭 \%})\right)$$

$$= F\left(-\frac{s}{\kappa} - \frac{\sqrt{n}}{\kappa \sigma L}(\text{최대 손실폭 \%})\right)$$

$$\leq p_{\text{loss}}$$

여기서 ξ는 표준 정규 분포를 따르는 확률 변수입니다. 이제 이 부등식을 레버리지 L에 대해 풀면 식 10.3이 나옵니다. 또한, 만약 s>$-\kappa F^{-1}(p_{\text{loss}})$이면, 어떤 값의 L이든 위 조건을 자동으로 만족하므로, 이론상 레버리지 상한은 존재하지 않게 됩니다.

따라서 우리는 레버리지에 대해 하한선(수익률 기준)과 상한선(낙폭 기준)이라는 두 가지 제약을 갖게 됩니다.

$$\frac{\sqrt{n}}{\sigma} \times \frac{(\text{최소 수익률})}{s} \leq L \leq \frac{\sqrt{n}}{\sigma} \times \frac{(\text{최대 손실폭 \%})}{-\kappa F^{-1}(p_{\text{loss}}) - s} \quad (10.4)$$

L : 레버리지 비율
F : 정규분포의 누적분포함수
p_{loss} : 허용 가능한 손실 확률
n : 종목 수
σ : 변동성
κ : 경험기반계수
s : 샤프비율

손실 발생 확률 p_{loss}를 2.5%, 충격 계수 κ를 2로 가정하면, 복잡한 수식인 $-\kappa F^{-1}(p_{\text{loss}})$는 -4로 대체할 수 있습니다. 단순화된 식은 다음과 같습니다.

$$\frac{\sqrt{n}}{\sigma} \times \frac{(\text{최소 수익률})}{s} \leq L \leq \frac{\sqrt{n}}{\sigma} \times \frac{(\text{최대 손실폭})}{4 - s}$$

표 10.1에서는 몇 가지 수치 예시를 확인할 수 있습니다. 숫자 자체도 중요하지만, 식 10.4에서 특히 주목해야 할 점은 레버리지의 하한선이 상한선보다 클 수 있다는 점입니다. 간단히 말해, 이러한 경우 해당 헤지펀드는 지속 가능하지 않다고 해석할 수 있습니다. 즉, 주어진 조건인 펀드의 전략적 특성(샤프비율, 투자 종목 수, 개별 종목의 변동성)과 투자자 요구사항(목표 수익률과 허용 가능한 손실 낙폭)을 모두 만족시킬 수 있는 레버리지가 존재하지 않는다는 말입니다. 이러한 시나리오는 많은 헤지펀드가 실패하는 이유를 설명하는 한 가지 근거가 될 수 있습니다. 다른 관점에서 보면, 이 식은 멀티매니저 플랫폼이 지속 가능한 이유도 설명해 줍니다. 이

러한 플랫폼은 수수료 차감 전 샤프비율이 매우 높으며 (일부 펀드는 4 이상), 이로 인해 높은 레버리지를 사용할 수 있습니다.

표 10.1 레버리지 비율의 허용 범위 – 목표 수익률과 최대 낙폭 요건을 동시에 만족하는 실현 가능한 레버리지 범위를 나타냅니다. 두 조건을 모두 충족하는 범위가 존재하지 않을 경우, 최대 허용 레버리지 값만 굵게 표시됩니다.

종목 수	샤프비율	최소수익률	최대손실폭	최소레버리지	최대레버리지
100	1	15	10	7.50	**1.67**
100	1.5	15	10	5.00	**2.00**
100	2	15	10	3.75	**2.50**
100	2.5	15	10	3.00	3.33
100	1	15	15	7.50	**2.50**
100	1.5	15	15	5.00	**3.00**
100	2	15	15	3.75	3.75
100	2.5	15	15	3.00	3.50
200	1	15	10	10.6	**2.36**
200	1.5	15	10	7.07	**2.82**
200	2	15	10	5.30	**3.53**
200	2.5	15	10	4.24	4.71
200	1	15	15	10.6	**3.53**
200	1.5	15	15	7.07	**4.24**
200	2	15	15	5.30	5.30
200	2.5	15	15	4.24	7.07

또한, 이 수식은 유명한 '타이거 컵스(Tiger Cubs)' 스타일 펀드의 전략과도 잘 들어맞습니다. 이들 펀드는 소수 종목(10개 미만)에 집중 투자하며 변동성이 큰 주식을 선호합니다. 리스크가 큰 전략이지만, 투자자들은 손실을 감수할 준비가 되어 있으며, 샤프비율도 낮은 편(0.5~1)입니다.

높은 수익률을 기대하기 어려운 만큼, 과도한 레버리지 없이도 전략을 실행할 수 있습니다. 이러한 조건에서는 허용 가능한 레버리지의 하한과 상한이 각각 1과 1.5 수준에 불과해, 레버리지를 과도하게 사용할 수 없는 구조입니다.

마지막으로 중요한 점은 7.2.1절에서 다룬 '샤프비율과 정보비율의 관계'를 함께 고려하면, 왜 개별 종목 리스크 비중 P_{idio}가 중요한지 알 수 있다는 것입니다. P_{idio}가 높을수록 포트폴리오의 전체 위험 중 개별 종목 리스크가 차지하는 비중이 커지며, 그 결과 샤프비율이 높아지고 더 높은 레버리지를 사용할 수 있게 됩니다. 샤프비율 대신 정보비율(IR)을 사용하는 경우, 식은 다음과 같습니다.

$$\frac{\sqrt{n}}{\sigma} \times \frac{(\text{최소 수익률})}{\sqrt{p_{\text{idio}}} \times (\text{정보 비율})} \leq L \leq \frac{\sqrt{n}}{\sigma} \times \frac{(\text{최대 손실폭 \%})}{4 - \sqrt{p_{\text{idio}}} \times (\text{정보 비율})}$$

(10.5)

개별 종목의 리스크 비중이 높아지면 수식 양쪽에 모두 긍정적인 영향을 미칩니다. 최소 레버리지는 낮아지고 최대 레버리지는 높아지면서 레버리지를 조절할 수 있는 범위가 넓어지게 됩니다. 이 범위가 넓어질수록 안전 마진(margin of safety)이 커지며, 계산에 다소 오차가 있더라도 수익과 리스크 조건을 충족할 가능성이 높아집니다. 덕분에 전략 운용 시 더 유연하고 안정적인 의사결정이 가능해집니다.

10.2 핵심 정리 (Takeaway Messages)

1. 지속 가능한 레버리지 비율은 주로 다음 다섯 가지 요소에 의해 결정된다.

    a. 목표 수익률,

    b. 허용 가능한 최대 손실

    c. 포트폴리오의 투자 범위 (분산 수준)

    d. 자산의 변동성

    e. 샤프비율

    이 중에서 a와 b 항목은 직접 설정할 수 있으며, 나머지 세 항목은 투자 스타일과 운용 자산의 특성에 따라 결정된다.

2. 목표 수익률은 레버리지의 하한을 결정한다. 레버리지는 수익률을 배로 확대하는 수단이다.

3. 허용 가능한 최대 손실은 레버리지의 상한을 결정한다.

4. 포트폴리오의 투자 범위, 자산의 변동성, 그리고 샤프비율은 최소 및 최대 레버리지를 결정짓는 핵심 요소이다.

5. 펀드를 장기적으로 안정적으로 운용하려면, 항상 펀드의 조건에 부합하는 레버리지를 유지해야 한다. 그 허용 범위는 식 10.4에 제시되어 있다.

11장
★★ 부록
Appendix

11.1 핵심 리스크 모델 공식 (*Essential Risk Model Formulas*)

이 절에서는 리스크 모델에서 가장 중요한 공식과 기본 관계를 정리합니다.

11.1.1 팩터 모델(*Factor Models*)

총 n개의 자산과 m개의 팩터가 있으며, 시간은 이산적으로 흐른다고 가정합니다. 팩터 모델에 따른 자산 수익률의 기본 식은 다음과 같습니다.

$$\mathbf{r}_t = \alpha + \mathbf{B}_t \mathbf{f}_t + \epsilon_t$$

$\mathbf{r}_t$: 자산의 총 수익률을 나타내는 n 차원 벡터

α : 기대수익률 벡터 (n-차원)

ϵ_t : 개별 종목의 잔차수익률 (n-차원)

$\mathbf{f}_t$: 팩터 수익률 벡터 (m-차원)

$\mathbf{B}_t$: 팩터 로딩 행렬 ($n \times m$)

대부분의 모델에서 팩터의 수 m은 종목 수 n보다 훨씬 작습니다. 벡터 $\mathbf{f}_t$와 ϵ_t는 각각 $\mathbf{f}_t \sim N(0, \mathbf{\Omega}_{f,t})$, $\epsilon_t \sim N(0, \mathbf{\Omega}_{\epsilon,t})$ 와 같은 다변량 정규분포를 따르며, 이때 공분산 행렬은 각각 $\mathbf{\Omega}_{f,t} \in R^{m \times m}$, $\mathbf{\Omega}_{\epsilon,t} \in R^{n \times n}$ 입니다. 실제 응용에서는 $\mathbf{\Omega}_\epsilon$이 희소 행렬이며, 보통 대각 행렬(diagonal matrix) 형태를 가집니다. 따라서 자산의 전체 수익률 공분산 행렬은 저랭크 행렬(low-rank matrix)과 희소 행렬(sparse matrix)의 합으로 표현됩니다.

$$\mathbf{\Omega}_{r,t} = \mathbf{B}_t \mathbf{\Omega}_{f,t} \mathbf{B}_t' + \mathbf{\Omega}_{\epsilon,t}$$

11.1.2 팩터 모방 포트폴리오 (Factor-Mimicking Portfolios)

펀더멘털 모델에서는 팩터 로딩 행렬 B가 주어지며, 우리는 팩터 수익률 $\mathbf{f}$를 추정해야 합니다. 이 추정 문제는 가중 최소제곱(Weighted Least Squares) 형태로 나타낼 수 있습니다.

$$\min\ (\mathbf{r} - \mathbf{Bf})' \mathbf{W} (\mathbf{r} - \mathbf{Bf})$$
$$\text{s.t. } \mathbf{f} \in \mathbb{R}^m$$

여기서 행렬 $\mathbf{W}$는 대각 행렬이며 양의 정부호입니다. 만약 우리가 개별 종목 리스크의 공분산 행렬 $\mathbf{\Omega}_\epsilon$을 사전에 알고 있다면, $\mathbf{W} = \mathbf{\Omega}_\epsilon^{-1}$로 설정함으로써, 편향되지 않으면서 추정 오차가 가장 작은 팩터 수익률 $\mathbf{f}$를 얻을 수 있습니다. 하지만 실무에서는 $\mathbf{\Omega}_\epsilon$을 사전에 알 수 없기 때문에, 대신 개별 리스크 분산의 역수를 근사값으로 사용합니다. 흔히 사용되는 방식은 각 종목의 가중치를 W_{ii} = (시가총액$_i$)$^{1/2}$ 로 표현하는 것입니다. 여기서 시가총액은 최근 21거래일 평균을 사용합니다. 이 조건에서 팩터 수익률의 추정치는 다음과 같습니다.

$$\hat{f} = (B'WB)^{-1}BWr$$
$$\hat{\epsilon} = (I - B(B'WB)^{-1}B'W)r$$

추정된 팩터 수익률 벡터 $\hat{f}_i$는 아래 행렬의 i번째 팩터에 해당하는 행 (row)과 수익률 벡터 r을 곱해서 계산됩니다.

$$V' = (B'WB)^{-1}B'W$$

이 포트폴리오는 팩터 i를 추종하도록 설계된 **팩터 모방 포트폴리오 (factor-mimicking portfolio, FMP)** 이며, 이를 v_i 라고 표기합니다. 모든 v_i를 모은 행렬은 V 로 정의됩니다. 이 포트폴리오는 팩터 i에만 단위 노출을 가지며, 다른 팩터에는 전혀 노출되지 않도록 설계된 **최소 분산 포트폴리오 (minimum-variance portfolio)** 로, 분산(변동성)을 최소화하도록 구성됩니다. 따라서 특정 팩터를 가장 잘 추적하는 포트폴리오로 간주되며, 수익률은 $v_i'r = f_i$ + (최소한의 변동성을 가진 노이즈) 로 표현됩니다. 이때 노이즈 항 (noise term)은 결코 무시해서는 안 되며, 추정을 위해 $W = \Omega_\epsilon^{-1}$이라는 가정을 사용하면 다음과 같은 결과를 얻을 수 있습니다.

$$\hat{f} = (B'\Omega_\epsilon^{-1}B)^{-1}B'\Omega_\epsilon^{-1}r \qquad (11.1)$$
$$= (B'\Omega_\epsilon^{-1}B)^{-1}B'\Omega_\epsilon^{-1}(Bf + \epsilon)$$
$$= f + (B'\Omega_\epsilon^{-1}B)^{-1}B'\Omega_\epsilon^{-1}\epsilon$$
$$\Rightarrow \Omega_{\hat{f}} = \Omega_f + (B'\Omega_\epsilon^{-1}B)^{-1}$$

11.1.2 개별 종목 분산 비율(Percentage Idio Variance)

포트폴리오 $\mathbf{w} \in \mathbb{R}^n$ 이 주어졌을 때, 팩터 노출은 $\mathbf{b} = \mathbf{B}'\mathbf{w}$로 정의됩니다. 포트폴리오의 총 분산(리스크)은 다음과 같이 나뉩니다.

$$\mathbf{w}'\Omega_r\mathbf{w} = \mathbf{b}'\Omega_f\mathbf{b} \quad + \quad \mathbf{w}'\Omega_\epsilon\mathbf{w}$$
$$\text{(팩터 분산)} \quad + \quad \text{(개별 종목 분산)}$$

따라서 개별 종목 리스크가 차지하는 비율은 다음과 같이 계산됩니다.

$$\frac{\mathbf{w}'\Omega_\epsilon\mathbf{w}}{\mathbf{b}'\Omega_f\mathbf{b} + \mathbf{w}'\Omega_\epsilon\mathbf{w}}$$

11.1.4 베타(Betas)

구성 종목들에 대한 가중치 $\mathbf{v} \in \mathbb{R}^n$를 갖는 벤치마크를 가정합니다. 이 가중치들은 모두 양수이며 합이 1이 됩니다. 이때, 포트폴리오 $\mathbf{w} \in \mathbb{R}^n$의 벤치마크에 대한 예상 베타(predicted beta)는 다음과 같이 정의됩니다.

$$\beta(\mathbf{w}, \mathbf{v}) = \frac{\mathbf{w}'\Omega_r\mathbf{v}}{\mathbf{v}'\Omega_r\mathbf{v}}$$

11.1.5 팩터 리스크에 대한 한계 기여도 (Marginal Contribution to Factor Risk)

팩터 리스크에 대한 한계 기여도는 종목 i에 대해 팩터 리스크를 종목의 비중에 따라 미분한 값으로 정의되며, 다음과 같이 표현됩니다.

$$\text{MCFR}_i = \frac{\partial}{\partial w_i}\sqrt{\mathbf{w}'\mathbf{B}\Omega_f\mathbf{B}'\mathbf{w}}$$

$$= \frac{[\mathbf{B}\Omega_f\mathbf{b}]_i}{\sqrt{\mathbf{b}'\Omega_f\mathbf{b}}}$$

11.2 분산 투자 (Diversification)

정보비율(Information Ratio), 분산 투자(Diversification), 그리고 투자 전략의 성공률(Hitting Rate) 사이의 관계를 설명하기 위해 다음과 같은 가정을 둡니다.

- 두 개의 기간이 있으며, 첫 번째 기간에는 투자를 하고, 두 번째 기간에는 수익이 실현됩니다.
- 총 N 개의 주식에 투자하며, 주식 i 에 투자한 순투자금액(NMV)은 w_i입니다.
- 분석의 편의를 위해 각 주식의 잔차수익률 r_i 는 표준편차 σ를 갖는 정규분포를 따른다고 가정합니다.
- 투자 전략의 성공률, p는 개별 종목의 수익률 방향(+, −)을 정확히

맞출 확률을 의미하며, $p = P(r_i w_i > 0)$로 정의됩니다.

포트폴리오의 개별 종목 예상 손익은 다음과 같습니다.

$$E\left(\sum_{i=1}^{N} r_i w_i\right) = \sum_{i=1}^{N} |w_i| \times E|r_i| \times P(\text{sgn}(w_i r_i > 0) - \text{sgn}(w_i r_i < 0))$$

$$= E|r_i|(2p - 1) \sum_i E|w_i|$$

$$= \sigma \sqrt{\frac{2}{\pi}}(2p - 1) \sum_i |w_i|$$

포트폴리오의 예상 변동성은 다음과 같습니다.

$$\left(\sum_{i=1}^{N} w_i^2 \sigma^2\right)^{1/2} = \sigma \left(\sum_{i=1}^{N} w_i^2\right)^{1/2}$$

$$IR = (2p - 1)\sqrt{\frac{2}{\pi}} \frac{\sum_i |w_i|}{\left(\sum_{i=1}^{N} w_i^2\right)^{1/2}} = (2p - 1)\sqrt{\frac{2}{\pi}} \sqrt{N_{\text{eff}}}$$

그리고 연간 정보비율(annualized Information Ratio)은 $(2p - 1)\sqrt{N_{\text{eff}}}\sqrt{2 \times 252/\pi} \simeq 12.6 \times (2p - 1)\sqrt{N_{\text{eff}}}$ 입니다. 여기서 N_{eff}는 포트폴리오 내 가중치 분포를 고려해 실제로 분산 효과를 낸 종목 수를 나타내는 지표입니다.[114]

$$N_{\text{eff}} = \frac{(\sum_i |w_i|)^2}{\sum_{i=1}^{N} w_i^2} = \frac{||\mathbf{w}||_1^2}{||\mathbf{w}||_2^2} \qquad (11.2)$$

---

[114] 위 식에서 우리는 노름(norm)을 $||\mathbf{x}||_a = (\sum_i |x_i|^a)^{1/a}$로 정의합니다.

이해를 돕기 위해, 포트폴리오 내 각 종목의 투자 비중을 총투자금액 (GMV) 대비 비율 $\hat{w}_i = w_i/GMV$으로 나타냅니다. 이때 각 종목의 비중 x_i는 0과 1 사이의 값을 가지며, 전체 합은 1이 됩니다. 포트폴리오 내 자산이 얼마나 집중되어 있는지를 측정하는 대표적인 지표 중 하나는 허핀달 지수(Herfindahl index)이며 $H = \sum_i \hat{x}_i^2$ 로 정의됩니다. 포트폴리오가 단일 종목으로만 구성된 경우, 이 지수는 1이 되며 모든 종목에 동일한 비중으로 투자한 경우에는 $H = 1/N$ 이 됩니다. 따라서 실질적인 분산 투자 종목 수는 허핀달 지수의 역수로 정의되며, 공식은 다음과 같습니다.

$$N_e = \frac{1}{H(\mathbf{w})}$$

이 값은 1에서 N 사이의 범위를 가집니다.

위의 식은 종목별 리스크 수준이 서로 다른 경우에도 적용할 수 있습니다. 이때는 단순한 투자 비중인 w_i 대신, 각 종목에 실제로 반영된 리스크 크기, 즉 투자 금액에 잔차 리스크(σ_i)를 곱한 값인 $\sigma_i w_i$를 사용해 계산합니다.

11.3 평균-분산 최적화 공식 (Mean-Variance Formulations)

11.3 절의 목표는 평균-분산 최적화(mean-variance optimization)의 핵심 개념을 정리하고, 알파(초과수익률)의 불확실성이 포트폴리오 구성에 미치는 영향을 평가하는 것입니다. 이러한 분석은 단순한 자산 배분 문제

(예: 이상적인 포트폴리오에서 시장 익스포저의 크기 결정) 나 알파의 비중을 조정하는 데 활용됩니다.

초과수익률 α와 공분산 행렬 $\Omega_r = B\Omega_f B' + \Omega_e$을 갖는 일반적인 팩터 모델을 기반으로 할 때, 평균-분산 최적화 문제는 다음과 같이 표현됩니다.

$$\max \alpha' x - \frac{1}{2\rho} \mathbf{x}' \Omega_r \mathbf{x}$$

이 식을 풀면 $\mathbf{x} = \rho \Omega_r^{-1} \alpha$ 와 같은 결과를 얻을 수 있습니다.

이 결과는 더 직관적인 형태로도 표현할 수 있습니다. 자산의 변동성으로 구성된 대각 행렬을 $\mathbf{V}$, 자산 간 상관관계 행렬을 $\mathbf{C}$라고 하면, 자산의 공분산 행렬은 $\Omega_r = \mathbf{VCV}$ 로 나타낼 수 있으며, 공분산 행렬의 역행렬은 $\Omega_r^{-1} = \mathbf{V}^{-1}\mathbf{C}^{-1}\mathbf{V}^{-1}$ 가 됩니다. 이 관계를 활용하면 최적화 결과를 다음과 같이 다시 표현할 수 있습니다.

$$\mathbf{V}\mathbf{x} = \rho \mathbf{C}^{-1}(\mathbf{V}^{-1}\alpha)$$

여기서 $\mathbf{V}_x$는 각 자산에 할당된 최적 달러 변동성(optimal dollar volatility)의 벡터를 의미하며, $V^{-1}\alpha$는 각 자산의 샤프비율(Sharpe Ratio)로 구성된 벡터를 뜻합니다. 따라서 두 벡터 사이에는 다음과 같은 관계가 성립합니다.

$$\mathbf{v} = \rho \mathbf{C}^{-1} \mathbf{s}$$

자산 간의 상관관계가 없다면, 최적 달러 변동성 할당은 각 자산의 샤프비율에 비례합니다. 이 공식을 가장 간단하게 적용할 수 있는 사례는 상관관계가 없는 두 자산으로 구성된 포트폴리오입니다. 예를 들어, 첫 번째 자산은 포트폴리오 매니저가 현재 운용 중인 포트폴리오이고, 두 번째 자산은 시장 지수라고 가정해 봅시다. 이때 시장 지수에 할당되는 최적 달러 변동성이 전체 포트폴리오 변동성에서 차지하는 비중은 다음 식을 사용할 수 있습니다.

$$\frac{\text{시장 변동성}}{\text{전체 변동성}} = \frac{s_m^2}{s_m^2 + s_p^2} = \frac{1}{1 + (s_p/s_m)^2}$$

이 공식은 7.2.2절에서 이미 설명한 바 있으며, 여기서는 같은 개념을 총투자금액(GMV) 기준으로 확장합니다. 시장과 포트폴리오의 변동성을 각각 σ_m과 σ_p라고 할 때, 총투자금액 기준 비중은 다음과 같은 관계를 가집니다.

$$\frac{g_m}{g_p} = \frac{\sigma_p s_m}{\sigma_m s_p}$$

여기서 g_m과 g_p는 각각 시장과 포트폴리오에 투자된 총 금액을 의미하며, s_m과 s_p는 시장과 포트폴리오의 샤프비율을 나타냅니다. 이 둘의 비율을 전체 투자 금액 기준으로 나타내면 다음과 같습니다.

$$\frac{g_m}{g_p + g_m} = \frac{1}{1 + \frac{\sigma_m s_p}{\sigma_p s_m}}$$

시장과 포트폴리오 중 어느 쪽에 자금을 더 많이 배분할지는 각각의 변동성과 샤프비율을 비교하여 결정할 수 있습니다.

11.3.2 보완된 평균-분산 최적화(A Robust Mean-Variance Formulation)

6장에서 다룬 평균-분산 최적화(Mean-Variance Optimization, MVO)는 추정 오차로 인해 실제 투자에서 기대한 만큼의 성과를 내지 못하는 경우가 많습니다. 따라서 '보완된 평균-분산 최적화(A Robust Mean-Variance Formulation)'라는 개념이 등장했습니다. 이 방식은 모델의 입력값이 완벽하지 않다는 점을 인정하고, 불확실성을 반영하여 포트폴리오를 더 안정적으로 설계하는 접근법입니다. 지난 20년간 이 분야는 꾸준히 발전해 왔고, 여전히 활발히 연구되고 있습니다. 이 주제에 대해 더 자세히 알고 싶다면 [Fabozzi et al., 2007]의 단행본과 [Kolm et al., 2014], [Xidonas et al., 2020]의 리뷰 논문을 참고하시기 바랍니다.

여기서는 [Stubbs and Vance, 2005]의 간단한 접근 방식을 따릅니다. 이 방법은 공분산 행렬을 단순히 추정하는 것보다, '수축(shrinkage)' 기법을 사용하여 보수적으로 조정하는 방식이 실제 성과에 더 유리하다는 관찰에서 출발합니다. 여기서 초과수익률인 α를 확률 변수로 두고, $\alpha \sim N(\mu_\alpha, \Omega_\alpha)$ 즉, 평균이 μ_α, 공분산이 Ω_α인 정규 분포를 따른다고 가정합니다. 그러면 평균-분산 최적화 문제는 알파의 불확실성을 반영하여 다음과 같이 수정됩니다.

$$\max E[(\alpha + \mathbf{B}\mathbf{f}\epsilon)'\mathbf{x}] - \frac{1}{2\rho} \text{stdev}[(\alpha + \mathbf{B}\mathbf{f} + \epsilon)'\mathbf{x}]$$

위의 식은 다음과 같은 형태로 다시 정리할 수 있습니다.

$$\max \mu'_\alpha \mathbf{x} - \frac{1}{2\rho} \mathbf{x}'(\mathbf{\Omega}_\alpha + \mathbf{\Omega}_r)\mathbf{x}$$

따라서 최적의 포트폴리오 비중은 다음과 같이 주어집니다.

$$\mathbf{x} = \rho(\mathbf{\Omega}_\alpha + \mathbf{\Omega}_r)^{-1} \mu_\alpha$$

이때 최적화 값(목표 함수 값)은 다음과 같습니다.

$$\frac{\rho}{2} \mu'_\alpha (\mathbf{\Omega}_\alpha + \mathbf{\Omega}_r)^{-1} \mu_\alpha$$

만약 $\mathbf{\Omega}_\alpha = \tau^2 I$ 인 경우, 비중 계산식은 $\mathbf{x} = \rho(\mathbf{\Omega}_r + \tau^2 I)^{-1} \mu_\alpha$ 와 같이 간단해집니다. 또한, 팩터 리스크가 없도록 $\mathbf{B}'\mathbf{x} = 0$이라는 제약을 추가하면, 각 자산의 비중 x_i는 다음과 같이 표현됩니다.

$$x_i = \frac{[\mu_\alpha]_i}{[\sigma_\epsilon]_i^2 + \tau^2}$$

$\tau=0$일 때는 평균-분산 최적화(MVO)의 비중 계산 방식과 동일해지며 $\tau \to \infty$일 때는 모든 자산에 동일한 비중을 부여하는 균등 투자 방식(equal-sized rule)이 됩니다.

이와 유사한 결과는 다른 가정에서도 도출할 수 있습니다. 예를 들어 Ledoit-Wolf의 선형 수축 공분산 추정법, 또는 초과수익률이 정확하지 않더라도, μ_α를 중심으로 한 타원체(ellipsoid) 내에 존재한다고 가정하는 방식이 있습니다.[115] 따라서 최적화 문제는 다음과 같이 최악의 상황을 고려한 평균-분산 효용 극대화를 목표로 설정됩니다.

$$\max_{\mathbf{x}} \min_{\alpha} \alpha' \mathbf{x} - \frac{1}{2\rho} x' \mathbf{\Omega}_r \mathbf{x}$$
$$\text{s.t. } (\alpha - \mu_\alpha)'(\alpha - \mu_\alpha) \leq L$$

11.4 비례 감소 규칙 공식 (Proportional-Rule Formulations)

α를 기대수익률 벡터, g를 목표 총투자금액(GMV)이라고 가정해 봅시다. 우리는 팩터 리스크가 0이면서 α에 가장 가까운 포트폴리오(유클리드 거리 기준)를 찾고자 합니다.

$$\min (\alpha - \mathbf{x})'(t\alpha - \mathbf{x})$$
$$\text{s.t. } \mathbf{B}'\mathbf{x} = 0$$

주어진 t에 대해, 총투자금액(GMV)에 대한 제약을 무시하면 최적의 투자 비중 $\mathbf{x}$는 다음과 같이 주어집니다.

---

[115] [Ledoit and Wolf, 2003]

$$\mathbf{x} = (I - \mathbf{B}(\mathbf{B}'\mathbf{B})^{-1}\mathbf{B}')\alpha$$

이 식은 선형 회귀분석에서 잔차(residual) η를 계산할 때 사용하는 식과 동일합니다. 즉, 회귀식 $t\alpha = \mathbf{B}'\beta + \mathbf{x}$에서 $\mathbf{x}$는 기대수익률 α에 포함된 팩터 로딩 $\mathbf{B}$와의 선형 상관관계를 제거한 성분이라고 볼 수 있습니다. 이 최적화 문제와 함수 해석학(functional analysis), 회귀분석(regression) 간의 관계에 대해서는 [Luenberger, 1969]의 3장과 4장을 참고하면 자세한 설명을 확인할 수 있습니다. 이후 전체 비중 벡터 $\mathbf{x}$를 다음과 같이 조정하여 총투자금액(GMV) 제약 조건을 만족시킬 수 있습니다.

$$\mathbf{w} = \frac{\text{GMV}}{\sum_i |x_i|}\mathbf{x}$$

이 문제의 또 다른 변형은 총투자금액(GMV) 제약 대신, 포트폴리오의 예상 변동성이 특정 목표값 σ^2를 만족하도록 설정하는 경우입니다. 이때 제약 조건 $bx'\Omega_\epsilon \mathbf{x} = \sigma^2$ 가 성립해야 합니다. 포트폴리오가 팩터 리스크에 노출되지 않기 때문에, 전체 리스크는 개별 리스크와 동일하며, 따라서 $\mathbf{x}'\Omega_r \mathbf{x} = \mathbf{x}'\Omega_\epsilon \mathbf{x}$ 가 성립합니다. 이 조건으로 포트폴리오의 변동성이 주어진 목표값 σ^2을 만족하도록 비중 벡터를 조정하면, 최종 포트폴리오 비중 $\mathbf{w}$는 다음과 같이 계산됩니다.

$$\mathbf{w} = \frac{\sigma}{\sqrt{\mathbf{x}'\Omega_\epsilon \mathbf{x}}}\mathbf{x}$$

11.5 커스텀 팩터 생성 (Generating Custom Factors)

새로운 데이터 소스를 활용하면 우리가 관리하는 각 종목에 대해 새로운 '특성(characteristic)'을 생성할 수 있습니다. 우리의 목표는 이 특성이 알파(α)에 대해 중요한 정보를 담고 있는지를 평가하는 것입니다. 시간 t에서의 특성 벡터를 $c_t \in \mathbb{R}^n$ 이라고 하면, $c_{t,i}$ 는 t-1일 종가를 기준으로 계산된 자산 i의 특성 값입니다. 이 벡터는 '커스텀 로딩 벡터(custom loading vector)'라고도 불립니다.

이 특성을 테스트하는 절차는 다음 네 단계로 구성됩니다.

- 특성 생성 (Feature generation)
- 수익률 추정 (Return estimation)
- 손익 분석 (PnL attribution)
- 성과 평가 (Evaluation of incremental performance)

특성 생성 (Feature Generation) 특성 생성은 원시 데이터를 바탕으로, 의미 있는 특성 벡터를 만들어내는 과정입니다. 이 작업은 단순한 기술적 처리만으로는 부족하며, 경험과 창의력이 함께 요구됩니다. 예를 들어, 유진 파마(Eugene Fama)의 연구에 따르면, 많은 재무 비율은 원시 데이터를 정규화할 때 시가총액처럼 기업 규모를 나타내는 값을 분모로 사용합니다. 그런데 분자인 원시 데이터의 변동성이 분모보다 작으면, 이 비율은 사이즈(size) 팩터의 반대 방향으로 작용할 수 있습니다. 이런 왜곡을 줄이기 위해 실무에서는 보통 분모를 더 안정적으로 만드는 방식을 택합니다. 예를 들어, 시가총액은 최근 21일간의 값을 동일 가중 평균해 사용하고, 평균 일일 거래량(ADTV)을 분모로 사용할 경우에는 더 긴 기간(예: 63일)의 평균값을 사용합니다.

이 단계에서 고려할 수 있는 주요 데이터 변환 방식은 다음과 같습니다.

- **정규화 (Normalization)** 시가총액, 거래량 또는 기업 고유의 재무 지표(예: 기업가치, 총부채, 자산 등)를 분모로 사용하여 수행합니다.

- **상호작용 항 생성 (Interaction)** 원시 특성과 특정 팩터의 로딩 값을 곱하거나, 둘 중 더 큰 값을 선택하는 방식입니다. 실무에서는 산업 또는 섹터 더미 변수와 곱해 특정 섹터 종목만 반영되도록 만드는 방식이 일반적입니다.

- **횡단면 변환 (Cross-sectional transformation)** 대부분 단조(monotonic) 함수 형태를 가지며, 대표적인 예시는 다음과 같습니다.

    - 로그 변환(logarithmic transformation): $y = \log(x)$ 값의 절대 크기보다 상대적인 규모가 중요할 때 유용하며, 값의 범위가 큰 경우 스케일을 줄이는 데도 효과적입니다. 대표적으로 시가총액 기반 사이즈 팩터 계산에 사용됩니다.

    - 제곱근 변환 (square-root transformation): 예를 들어 거래량. 값의 차이가 클 때 분포를 완화하고 극단값의 영향을 줄이는 데 사용됩니다.

    - 제곱 변환 (square transformation): 비선형 팩터를 만들 때 사용합니다. 값이 커질수록 차이를 더 크게 강조하여 비선형 효과를 강

화합니다.

- Box Cox 변환: 데이터를 정규 분포에 가깝게 만들기 위해 사용하는 일반화된 수학적 변환 기법입니다. 이 변환은 양의 실수 $\lambda>0$에 따라 다음과 같이 정의됩니다.

$$y = \frac{x^\lambda - 1}{\lambda}$$

이 변환은 여러 가지 비선형 변환을 하나의 공식으로 일반화한 형태입니다. 앞서 소개한 로그 변환, 제곱근 변환, 제곱 변환 모두 이 공식의 특수한 경우로 볼 수 있습니다. 특히 λ가 0에 가까워질수록 이 식은 로그 변환과 거의 동일한 형태로 수렴합니다.

- 랭킹 변환(ranking transformation): $y = \sum_{i=1}^{N} H(x - x_i)/N$ 여기서 N은 종목 수이며, 만약 $x<0$인 경우 $H(x)=0$이 됩니다. 그렇지 않은 경우에는 결과값이 항상 (0,1) 범위 내에 존재하며 균등하게 분포된 값을 갖습니다.

- 아크탄젠트 변환(arctan transformation): 이 변환은 $y = \arctan(x)$의 형태로 정의됩니다. 랭킹 변환과 마찬가지로 입력값 x의 크기와 관계없이 결과값은 항상 (-1,1) 범위 내에 있습니다.

- 시계열 변환(Time-series transformations)은 데이터의 시간적 흐름을 반영하기 위해 매우 중요한 단계입니다. 특히 다음 세 가지 방식이 실무에서 자주 활용됩니다.

  - 로딩값/추세 변화 감지: $y_t = x_t - x_{t-1}$, 현재 값과 바로 전 시점의 값을 비교해 시간에 따른 변화 폭 측정

- 평균 대비 변화 측정: $y_t = x_t - n^{-1} \sum_{i=1}^{n} x_{t-i}$, 최근 n일간 평균 값과 현재 값을 비교해 변화 정도를 측정

- 기간 구조 분석(term structure): 변화량을 여러 구간으로 나눠 분석하는 방식. 예: 하루 전 대비 변화, 한 달 전 대비 변화(단, 하루 전 제외), 1년 전 대비 변화(한 달 전 제외) 등. 대표적인 예로는 모멘텀(momentum) 팩터가 있음.

- 특성값 표준화(Standardize characteristics): 특성값을 서로 비교 가능한 형태로 변환하는 과정입니다. 시간 t에서 자산 전체의 평균 로딩값을 μ_t, 표준편차를 σ_t라고 할 때, 개별 자산의 표준화된 로딩값은 $(c_{t,i} - \mu_t)/\sigma_t$ 입니다. 이 표준화는 반드시 필요한 과정은 아니지만 두 가지 장점이 있습니다. 첫째 해석이 쉬워져 로딩값이 평균보다 얼마나 높은지 또는 낮은지를 쉽게 파악할 수 있습니다. 둘째, 회귀분석에서 절편을 포함하든 제외하든 결과가 동일하게 나타납니다. 즉, 커스텀 팩터 수익률을 시장 대비 초과수익률(α)로 해석할 수 있습니다. 여기서 회귀식의 절편은 모든 자산의 로딩값이 1일 때의 수익률로 해석되며, 일종의 '시장 팩터 수익률' 역할을 합니다.

수익률 추정(Return Estimation) 테마 팩터의 수익률은 총 수익률 또는 잔차수익률을 기준으로 추정할 수 있습니다.

$$\mathbf{r}_t = g_t^{tot}\mathbf{c}_t + \eta_t^{tot}$$
$$\epsilon_t = g_t^{res}\mathbf{c}_t + \eta_t^{res}$$

수익률 추정은 11.1.2절에서 설명한 방식과 동일하게 가중 최소제곱법(weighted least squares)을 사용하여 수행됩니다. 여기서는 개별 수익률(idiosyncratic return)을 기준으로 커스텀 팩터 수익률(custom factor return)을 추정합니다. 우리가 추정하고자 하는 값인 g_t^{res}는 커스텀 팩터 수익률을 의미하며, 다음과 같은 최적화 문제를 풉니다.

$$\min \; (\epsilon_t - g_t^{res}\mathbf{c}_t)' \mathbf{W}_t (\epsilon_t - g_t^{res}\mathbf{c}_t)$$
$$\text{s.t.} \; g_t^{res} \in \mathbb{R}$$

위 문제에 대한 닫힌 형태의 해(closed-form solution)는 다음과 같습니다.

$$g_t^{res} = \frac{\mathbf{c}_t' \mathbf{W}_t \epsilon_t}{\mathbf{c}_t' \mathbf{W}_t \mathbf{c}_t}$$

여기서 g_t^{res}는 커스텀 팩터의 잔차수익률을 나타냅니다. 이렇게 계산된 수익률 시계열 g_1부터 g_t까지는 리스크 예측이나 성과 분석 등에 활용할 수 있습니다. 한편, 총 수익률을 기준으로 한 팩터 수익률, g_t^{tot}은 다음과 같이 계산됩니다.

$$g_t^{tot} = \frac{\mathbf{c}_t' \mathbf{W}_t \mathbf{r}_t}{\mathbf{c}_t' \mathbf{W}_t \mathbf{c}_t}$$

잔차수익률 g_t^{res}과 총 수익률 g_t^{tot}의 회귀분석 결과를 하나의 통합된 관점에서 이해할 수 있습니다. 즉, 특정 특성 벡터 **c**를 선택하면 총 수익률에 대한 회귀분석 $r_t = g_t^{res}\tilde{c}_t + \eta_t^{tot}$ 만으로도 g_t^{res} 와 g_t^{tot} 를 모두 구할 수 있습니다.

이 아이디어의 핵심은 특성 벡터 c를 변형하여, 팩터 로딩 행렬 $\mathbf{B}_t$의 열들에 대해 c를 회귀한 후, 설명되지 않는 c_t의 요소만을 최종 로딩 벡터로 사용하는 데 있습니다. 구체적으로는 다음 두 단계를 수행합니다. (시간 첨자 생략)

1. 회귀분석 $\mathbf{c} = \mathbf{B}a + \tilde{c}$를 가중치 행렬 $\mathbf{W}$로 수행
2. 회귀분석 $\mathbf{r} = \tilde{g}\tilde{c} + \eta^{tot}$를 가중치 행렬 $\mathbf{W}$로 수행

첫 번째 회귀분석의 결과는 다음과 같습니다.

$$\tilde{c} = (\mathbf{B} - \mathbf{B}(\mathbf{B}'\mathbf{W}\mathbf{B})^{-1}\mathbf{B}'\mathbf{W})\mathbf{c}$$

앞서 본 것처럼 $\epsilon = (\mathbf{B} - \mathbf{B}'\mathbf{W}^2\mathbf{B})^{-1}\mathbf{B}'\mathbf{W})\mathbf{r}$ 입니다.

$$\begin{aligned}\mathbf{c}'\mathbf{W}\epsilon &= \mathbf{c}'[\mathbf{W}(\mathbf{B} - \mathbf{B}(\mathbf{B}'\mathbf{W}\mathbf{B})^{-1}\mathbf{B}'\mathbf{W})\mathbf{r}]\\ &= [\mathbf{c}'(\mathbf{B} - \mathbf{B}(\mathbf{B}'\mathbf{W}\mathbf{B})^{-1}\mathbf{B}'\mathbf{W})]\mathbf{r}\\ &= \tilde{\mathbf{c}}'\mathbf{W}\mathbf{r}\end{aligned}$$

$$\begin{aligned}\tilde{\mathbf{c}}'\mathbf{W}\tilde{\mathbf{c}} &= \mathbf{c}'(\mathbf{B} - \mathbf{B}(\mathbf{B}'\mathbf{W}\mathbf{B})^{-1}\mathbf{B}'\mathbf{W})\mathbf{W}(\mathbf{B} - \mathbf{B}(\mathbf{B}'\mathbf{W}\mathbf{B})^{-1}\mathbf{B}'\mathbf{W})\mathbf{c}\\ &= \mathbf{c}'\mathbf{W}\mathbf{c}\end{aligned}$$

따라서 커스텀 팩터 수익률은 다음과 같이 계산됩니다.

$$\tilde{g} = \frac{\tilde{\mathbf{c}}'\mathbf{W}\mathbf{r}}{\tilde{\mathbf{c}}'\mathbf{W}\tilde{\mathbf{c}}} = \frac{\mathbf{c}'\mathbf{W}\epsilon}{\mathbf{c}'\mathbf{W}\mathbf{c}} = g^{res} \tag{11.3}$$

즉, 잔차수익률을 이용한 회귀분석은 총 수익률을 기반으로 한 회귀분

석의 변형된 형태를 의미합니다.

마지막으로, 식 11.3 은 다음과 같이 나타낼 수 있습니다.

$$\tilde{g} = x'r \quad x = \frac{W\tilde{c}}{\tilde{c}'W\tilde{c}}$$

위 식에서 벡터 x는 커스텀 팩터 수익률을 구현할 수 있는 포트폴리오의 자산 비중을 나타냅니다.

11.5.1 해석 및 활용 (Interpretation and Use)

커스텀 팩터는 리스크 분해(risk decomposition)와 성과 분석(performance attribution) 모두에 활용될 수 있습니다. 이 절에서 성과 분석에 초점을 맞추는 이유는 커스텀 팩터의 가장 일반적인 활용 사례가 성과 분석이기 때문입니다. 분석 절차는 앞서 설명한 모든 경우에 동일하게 적용됩니다. 먼저, 포트폴리오가 특정 커스텀 팩터에 얼마나 노출되어 있는지를 계산합니다. 예를 들어 $t-1$일 종가 기준 각 종목의 순투자금액(NMV)이 $w_{t,i}$ 라면, 시점 t 에서의 전체 익스포저는 $w'_t c_t$ 또는 $w'_t \beta_t$ 로 계산됩니다. 이에 따라 손익(PnL)은 특성 기반 커스텀 팩터인 $w'_t c_t g_t$, 그리고 시계열 기반 커스텀 팩터인 $w'_t \beta_t h_t$ 로 계산됩니다. 개별 수익률을 기준으로 성과를 분석하는 경우, 횡단면(Cross-sectional) 방식과 시계열(Time-series) 방식 간의 해석은 거의 유사합니다. 이때의 손익은 리스크 모델(팩터 모델)로 설명되지 않는 초과 성과로 간주됩니다. 반면, 총 수익률을 기준으로 분석할 경우, 두 방식의 해석은 다소 차이를 보입니다. 횡단면 방식은 시장 수익률로 설명되지 않는 전략의 독립적인 수익을 보여주며, 시계열 방식은 시장 수익률의 일부가 해당 커스텀 팩터에서 비롯된 것으로 해석합니다.

11.6 최적화 공식 (Optimization Formulations)

11.6.1 참여 비율 제약이 있는 균등 포트폴리오
(Equal-Sized Portfolio with Constraints on Participation Rate)

이 절에서는 8.2.1절에서 다룬 유동성을 반영한 균등 포트폴리오 최적화 모델을 설명합니다. 여기서 각 종목의 포지션 방향 $s_{t,i} = 1/-1$ (롱이면 1, 숏이면 -1)과 시점 t의 포트폴리오 총투자금액 G_t는 전략 설계 단계에서 사전에 정해진 입력값입니다.

각 기호의 의미는 다음과 같습니다.

$s_{t,i}$: 시점 t에서 종목 i의 포지션 방향 (롱이면 1, 숏이면 -1)

v_i : 종목 i의 일평균 거래량 (Average Daily Trading Volume)

p : 허용 가능한 최대 참여 비율 (Maximum Participation Rate)

G_t : 시점 t 에서의 목표 총투자금액 (GMV), 대체 변수: $\tilde{\sigma}_t$ 시점 t의 포트폴리오 변동성으로 대체할 수도 있음

σ_f : 허용가능 팩터 리스크

x_t : 시점 t 에서의 포트폴리오 비중 벡터

b_t: 포트폴리오 x_t의 팩터 익스포저 벡터

$|x|$: 포트폴리오 비중의 절대값 합계

균등 포트폴리오(equal-sized portfolio) 최적화 문제는 $t=1$ 부터 T 까지 각 시점 별로 시장 상황, 유동성, 리스크 제한 등을 반영하여 개별적으로 최적 포트폴리오를 계산하는 방식입니다.

목표 $|\mathbf{x}_t - z\mathbf{s}_t|$

조건 $|[\mathbf{x}_t - \mathbf{x}_{t-1}]_i| \leq pv$ (참여 비율 제한을 초과하지 않을 것)

$\mathbf{b}'_t \mathbf{\Omega}_{f_t} \mathbf{b}_t \leq \sigma_f^2$ (최대 팩터 리스크를 초과하지 않을 것)

$\mathbf{b}_t = \mathbf{B}'_t \mathbf{x}_t$ (팩터 익스포저 조건을 만족할 것)

$|\mathbf{x}_t| = G_t$ (목표 GMV를 충족할 것)

$z \geq 0$ (이상적인 포트폴리오에 대해 스케일링할 수 있도록 할 것)

이 문제는 컨벡스(convex) 최적화 문제이며 최적화 전문 소프트웨어를 사용해 해결할 수 있습니다. 목표는 포트폴리오의 분산이나 개별 리스크 변동성(idiosyncratic volatility)을 직접 최소화하는 것이 아니라, 시점별로 유동적으로 결정되는 총투자금액(GMV)을 가장 효과적으로 조절하는 방법을 찾는 것입니다.

다만 $\sum_i \sigma_i^2 x_{t,i}^2 = \sigma_t$ 같은 제약 조건은 추가할 수 없습니다. 이 조건을 추가하면 결과값의 영역이 복잡한 형태로 바뀌기 때문에 계산이 어려워지고 결과 해석도 까다로워집니다. 이 문제를 해결하기 위한 실용적인 방법은 여러 개의 G_t 값을 반복적으로 대입하여 $\sum_i \sigma_i^2 x_{t,i}^2 = \sigma_t^2$ 의 조건을 만족하는 G_t 값을 찾는 것입니다. 그 절차는 다음과 같습니다.

> **절차 11.1 알파 테스트** (Alpha Testing)
>
> 1. **입력값**: s_t, G_t (또는 σ_t), σ_f, Ω_{ft}, p
> 2. $x_0 = 0$ 으로 설정
> 3. 시점 t 에서 이전 시점의 포트폴리오 x_{t-1} 를 입력값으로 사용하여 최적화 문제를 풀고, 해당 시점의 최적 포트폴리오 xt를 구한다. 이 과정을 $t=1$ 부터 $T-1$ 까지 반복
> 4. **출력값**: 시계열 $x'_1 r_1$ 부터 $x'_{T-1} r_{T-1}$ 까지의 기간에 대해 수익률, 샤프비율 등 성과 지표를 계산

11.7 전술적 포트폴리오 최적화 (Tactical Portfolio Optimization)

w : 현재 보유 중인 포트폴리오, 초기 종목별 보유 비중(initial holding)을 나타냄

x : 각 종목에 대해 새롭게 매수하거나 매도할 변화분

C : 커스텀 팩터 로딩 행렬, 공매도 포지션 비율, 헤지펀드 보유 비율, ESG 점수, 금리 민감도 등 커스텀 팩터를 포함할 수 있음

TC : 거래 비용을 반영하는 시장 충격 비용 모델

$$TC(x) = \kappa \sum_i \sigma_i^\beta (|x_i|/v_i)^\gamma$$

여기서 v_i 는 종목 i의 일평균 거래량, σ_i는 종목 i 의 변동성, 조건 $\beta \approx 1, \gamma \approx 32, \kappa > 0$ 은 지역이나 시장 특성에 맞춰 조정된 상수

l^b, u^b : 팩터 익스포저의 하한 및 상한 (보통은 lb=-ub형태로 대칭을 이루지만 항상 그런 것은 아님)

l^c, u^c : 커스텀 팩터 익스포저의 하한 및 상한 (역시 대칭인 경우가 많지만 꼭 그래야 하는 것은 아님)

d : 종목별 개별 리스크 (개별 변동성) 벡터

σ_f : 팩터 기반으로 측정한 리스크의 상한

σ_t : 전체 포트폴리오의 총 리스크 (변동성) 상한

g : 목표로 삼는 최소 수익률 (알파) 또는 목표 GMV (총투자금액)

E : 초기 포트폴리오와 최적화 이후 포트폴리오 사이의 최대 추적 오차 (tracking error)

앞서 정의한 변수들을 바탕으로 우리가 풀고자 하는 최적화 문제는 다음과 같습니다.

목표	$TC(\mathbf{x})$	
조건	$\mathbf{v} = \mathbf{w} + \mathbf{x}$	(최종 포트폴리오)
	$\|\|\mathbf{x}\|\| \leq E^2$	(최대 추적 오차 제한)
	$\mathbf{w} + \mathbf{x} \geq \mathbf{y}$	(GMV 계산을 위한 보조 변수)
	$-(\mathbf{w} + \mathbf{x}) \geq \mathbf{z}$	(GMV 계산을 위한 보조 변수)
	$\mathbf{b} = \mathbf{B}'\mathbf{v}$	(최종 팩터 익스포저)
	$\mathbf{c} = \mathbf{C}'\mathbf{v}$	(최종 커스텀 익스포저)
	$\mathbf{b}'\mathbf{\Omega_f}\mathbf{b} \leq \sigma_f^2$	(최종 팩터 리스크 상한)
	$\mathbf{l}^b \leq \mathbf{b} \leq \mathbf{u}^b$	(최종 팩터 익스포저 상한/하한)
	$\mathbf{l}^c \leq \mathbf{c} \leq \mathbf{u}^c$	(최종 커스텀 팩터 익스포저 상한/하한)
	$\sum_i (y_i + z_i) \geq g$	(최소 GMV 제약)
	$\mathbf{y} \geq 0$	
	$\mathbf{z} \geq 0$	

11.7.1 변형 (Variants)

사용자는 다음 두 가지 중 하나를 목적 함수로 선택할 수 있습니다.

1. 시작 포트폴리오로부터의 거리, $\mathbf{x}'\mathbf{x}$ 로 정의
2. 개별 리스크 추적 오차(idiosyncratic tracking error), $\mathbf{x}'\mathbf{\Omega}_{\varepsilon}\mathbf{x}$ 로 정의

11.8 헤지 공식 (Hedging Formulations)

$\mathbf{w} \in \mathbb{R}^p$ 는 포트폴리오 벡터이며, 여기서 p는 포트폴리오에 포함된 자산 수를 의미하며, 전체 투자 가능 자산 수 n보다 훨씬 작습니다. 이 포트폴리오의 팩터 노출은 $\mathbf{b}$로 나타내며, 우리가 달성하고자 하는 헤징의 목표는 이 포트폴리오에서 팩터 수익률 항 $\mathbf{b'f}$를 제거하는 것입니다. 여기서는 여러 헤징 방법을 살펴볼 것이지만, 핵심 개념에 집중하기 위해 거래 비용은 일단 생략합니다. 거래 비용은 실제 구현 단계에서 얼마든지 추가할 수 있습니다.

내부 헤징 (Internal Hedging) 가장 단순한 방법은 기존 포트폴리오에 포함된 자산만 사용해서 팩터 노출을 제거하는 방식입니다. 이를 내부 헤징이라고 합니다. 목표는 기존 포트폴리오를 최대한 유지하면서 팩터 노출을 없애는 것입니다. 여기서 $\Omega \in \mathbb{R}^{p \times p}$ 는 양의 정부호 행렬이며, $\tilde{\mathbf{B}} \in \mathbb{R}^{p \times m}$ 는 전체 팩터 로딩 행렬 $\mathbf{B}$에서 포트폴리오 $\mathbf{w}$에 포함된 p개 자산에 해당하는 행만 추출해 만든 부분 행렬입니다.

내부 헤징 최적화

목표	$\mathbf{h}'\Omega\mathbf{h}$	(헤지 규모 최소화)
조건	$\tilde{\mathbf{B}}'(\mathbf{w} + \mathbf{h}) = 0$	(팩터 노출 제거)

Ω 가 항등 행렬(identity matrix)인 경우, 목적 함수는 두 벡터 간 유클리드 거리의 제곱으로 정의됩니다. 반면, Ω 가 자산의 공분산 행렬(covariance matrix)일 경우, 목적 함수는 초기 포트폴리오와 최종 포트폴리

오 사이의 추적 오차(tracking error), 즉 변동성을 고려한 거리로 해석됩니다.

$$h^\star = -\Omega^{-1}\tilde{B}(\tilde{B}'\Omega^{-1}\tilde{B})^{-1}\tilde{B}'w = -\Omega^{-1}B(\tilde{B}'\Omega^{-1}\tilde{B})^{-1}b$$

최종적으로 생성된 통합 포트폴리오 w+h는 팩터 리스크가 0인 포트폴리오입니다. 그러나 원래의 포트폴리오 w 가 팩터 노출이 전혀 없는 경우가 아니라면, 이 과정에서 기존 포트폴리오 내 개별 종목의 비중은 변경됩니다. 또한 Ω 가 항등 행렬일 경우, 포트폴리오는 전체 투자 종목에 대해 매매가 가능하며, 기존에 보유하지 않은 종목도 자유롭게 매매할 수 있다고 가정합니다. 이때 최적 포트폴리오는 알파 시그널(α)에 비례하며, $w = \alpha$ 라고 가정하면, 최종 포트폴리오는 다음과 같이 표현됩니다.

$$w + h^\star = (I - B(B'B)^{-1}B')\alpha$$

위 식은 절차 6.3의 첫 번째 단계입니다. 다시 말해 $x^\star$는 벡터 w를 행렬 B에 회귀분석하여 얻어진 잔차 벡터입니다.

외부 헤징 (External Hedging) 외부 헤징의 목적은 팩터 모방 포트폴리오(factor-mimicking portfolio, FMP)를 활용해 리스크를 최소화하면서 헤지 포트폴리오의 규모를 일정 수준으로 제한하는 것입니다. 팩터 모방 포트폴리오는 행렬 V의 열로 구성되며, 헤지 포트폴리오는 $h = Vx$의 형태로 표현됩니다.[116] 이때 x_i는 팩터 i 에 해당하는 가상의 자산을 얼마나 매수

---

[116] 11.2절 참조

할지 수량을 나타냅니다. 헤지 포트폴리오의 규모에 대한 제약은 $\mathbf{h}'\mathbf{D}\mathbf{h} \leq L$의 형태로 주어지며, 여기서 $\mathbf{D}$는 양의 정부호 행렬로 $\mathbb{R}^n$ 공간에서 거리 개념을 정의하는 역할을 합니다. 예를 들어, $\mathbf{D} = \mathbf{\Omega}_r$ 인 경우, 헤지 포트폴리오의 변동성에 대한 제한을 의미하며, $\mathbf{D} = I$ (항등 행렬)인 경우에는 최종 포트폴리오 $\mathbf{w}+\mathbf{h}$ 가 기존 포트폴리오 $\mathbf{w}$에서 크게 벗어나지 않도록 제약을 부여하는 것입니다. 이 제약 조건은 기존 포트폴리오의 포지션 비중이 헤지로 인해 지나치게 변경되지 않도록 한다는 의미로 해석할 수 있습니다.

외부 헤징 최적화

목표 $(\mathbf{w}+\mathbf{h})'\mathbf{\Omega}_r(\mathbf{w}+\mathbf{h})$ (헤지 규모 최소화)

조건 $\mathbf{h}'\mathbf{D}\mathbf{h} \leq L$ (최대 헤지 크기 또는 추적 오차에 대한 제약)

       $\mathbf{h} = \mathbf{V}\mathbf{x}$ (헤지 포트폴리오에 대한 헤지 노출 연결)

       $\mathbf{x} \in \mathbb{R}^m$

       $\mathbf{h} \in \mathbb{R}^n$

전체 위험을 최소화하는 것이 중요하며, 단순히 팩터 리스크만 줄이는 것으로는 충분하지 않습니다. 팩터 모방 포트폴리오는 개별 리스크도 포함하고 있으며, 이 리스크 역시 간과해서는 안 됩니다. 실제 상황에서는 거래 비용에 대한 페널티나 추가적인 선형 제약도 함께 적용될 수 있습니다. 예를 들어, 통합 포트폴리오에서 개별 팩터 익스포저의 최대치를 제한하는 $|b_i + x_i| \leq E_i$ 형태의 제약 조건이 있을 수 있습니다. 그러나 여기서는 마찰이 전혀 없는 이상적인 시장 환경에서 최적 헤지 전략의 특

성을 이해하기 위해 이러한 제약 조건을 생략합니다. 대신 부등식 제약을 목적 함수의 페널티 항으로 대체하여 다음과 같은 최적화 문제를 풀 수 있습니다.

$$\text{목표} \quad (\mathbf{w} + \mathbf{Vx})' \Omega_r (\mathbf{w} + \mathbf{Vx}) + \lambda \mathbf{x}' \mathbf{V}' \mathbf{DVx} \tag{11.4}$$
$$\text{조건} \quad \mathbf{x} \in \mathbb{R}^m$$

여기서 $\lambda > 0$은 페널티 강도를 조절하는 상수입니다.

이 문제의 1차 최적 조건(First-order condition)은 다음과 같습니다.

$$\mathbf{V}'(\mathbf{B}\Omega_f \mathbf{B}' + \Omega_\epsilon)(\mathbf{w} + \mathbf{Vx}) + \lambda \mathbf{V}' \mathbf{DVx} = 0$$

위의 식을 풀면 최적 해 $\mathbf{x}^\star$는 다음과 같이 주어집니다.

$$\mathbf{x}^\star = -[\Omega_f + (\mathbf{B}' \Omega_\epsilon^{-1} \mathbf{B})^{-1} + \lambda \mathbf{V}' \mathbf{DV}]^{-1} (\Omega_f \mathbf{b} + \mathbf{V}' \Omega_\epsilon \mathbf{w}) \tag{11.5}$$

위 결과는 다소 복잡해 보이지만, 다양한 상황을 효과적으로 설명할 수 있습니다. 이제 몇 가지 구체적인 경우를 살펴보겠습니다.

- 팩터 포트폴리오에 고유 리스크가 없고, 추적 오차에 대한 제약이 느슨한 경우(즉, L값이 큰 경우)라면 이상적인 환경이라고 볼 수 있습니다. 식 11.1에 따르면, 팩터 모방 포트폴리오의 개별 수익률 공분산 행렬 $(\mathbf{B}' \Omega_\epsilon^{-1} \mathbf{B})^{-1}$은 Ω_f에 비해 매우 작기 때문에 식 11.5에

서는 이를 무시할 수 있습니다. 또한 L 값이 클수록 페널티 계수 λ 는 작아지므로, $\lambda \mathbf{V}'\mathbf{D}\mathbf{V}$ 항도 생략할 수 있습니다. 마지막으로, $\mathbf{V}^{-1}\mathbf{\Omega}_\epsilon \mathbf{w}$ 는 팩터 모방 포트폴리오와 기존 포트폴리오 간의 공분산 벡터를 나타내며, 개별 리스크가 무시할 수준이라면 이 항 역시 고려하지 않아도 됩니다. 이러한 모든 단순화를 적용하면, 최적 헤지는 $\mathbf{x}^\star = -\mathbf{b}$ 로 정리되며, 이것이 바로 우리가 흔히 말하는 '단순 헤지 (naïve hedge)' 방식입니다.

- 이제 팩터 모방 포트폴리오와 핵심 포트폴리오 간의 고유 공분산이 작다는 가정은 그대로 유지하겠습니다. 실제 투자 환경에서도 이러한 가정은 충분히 현실적인 전제로 볼 수 있습니다. 그러나 이번에는 팩터가 완전히 순수하지 않고, 추적 오차 제약이 강하게 작용하는 상황을 살펴보겠습니다. 이는 실제 실무에서 자주 발생하는 사례이기도 합니다. 이러한 조건에서 $\mathbf{\Omega}_f$ 를 기준으로 식을 정리하면 최적 해는 다음과 같습니다.

$$\mathbf{x}^\star = -[\mathbf{\Omega}_f + (\mathbf{B}'\mathbf{\Omega}_\epsilon^{-1}\mathbf{B})^{-1} + \lambda\mathbf{V}'\mathbf{D}\mathbf{V}]^{-1}\mathbf{\Omega}_f\mathbf{b} \quad (11.6)$$

$$\simeq [-I + \mathbf{\Omega}_f^{-1}((\mathbf{B}'\mathbf{\Omega}_\epsilon^{-1}\mathbf{B})^{-1} + \lambda\mathbf{V}'\mathbf{D}\mathbf{V})]\mathbf{b}$$

위의 근사 부등식은 복잡한 수식을 단순화하기 위해 '노이만 급수 (Neumann series)'의 첫 항만 사용한 1차 근사 결과입니다. 여기서부터는 단순 헤지 방식이 아닌 시장 제약을 반영한 정밀한 헤지 전략이 적용됩니다. 이 근사 결과에 따르면, 최적의 헤지 규모는 단순 헤지보다 항상 더 작게 설정되는 것이 이론적으로 적합합니다. 최적 헤지는 $\mathbf{x}^\star = (-I + \mathbf{\Omega}_f^{-1}\mathbf{H})\mathbf{b}$ 의 형태를 가지며, 이때 $\mathbf{H} = (\mathbf{B}'\mathbf{\Omega}_\epsilon^{-1}\mathbf{B})^{-1} + \lambda\mathbf{V}'\mathbf{D}\mathbf{V}$ 는 노름 (norm)이 1보다 작은 양의 정부호 행렬입니다. 단순 헤지의 팩터 분산은 $\mathbf{b}'\mathbf{\Omega}_f\mathbf{b}$ 이고, 최적 헤지의 팩터 분산은 $(\mathbf{x}^\star)'\mathbf{\Omega}_f\mathbf{x}^\star$ 입니다. 우리는 다음 식을 통해 최적 헤지의 분산이 더 작다는 것을 확인할 수 있습니다.[117]

$$(\mathbf{x}^\star)'\mathbf{\Omega}_f\mathbf{x}^\star = \mathbf{b}'\mathbf{\Omega}_f\mathbf{b} - 2\mathbf{b}'\mathbf{H}'\mathbf{b} + (2\text{차 항}) < \mathbf{b}'\mathbf{\Omega}_f\mathbf{b}$$

이제 팩터 모방 포트폴리오가 순수하다고 가정한 상태에서, 헤지 규모가 크게 제한되는 상황을 살펴보겠습니다. L 값이 매우 작아 헤지 포트폴리오를 최소한으로 유지해야 하며, 그에 따라 페널티 계수 λ는 크게 증가합니다. 이러한 조건에서는 최적 해가 다음과 같이 단순화됩니다.

$$\mathbf{x}^\star = -\frac{1}{\lambda}(\mathbf{V}'\mathbf{D}\mathbf{V})^{-1}\mathbf{\Omega}_f\mathbf{b} \tag{11.7}$$

즉, 제약이 강할수록 실제 헤지 규모는 줄어든다는 것을 보여줍니다.

이번 분석은 두 가지 측면에서 유용합니다. 첫째, 식 11.5, 11.6, 11.7은 복잡한 수식 없이 헤지를 계산할 수 있는 간단한 방법을 제공합니다. 시장 충격을 2차 항으로 모델링하거나, 선형 제약 조건이 추가되더라도, 이 해는 닫힌 형태(closed-form)로 유지된다는 장점이 있습니다. 둘째, 많은 사람들이 헤지를 단순히 익스포저(노출)를 반대로 뒤집는 것으로 이해하지만, 실제로는 그렇지 않다는 점을 보여줍니다. 예를 들어, 헤지 포트폴리오의 크기에 제약이 없다고 해도 ($L \gg 0$ 또는 $\lambda=0$), 팩터 모방 포트폴리오의 개별 리스크 비중이 높다면, 전체 익스포저를 그대로 헤지하는 것은 오히려 좋지 않은 선택일 수 있습니다. 또한 헤지 포트폴리오 크기에 제

---

117 $(\mathbf{x}^\star)'\mathbf{\Omega}_f\mathbf{x}^\star < \mathbf{b}'\mathbf{\Omega}_f\mathbf{b}$

약이 있는 경우에는, 핵심 포트폴리오의 팩터 익스포저보다 더 적게 헤지해야 하며, 식 11.5 는 이때 적절한 헤지 규모를 어떻게 계산할 수 있는지 보여줍니다.

거래 비용과 선형 제약 조건을 반영한 문제의 수정된 형태는 다음과 같습니다.

외부 헤징   목표 $(\mathbf{w}+\mathbf{h})'\Omega_r(\mathbf{w}+\mathbf{h})$ (전체 리스크 최소화)

조건 $\mathbf{h}'\mathbf{D}\mathbf{h} \leq L$ (헤지북의 최대 크기 또는 추적 오차에 대한 제약)

$\mathbf{h} = \mathbf{V}\mathbf{x} + \mathbf{v}$ (헤지 익스포저를 헤지 포트폴리오에 연결하는 조건)

$TCOST(\mathbf{h} - \mathbf{h}_0) \leq C$ (포트폴리오 변경으로 발생하는 거래 비용, $\mathbf{h} - \mathbf{h}_0$)

$\mathbf{v}'\mathbf{v} \leq M$ (FMP 기반 헤지 전략에서 벗어나는 정도에 대한 제약)

$A'(\mathbf{w}+\mathbf{h}) \leq \mathbf{c}$ (기타 선형 제약 조건)

$\mathbf{x} \in \mathbb{R}^m$

$\mathbf{v} \in \mathbb{R}^n$

$\mathbf{h} \in \mathbb{R}^n$

여기서 소개한 문제 구성 외에도, 전체 리스크에 상한을 두고 시장 충격을 최소화하는 방식으로 문제를 정의할 수도 있습니다. 그러나 지면 관계상 그 내용은 생략하겠습니다.

현재 모델은 의사결정자가 설정하는 다음 세 가지 주요 입력값에 기반합니다.

    C : 허용 가능한 최대 거래 비용

    L : 헤지 포트폴리오의 최대 추적 오차 또는 2-노름 (포트폴리오 크기에 대한 제약)

M : 순수한 팩터 모방 포트폴리오 (FMP) 기반 헤지로부터의 최대 이탈 허용치 (변동성 또는 2-노름으로 측정)

L 과 C 가 충분히 커서 제약 조건으로 작용하지 않고, $M=0$인 경우에는 최적 헤지 전략이 순수 FMP 기반 헤지 전략과 동일해집니다. 실제 운용에서는 이 세 가지 값을 조정하며 다양한 조건에서 헤지 전략의 성과가 어떻게 달라지는지 분석하는 것이 유용합니다.

11.9 이벤트 기반 최적 매매 전략 (Optimal Event Trading)

단일 자산의 가격이 $P(t)$라고 가정해 봅시다. 이 자산은 무한히 분할이 가능하며, 비용 없이 공매도할 수 있다고 가정합니다. 투자자는 이 자산을 $X(t)$ 달러어치 보유하고 있습니다. 거래량은 일반적으로 시간에 따라 변하지만, 여기에서는 거래량이 일정하다고 가정합니다. 이 절에서 언급하는 '시간'은 실제 시간이 아니라 '거래량 기준 시간 (volume time)'을 의미합니다.[118] 즉, 특정 구간의 거래량이 많을수록 해당 구간은 거래량 시간상 더 길게 표현되며, 총 거래량은 해당 구간의 길이에 비례한다고 볼 수

---

118 거래량 시간은 실제 또는 예상 거래량 $V(t)$를 바탕으로 계산할 수 있습니다. 누적 거래량 함수는 $V(t) = \int_0^t v(s)ds$로 나타낼 수 있습니다. 거래량 시간은 $\tau = V(t)$로 정의합니다. 이때 거래량 시간 구간 $[\tau, \tau+\delta]$에서의 거래량은 일정하며, 이는 일반 시간 기준으로 $[V^{-1}(\tau), V^{-1}(\tau)+(V^{-1})'(\tau)\delta]$ 구간에서의 거래량과 동일합니다. 실제로 이 구간에서의 거래량은 다음과 같이 계산됩니다.

$$V'(V^{-1}(\tau)) \times [(V^{-1})'(\tau)\delta] = V'(V^{-1}(\tau)) \times \left[\frac{\delta}{V'(V^{-1}(\tau))}\right] = \delta$$

즉, 거래가 얼마나 활발하게 이루어졌는지를 기준으로 시간을 재정의하면, 거래량이 균등하게 분포된 시간 구간으로 나눌 수 있습니다.

있습니다. 이제 [0,T] 구간에서의 수익률(가격) 변화 과정은 다음과 같이 나타낼 수 있습니다.

$$dP(t) = P(t)[\alpha(t)dt + \sigma dB(t)]$$

$$P(0) = 1$$

여기에서는 두 가지 기본 가정을 따릅니다.

1. 알파 곡선(Alpha curve): 함수 $\alpha(t)$ 는 구간 [0,T]에서 정의되어 있다고 가정합니다.
2. 이차 거래 비용(Quadratic transaction costs): 주식의 거래 금액이 v 일 때, 거래 비용은 v^2 에 비례한다고 가정하며, 이를 다음과 같이 표현합니다.

$$TC(v) = \frac{\kappa^2}{2}v^2 \tag{11.8}$$

이제 일반적인 최적화 문제는 다음과 같이 주어집니다.

목표 x 최소화 $\quad \int_0^T \left(\alpha(t)x(t) - \frac{\kappa^2}{2}\dot{x}^2(t) - \frac{\rho\sigma^2}{2}x^2(t) \right) dt$

조건 $\quad x(0) = 0$

$\quad\quad\quad x(T) = 0$

각 항의 의미는 다음과 같습니다.

αx: 기대 수익(expected return)

$(\kappa^2/2)\,x^2$: 거래 비용(transaction cost)

$(\rho\sigma^2/2)\,x^2$: 위험 회피 항목(risk aversion term)

예시와 분석 과정을 설명하기에 앞서, 먼저 이 모델이 어떤 가정을 바탕으로 하고 있으며, 그 가정들이 어떤 한계를 가지고 있는지 살펴보겠습니다. 우선, 이 모델은 투자자가 알파 값(α)을 미리 알고 있다고 가정합니다. 투자자가 일정 기간 동안 주식 수익률에 대해 자신만의 전망이나 확신을 가지고 있다고 본다면 이 가정은 합리적이라 볼 수 있습니다. 그러나 이 모델은 실제 투자 환경에서 중요한 두 가지 요소를 반영하지 않습니다.

첫째, 투자자의 확신 정도는 시점에 따라 달라질 수 있습니다. 예를 들어, 기업의 실적 발표가 있는 날에는 해당 주식에 대한 확신이 훨씬 더 강해질 수 있습니다. 즉, 알파에 대한 신뢰도가 일정하지 않고, 어떤 날은 높고 또 어떤 날은 낮을 수 있다는 뜻입니다.

둘째, 이 모델은 투자 기간 중 새로운 정보가 유입되더라도 알파 값이 변하지 않는다고 가정합니다. 그러나 실제 시장에서는 기업 뉴스, 거시 경제 지표, 다른 투자자들의 행동 등 새로운 정보가 끊임없이 유입됩니다. 예를 들어, 주가가 갑작스럽게 오를 경우, 이러한 급등은 다른 투자자들도 동일한 정보(즉, α에 반영된 정보)를 바탕으로 행동하고 있음을 의미할 수 있습니다. 이런 상황에는 α를 실시간으로 업데이트하거나, 애초에 다른 방식으로 투자 모델을 구성해야 할 수도 있습니다.

또한 거래 비용이 거래량의 제곱에 비례한다고 가정하는 이차 거래 비용(quadratic transaction cost) 역시 현실을 단순화한 설정입니다. 실제로 거래 비용 모델은 선형 항과 2/3~2 사이의 지수를 갖는 다항식 항이 함께 쓰이는 경우가 많습니다. 다만 실증 연구에 따르면 이 지수는 대체로 2에 가까운 값으로 추정되며, 선형 항의 영향은 상대적으로 작기 때문에 이러한 단순화는 현실과 크게 동떨어진 가정은 아닙니다.

더불어 시장 상황이 크게 변하지 않는다는 전제하에 이 모델이 다루는 투자 기간이 보통 한 달 이내의 단기 구간이라는 점을 감안하면, α가 일정하다고 가정하는 것도 충분히 타당한 접근이라 할 수 있습니다.

최적 규칙(Optimal Policy)의 목적 함수는 다음과 같이 표현됩니다.

$$\int_0^T L(t, x, \dot{x})dt, \text{ 여기서 } L(t, x, \dot{x}) = \alpha x - \frac{\kappa^2}{2}\dot{x}^2 - \frac{\rho^2\sigma^2}{2}x^2$$

오일러-라그랑주 방정식(Euler–Lagrange equation)은 다음과 같습니다.

$$\partial_x L - \frac{d}{dt}\partial_{\dot{x}} L = 0, \text{ i.e., } \kappa^2 \ddot{x} = -\alpha + \rho^2\sigma^2 x$$

위 식을 풀면 다음과 같은 비제차 선형 미분방정식(non-homogeneous linear ODE)이 도출됩니다.

$$a = \alpha/\kappa^2$$
$$b = \rho\sigma/\kappa$$
$$F(t) = \int_0^t \frac{a(\zeta)e^{b\zeta}}{2b}d\zeta$$
$$G(t) = \int_0^t \frac{a(\zeta)e^{-b\zeta}}{2b}d\zeta$$

이때 최적 보유 포지션 $x(t)$ 의 해는 다음과 같이 주어집니다.

$$x(t) = e^{-bt}(F(t) + c) - e^{bt}(G(t) + c)$$

$$c = \frac{e^{-bT}F(T) - e^{bT}G(T)}{e^{bT} - e^{-bT}}$$

매매 속도 $\dot{x}$ 는 더 유용한 정보를 제공합니다. 해당 식은 다음과 같습니다.

$$\dot{x}(t) = e^{-bt}[\dot{F}(t) - bF(t) - bc] - e^{bt}[\dot{G}(t) + bG(t) + bc]$$

이 공식은 시간에 따라 변하는 알파 예측값에도 적용할 수 있습니다. 하지만 여기서는 이벤트 기반 수익률이라는 특수한 경우에 초점을 맞춥니다.

$$\alpha(t) = \alpha_0 \delta(t - t_0)$$

여기서 $\delta(t - t_0)$는 디랙 델타 함수 (Dirac's delta)[119]로, t_0 시점에 발생하는 이벤트 (예: 실적 발표 등)를 나타냅니다. 따라서 다음과 같이 정의됩니다.

---

[119] 디랙 델타 함수 δ(x)는 x≠0일 때는 0이고, x=0에서만 무한히 큰 값을 가지며 전체 면적이 1이 되도록 정의된 특수한 함수입니다. $\int_{-\infty}^{\infty} \delta(x)dx = 1$ 이 델타 함수는 순간적인 충격이나 한 지점에만 작용하는 효과를 수학적으로 표현할 때 사용됩니다. 관련 함수로 헤비사이드 함수 θ(x)가 있으며, 이 함수는 x<0일 때는 0, x≥0일 때는 1입니다.

$$F(t) = \frac{\alpha_0 e^{bt_0}}{2\sigma\rho\kappa}\theta(t - t_0) = K_F\theta(t - t_0)$$

$$G(t) = \frac{\alpha_0 e^{-bt_0}}{2\sigma\rho\kappa}\theta(t - t_0) = K_G\theta(t - t_0)$$

$$c = \frac{e^{-bT}K_F - e^{bT}K_G}{e^{bT} - e^{-bT}}$$

$$\dot{x}(t) = e^{-bt}\left(\frac{\alpha_0 e^{bt_0}}{2\sigma\rho\kappa}\delta(t - t_0) - bF - bc\right) -$$

$$e^{bt}\left(\alpha_0\frac{e^{-bt_0}}{2\sigma\rho\kappa}\delta(t - t_0) + bG + bc\right)$$

$$= -be^{-bt}(F + c) - be^{bt}(G + c)$$

$$= \begin{cases} -bc(e^{-bt} + e^{bt}) & t \leq t_0 \text{ 일 경우} \\ -be^{-bt}(K_F + c) - be^{bt}(K_G + c) & t > t_0 \text{ 일 경우} \end{cases}$$

여기서 $K_G = e^{-2bt_0}K_F$이고 $c < 0$ 임에 유의해야 합니다. 예를 들어 $\alpha_0 > 0$인 경우를 생각해 보면, 거래 전략은 이벤트 발생 시점 t_0 이전까지 α_0의 방향에 따라 매매를 진행합니다. 그러나 이 거래는 일정한 속도로 진행되는 선형적인 방식이 아니라, 시간에 따라 매매 강도가 달라지는 비선형적 형태를 띱니다. 또한, 이벤트가 발생한 이후($t \geq t_0$)에는 거래 방향이 반대로 전환됩니다. 이러한 전환은 다음 식에서 확인할 수 있습니다.

$$K_G = e^{-2bt_0}K_F$$

$$K_F + c \geq K_G + c$$

$$= K_G(e^{bT} - e^{-bT}) - (e^{-bT}K_F - e^{bT}K_G)$$

$$= K_G e^{bT}[1 - e^{-2b(T-t_0)}]$$

$$\geq 0$$

이 식은 $t \geq t_0$일 때 공식에 포함된 두 항이 모두 음수가 된다는 것을 알 수 있습니다. 즉, 이벤트 발생 이후에는 기존에 보유한 포지션을 줄이거나 청산하는 방향으로 매매가 이루어진다는 뜻입니다. 또한 실무에서는 포지션을 정확히 언제 청산할지 미리 알기 어려운 경우가 많아 청산 시점 T를 명확히 설정하기가 어렵습니다. 따라서 무기한 보유하는 상황($T \to \infty$)을 가정하는 것이 오히려 현실을 더 잘 반영하는 접근 방식이 될 수 있습니다.

장기 청산을 고려한 최적 전략
(Optimal Policy with Long-Horizon Liquidation)

포지션 청산 시점을 무한대로 두는 경우($T \to \infty$), 상수 c는 $-K_G$로 수렴합니다($c \to -K_G$). 이때 최적 포지션 $x(t)$는 다음과 같이 표현됩니다.

$$x(t) = e^{-bt}(F(t) - K_G) - e^{bt}(G(t) - K_G)$$

$$= \begin{cases} \frac{\alpha_0}{b\kappa^2} e^{-bt_0} \sinh(bt) & t \leq t_0 \text{ 일 경우} \\ \frac{\alpha_0}{b\kappa^2} \sinh(bt_0) e^{-bt} & t > t_0 \text{ 일 경우} \end{cases}$$

이 전략은 이벤트 발생 전에는 매수 포지션을 빠르게 늘리고, 이벤트 직후에는 빠르게 매도한 뒤, 그 이후에는 보유 포지션을 천천히 줄여나가는 방식입니다. 이벤트 시점 t_0에서의 최적 보유 포지션은 다음과 같습니다.

$$x(t_0) = \frac{\alpha_0}{2b\kappa^2}(1 - e^{-2bt_0})$$

최적 매매 속도는 다음과 같습니다.

$$\dot{x}(t) = \begin{cases} \frac{\alpha_0 e^{-bt_0}}{\kappa^2} \cosh(bt) & t \leq t_0 \text{ 일 경우} \\ -\frac{\alpha_0}{\kappa^2} \sinh(bt_0) e^{-bt} & t > t_0 \text{ 일 경우} \end{cases}$$

여기서 이벤트 직전과 직후의 매매 속도는 같지만 방향은 반대입니다.

$t = t_0$ 시점 직전 매매 속도 $\quad \dfrac{\alpha_0}{2\kappa^2}(1 + e^{-2bt_0})$

$t = t_0$ 시점 직후 매매 속도 $\quad -\dfrac{\alpha_0}{2\kappa^2}(1 + e^{-2bt_0})$

위험중립 투자자의 장기 청산 전략 최적화
(Optimal Policy with Long-Horizon Liquidation and Risk-Neutral Investor)

만약 위험회피 계수 $\rho \to 0$인 경우(위험중립), 최적 포지션은 다음과 같이 단순화됩니다.

$$x(t) \simeq \begin{cases} \frac{\alpha_0}{\kappa^2} t & t \leq t_0 \text{ 일 경우} \\ \frac{\alpha_0}{\kappa^2}(2t_0 - t) & t > t_0 \text{ 일 경우} \end{cases} \tag{11.9}$$

"Measured in thought, exact in deed."

BUSINESS 101 PUB 의 다른 책들

주식이 오르고 내리는 이유
정가 39,000원

영화 '빅쇼트' 실화의 주인공, 마이클 버리가 추천한 투자 도서들 중 하나인 '주식이 오르고 내리는 이유'는 1983년에 출판되어 보스턴 증권 애널리스트 협회, MIT 대학교 경력 개발 센터, 휴스턴 대학교 금융학부 등 미국의 여러 금융 교육 기관들에서 수십 년 동안 주식투자 입문 도서로 검증된 책입니다. 아마존에서 주식투자와 채권 투자 부문에서 10년 넘게 스테디셀러를 차지하고 있으며 주식을 처음 시작하는 사람이라면 입문서로서 최고의 투자 서적입니다.`

내가 너무 애매하게 구나?
정가 28,500원

『내가 너무 애매하게 구나?』는 2023년 세상을 떠난 미국 부동산의 전설, 샘 젤이 남긴 마지막 자서전입니다. 플레이보이 잡지를 팔던 소년 시절부터 부동산 붕괴 이후의 과감한 투자까지, 그는 언제나 남들이 외면한 시장과 위기에서 기회를 포착해냈습니다. "내가 너무 애매하게 구나?"라는 그의 단골 표현처럼, 이 책은 수십 년간의 실전 경험을 바탕으로 모호함을 돌파하는 명확한 판단과 실행의 중요성을 전하며, 투자자와 사업가에게 날카로운 통찰을 제공합니다.

비즈니스 경쟁에서 승리하는 법
정가 13,000원

『댈러스 매버릭스 구단주 마크 큐반의 비즈니스 경기에서 이기는 법』은 무일푼에서 시작해 억만장자가 된 마크 큐반이 직접 전하는 현실적이고 거침없는 성공 전략서입니다. 룸메이트 방에서 창업한 회사를 600만 달러에 매각하고, 댈러스 매버릭스를 인수해 33억 달러 구단으로 성장시킨 그의 경험을 바탕으로, 경쟁에서 앞서는 법, 실패를 피하지 않는 자세, 그리고 사업가로서 반드시 알아야 할 통찰을 생생하게 전합니다.

얼마나 투자할 것인가?
정가 29,800원

『얼마나 투자할 것인가?』는 왜 많은 부유한 가문들이 부를 지키지 못했는지에 대한 질문에서 출발해, 투자와 소비에서의 '규모 결정' 실패가 핵심 원인임을 통찰합니다. LTCM 사례 등 실제 경험을 바탕으로, 평생 재무 의사결정을 체계적으로 내릴 수 있는 실용적인 프레임워크를 제시하며, 투자 비중 설정, 위험 감내 수준, 기대수익률 추정 등 개인 투자자가 반드시 알아야 할 핵심 개념을 쉽게 풀어냅니다. 중요한 투자 판단을 앞두고 있다면 꼭 읽어야 할 책입니다.

연방준비제도 101
정가 22,500원

조셉 왕은 뉴욕 연준 공개 시장 운영 데스크에서 트레이더로 일하면서 5년 동안 통화 시스템을 연구했습니다. 조셉은 연준이 어떻게 운영되는지, 금융 시스템이 실제로 어떻게 작동하는지 직접 목격했습니다. 이 책은 중앙은행에 대한 교육과 이해를 돕기 위해 연준에서의 그의 경험을 정리한 것입니다. 『연방준비제도101』을 읽고 나면 화폐가 어떻게 만들어지는지, 글로벌 달러 시스템이 어떻게 구성되어 있는지, 그리고 이 모든 것이 넓은 금융 시스템에 어떻게 들어맞는지 이해할 수 있습니다.

퀀트 투자의 기초
펀더멘털 투자자를 위한 퀀트 가이드

초판 1쇄 발행 2025년 9월 1일

지은이 지우세페 팔레오로고
옮긴이 존 최
편집 및 교정 김영재
디자인 TEAM BUSINESS 101
펴낸이 비지니스 101
펴낸곳 비지니스 101
출판등록 제 2022-000069호
제작 및 유통 비지니스 101
주소 서울시 용산구 소월로 20길 64 3층 (우 04337)
전화 0507-1478-7817

ISBN 979-11-987486-4-5 (03320)
값 24,800원

잘못된 책은 구입하신 곳에서 바꾸어 드립니다.
본 서적의 내용 전체 또는 일부를 사용하려면 BUSINESS 101 PUB의 동의가 필요합니다.

BUSINESS 101 PUB
From Insight to Action